城市交通与低碳发展

程东祥　编著

东南大学出版社
·南京·

内容提要

全书总共分为五章:第一章主要介绍了城市交通低碳发展的进程以及我国城市交通低碳发展所存在的问题;第二章主要介绍了城市交通低碳发展的评价体系;第三章主要介绍了城市交通拥堵的治理体系;第四章主要介绍了城市慢行交通保障体系,并以镇江市慢行交通保障体系为例进行详细阐述;第五章主要介绍了城市交通低碳的发展模式,并对构建城市交通发展模式提出新的建议。

本书可供从事交通低碳发展研究的专业技术人员参考,可作为城市交通规划、公路交通、城市规划等领域规划、设计与管理部门技术人员的参考书,也可作为高等学校交通工程专业、环境工程专业的教材。

图书在版编目(CIP)数据

城市交通与低碳发展 / 程东祥编著. —南京:东南大学出版社,2021.12
 ISBN 978-7-5641-9910-4

Ⅰ.①城… Ⅱ.①程… Ⅲ.①城市交通运输-运输经济-绿色经济-研究-中国 Ⅳ.①F572

中国版本图书馆 CIP 数据核字(2021)第 254828 号

责任编辑:曹胜玫 责任校对:张万莹 封面设计:王玥 责任印制:周荣虎

城市交通与低碳发展
Chengshi Jiaotong yu Ditan Fazhan

编　　著:程东祥
出版发行:东南大学出版社
社　　址:南京四牌楼 2 号　邮编:210096　电话:025 - 83793330
网　　址:http://www.seupress.com
电子邮件:press@seupress.com
经　　销:全国各地新华书店
印　　刷:丹阳兴华印务有限公司
开　　本:787mm×1 092mm　1/16
印　　张:13.5
字　　数:337 千字
版　　次:2021 年 12 月第 1 版
印　　次:2021 年 12 月第 1 次印刷
书　　号:ISBN 978-7-5641-9910-4
定　　价:39.00 元

本社图书若有印装质量问题,请直接与营销部调换。电话(传真):025-83791830

序　言

交通运输行业是能源消耗及碳排放三大行业之一，是应对气候变化的重点领域。加快开展低碳交通相关研究，制定交通运输碳减排政策措施，具有重要的理论和现实意义。低碳交通是交通运输行业加强生态文明建设和推动行业可持续发展的战略举措。我们需要大力发展低碳交通，推动交通运输转入集约内涵式的发展轨道，优化交通基础设施结构、运输装备结构、运输组织结构和能源消费结构，注重提升行业监管能力和企业组织管理水平，建成以结构优化、资源集约、生态友好、排放清洁、能源低碳、运行高效为特征的绿色交通系统。

本书旨在使读者更加深入了解城市低碳交通，在内容上力求正确阐述本学科及其相关学科的基础理论、基本知识并介绍有关研究成果，既有一定的理论深度，又注重理论与实际的结合，主要突出基本原理、基本知识在城市交通低碳发展中的应用，力求使本书具有科学性、先进性、系统性和稳定性，以适应城市低碳交通领域人才培养的需要。

全书共分五章，内容包括总论、城市交通低碳发展评价体系、城市交通拥堵治理体系、城市慢行交通保障体系、城市交通低碳发展模式。其中第一章总论内容包括城市交通低碳发展的进程以及在发展中所存在的问题。第二章城市交通低碳发展评价体系内容包括城市交通低碳发展理论基础、评价指标、评价模型、评价实证。第三章城市交通拥堵治理体系内容包括交通拥堵治理理论基础、城市交通发展现状分析以及城市交通拥堵的成因分析和治理对策。第四章城市慢行交通保障体系内容包括国外城市慢行交通发展现状、我国城市慢行交通发展阶段的特征、我国慢行交通保障体系框架、不同层面的慢行交通保障体系以及镇江市慢行交通示范工程。第五章城市交通低碳发展模式内容包括城市交通低碳发展影响因素分析、城市交通低碳发展模式类别、构建城市交通发展模式的建议。

本书系统全面地呈现了城市交通低碳发展的相关知识，从而使读者掌握低碳交通的基本概念、基本理论，学会运用本书的方法来解决实际问题。

本书在编写过程中，得到了陈静、吴秀玲、万丽娟、颜大伟、李康、肖翔、董莉、周心月、盛华林、励梦怡、刘国巍等人的大力支持。在此，谨向他们表示衷心的感谢！同时本书参阅了大量的国内外资料，借此向这些著作和文献资料的原作者们表示由衷的感谢！

由于编者学识有限，书中疏漏和不足之处在所难免，恳请读者批评指正。

著　者
2021 年 7 月于南京

目　　录

第一章　总论 ... 1
1.1　引言 ... 1
1.1.1　研究背景 ... 1
1.1.2　研究意义 ... 1
1.2　城市交通低碳发展进程 ... 2
1.2.1　国内外研究现状与述评 ... 2
1.2.2　国内外实践现状 ... 16
1.3　我国城市交通低碳发展存在的问题 ... 17
1.3.1　交通拥堵 ... 18
1.3.2　机动性与非机动性的失衡 ... 18
1.3.3　资源与环境 ... 19
1.3.4　综合交通结构性 ... 20
1.3.5　交通基础设施建设制约 ... 20
1.3.6　交通管理服务理念和水平 ... 20

第二章　城市交通低碳发展评价体系 ... 22
2.1　城市交通低碳发展理论基础 ... 22
2.1.1　城市交通低碳发展的基本内涵 ... 22
2.1.2　城市低碳交通的基本特征 ... 24
2.2　城市交通低碳发展评价指标 ... 26
2.2.1　城市交通低碳评价的关键问题 ... 26
2.2.2　城市交通低碳评价的基本步骤 ... 26
2.2.3　城市交通低碳评价的主要原则 ... 29
2.2.4　城市交通低碳评价指标构建 ... 30
2.3　城市交通低碳发展评价模型 ... 32
2.4　城市交通低碳发展评价实证 ... 33
2.4.1　江苏省城市交通基本状况分析 ... 33
2.4.2　南京城市交通低碳评价分析 ... 35
2.4.3　南京城市交通低碳发展思路 ... 37

第三章　城市交通拥堵治理体系 ... 39
3.1　交通拥堵治理理论基础 ... 39
3.1.1　核心概念界定 ... 39
3.1.2　国内外交通拥堵评价指标及标准 ... 39

3.1.3 城市交通拥堵主要危害 ··· 41
　　3.1.4 城市交通发展历程及拥堵规律 ······································· 42
　　3.1.5 城市交通拥堵的传播原理 ··· 45
　　3.1.6 全球应对城市交通拥堵的政策和行动 ································· 47
3.2 城市交通发展现状分析 ·· 49
　　3.2.1 我国部分城市交通概况 ··· 49
　　3.2.2 我国城市交通拥堵现状分析 ··· 51
3.3 城市交通拥堵成因分析 ·· 53
　　3.3.1 我国城市交通拥堵的产生原因 ······································· 53
　　3.3.2 基于故障树法的城市交通拥堵关键成因分析 ··························· 57
3.4 城市交通拥堵治理对策 ·· 62
　　3.4.1 调整城市空间布局 ··· 62
　　3.4.2 优化城市交通结构 ··· 62
　　3.4.3 完善城市道路系统 ··· 63
　　3.4.4 强化交通需求管理 ··· 63
　　3.4.5 提高交通管理效率 ··· 63

第四章　城市慢行交通保障体系 ·· 65
4.1 国外城市慢行交通发展现状 ·· 65
　　4.1.1 国外城市慢行交通功能与作用 ······································· 65
　　4.1.2 国外城市慢行交通立法保障现状 ····································· 67
　　4.1.3 国外城市慢行交通技术规程体系 ····································· 70
　　4.1.4 典型城市慢行交通发展案例借鉴 ····································· 72
4.2 我国城市慢行交通发展阶段特征 ·· 75
　　4.2.1 我国城市现阶段慢行交通发展水平 ··································· 75
　　4.2.2 我国城市慢行交通出行特征 ··· 77
　　4.2.3 我国典型城市慢行交通发展及保障现状 ······························· 82
　　4.2.4 我国现阶段城市慢行交通发展问题 ··································· 83
4.3 我国慢行交通保障体系框架 ·· 86
　　4.3.1 慢行交通系统构成 ··· 86
　　4.3.2 慢行交通发展目标与评价指标体系 ··································· 88
　　4.3.3 慢行交通保障体系系统框架 ··· 92
4.4 不同层面的慢行交通保障体系 ·· 94
　　4.4.1 法规保障体系 ··· 94
　　4.4.2 规划保障体系 ·· 103
　　4.4.3 建设保障体系 ·· 108
　　4.4.4 管理保障体系 ·· 146
4.5 示范工程 ··· 156
　　4.5.1 镇江市城市与慢行交通发展现状 ···································· 156

4.5.2 镇江市慢行交通发展态势 ································· 162
 4.5.3 镇江市慢行交通法规政策保障体系 ····················· 164
 4.5.4 镇江市慢行交通规划保障体系 ··························· 165
 4.5.5 镇江市慢行交通建设保障体系 ··························· 169
 4.5.6 镇江市慢行交通管理保障体系 ··························· 181

第五章　城市交通低碳发展模式 ·································· 184
5.1 城市交通低碳发展影响因素分析 ··························· 184
5.1.1 城市发展阶段 ·· 184
5.1.2 机动化发展水平 ··· 185
5.1.3 资源因素 ·· 185
5.1.4 生态环境 ·· 186
5.2 城市交通低碳发展模式类别 ································· 187
5.2.1 基于低碳交通发展主体的管理模式 ················· 187
5.2.2 基于城市发展阶段的管理模式 ······················· 188
5.2.3 基于机动车发展水平的管理模式 ···················· 189
5.2.4 基于资源因素的管理模式 ····························· 190
5.3 构建城市交通发展模式的建议 ······························· 193
5.3.1 基础设施的建设和完善 ································ 193
5.3.2 交通工具的低碳化 ······································ 194
5.3.3 智能交通系统的建设 ··································· 194
5.3.4 低碳出行理念的树立 ··································· 195

参考文献 ··· 197

第一章 总 论

1.1 引言

1.1.1 研究背景

世界城市化进程不断迅速发展,越来越多的人选择居住在城市。据统计,全球居住在农村的人数已经低于居住在城市的人数,全球大约有五分之一的人选择在城市定居,预计到2021年这一比例会上升至三分之一[1]。相关学者认为,从驱动与制动两方面来说,城市化阶段不同,作用的效果不相同,对于碳排放的影响也就不同:初级阶段,驱动和制动两方面的作用效果不明显,碳排放的增长也较为缓慢;中级阶段,驱动作用较为明显,制动作用较为薄弱,相比而言占据主导地位的是驱动,碳排放因此增长较快;后期阶段,制动作用开始慢慢加强,但驱动作用依旧占据主导,此时碳排放的速度有所降低,但总体的排放量还在增加[2]。据国家统计局统计,2011年我国城市化率达到51.27%。我国目前处于城市化中期,所以相对应的碳排放增长较快。

随着人们不断地向城市涌入,城市的规模越来越大,而城市范围不断扩张间接延长了城市居民的出行时间,同时增加了居民选择机动车出行的概率,这就说明城市的迅速发展加快了机动车的发展。汽车化的快速发展离不开石油能源的支持。在机动车迅速发展的时期,我国石油的消费速度也在快速增长,石油的供给与人们的需求之间的矛盾愈来愈严重,这就导致我国不断增加石油的进口,同时能源消费一直在刷新纪录。

2009年,我国从国外进口的石油数量超过了总数的50%,2010年更是达到54.45%的新高[3],我国能源的安全危机初步浮现出来。随着机动化发展越来越好,能源的消耗也越来越多,另外还会释放CO_2等温室气体及CO、碳氢化合物等污染气体。

城市化和机动化之所以能够迅速地发展至今,都是对煤炭、石油等碳含量丰富的能源的消耗,这么做的最终结果就是导致能源危机、环境危机的加剧。2009年哥本哈根世界气候大会结束后,"低碳发展"就进入了各国的视野,各领域都开始关注低碳发展。面对能源危机和环境污染两大难点,世界经济和社会可持续发展的必然前提就是走低碳道路。城市碳排放量较高的领域之一就是城市交通,城市化和机动化使得城市交通形势愈发严峻,城市生活的环境愈发恶劣,因此城市低碳建设的首要事项转变为构建低碳的城市交通方式。

1.1.2 研究意义

低碳经济是减少高碳能源消耗的经济发展模式,是继工农文明之后人类社会的一次大跨步。低碳经济的本质是提高现有能源的利用效率、使用无污染的清洁新能源、追求绿色GDP。低碳经济的核心是减排技术、能源技术和制度创新,产业结构调整以及建立发展新观念。

近年来，环境经济的主要关注点就是低碳经济，研究低碳经济是必然性的。交通运输业是国民经济发展的命脉，工业化和城市化的进程取决于交通运输业的发展。但真正的问题是人类活动对经济社会的发展以及身体健康有不利的影响，尤其是发达国家工业化进程中排放了大量的温室气体。故而在面对能源与环境的双重瓶颈时，怎样科学地测量碳排放量，准确掌握我国交通节能减排的重点和潜在力量，减少能源的消耗量及碳排放量，坚持走低碳发展道路，才是交通运输业可持续发展的研究重点。公共交通一直是学者们关注的焦点，也是社会发展的热门话题。熟知的交通的成本、效率以及道路合理性是影响人口聚集的重要因素。在提出低碳经济后，城市公共交通运输被人们重视的缘由就是对低消耗、低排放的能源消耗的研究。21世纪以来，全球倡导绿色环保和可持续发展，实现该目标的最有效的手段就是发展城市低碳交通。目前，由于城市人口和机动车的快速增长，城市可供支配的公共土地资源急剧缩减，道路通行能力趋于饱和，石油、煤炭等不可再生能源的储备逐渐枯竭，城市交通状况日益严重，城市居民的生活环境愈加恶劣。在低碳理念的基础上开展城市交通发展新模式的研究，具有重要和深远的意义。构建低碳交通运输体系是国务院2009年提出的确切目标，也是我国"十三五"规划中的重点内容。立足当下、着眼未来，推动公共交通低碳发展是社会经济发展的必然选择，具有重要的理论意义和实践价值。

1.2 城市交通低碳发展进程

1.2.1 国内外研究现状与述评

1.2.1.1 城市交通低碳发展评价

1) 城市低碳交通的评价指标

20世纪90年代，国外学者对交通运输可持续发展进行了研究，取得了包括运输理论和可持续发展理论在内的大量研究成果。其中最具代表性的是1993年约翰·怀特莱格的《可持续未来的运输：欧洲实例》和戴维·班尼斯特、肯尼施·伯顿的《运输、环境和可持续发展》。他们的研究大多集中在交通与环境的关系、环境的存在价值以及交通政策建议等。研究对象主要是欧美等发达国家[4]。

1996年世界银行出版的《可持续运输：政策变革的关键》一书中提出了"可持续交通运输"的理念[5-6]。这一理念主要包括经济和金融可持续、环境和生态可持续以及社会可持续三个方面并基于书中对运输的理解：运输对发展至关重要，人们的生活质量将因工作、卫生等环境缺乏便利的交通设施而恶化；正是因为这样，经济增长和消除贫困的目标将难以实现。另外，交通运输战略和建设项目缺乏科学性、合理性也将给目前的交通系统带来新的挑战：经济衰退、环境破坏、人们与日俱增的交通需求得不到相应的服务。

自1982年以来，得克萨斯州交通研究所（TTI）每年都会发表一份关于美国主要城市地区道路可达性的研究和分析报告。直至2010年，他们将研究范围从原有的得克萨斯州的7个城市扩大到了美国101个重要的城市地区。采集研究区域内所有关于交通类的信息，得克萨斯州交通研究所和得克萨斯州农工大学进行数据处理，进而编制《美国城市道路畅通性评价报告（2010年）》，采用拥挤度测量指数对交通拥堵程度进行评价。在构建的交通拥堵评价指标体系中[7]，主要涵盖了道路压力、交通事故、堵塞持续时间等评价指标。

Richardson等人对如何可持续发展城市交通开展了研究[8],他着重研究的是交通和土地之间存在的联系。他认为提高城市的可达性比提高机动性更能帮助城市交通系统的健康发展。在交通系统可持续发展的实现过程中,起到不可磨灭作用的是增强城市发展的紧凑性,并且大力发展相应的步行与自行车交通。并且,他认为在增加交通设施供给的同时管理有着同样重要的作用。

Luderma在研究[9]中建立了城市交通系统的评价指标体系,用来帮助决策者进行分析,从而提升交通系统的整体性能。评价标准涵盖了可达性、安全性、运输成本、拥挤和环境污染五项因素。基于此,从政府(运营成本和投资)、城市居民(交通可达性、交通安全性、交通拥堵以及出行成本)、环境三个方面确定评价指标并研究,为制定相关政策提供了重要支撑。最后运用评价指标对柏林和鹿特丹城市交通系统的运行状况进行了评价,并用于决策者的决策支持。

Bougromenko在研究[10]中提出了最小交通系统(MTS)的概念,并在此基础上提出了城市交通专家评价系统。该体系借鉴了大部分发达国家和发展中国家的城市交通发展经验,主要包括生态、经济、社会、地理等相关参数。专家评价系统能够有效了解区域交通的发展状况,但其第一目标是提升人们的生活舒适度,次要目标才是提高交通系统的运营效率,故而该系统适合在发展中国家应用。

Mackett和Edwards[11]觉得汽车量的增加影响了城市交通的可持续发展。因此,需要建立更加迎合居民需求的公共交通。其研究了英国14个地区公共交通系统的情况,构建了一个新的专家评估系统。其中,专家评价体系包括五个重要指标:是否缓解城市交通拥堵、是否促进城市发展、是否更好地服务于城市中心、是否改善城市环境、是否提供更好的公共交通服务。不过该评价体系存在一定的缺点,即评价指标是客观评价,并没有量化处理。Goldman等人[12]对可持续交通进行了研究,研究结果指出了成功的可持续交通政策与传统政策的区别在于是否忽视了包含交通活动的大规模城市交通系统。因此,他创新性地提出了四个城市交通可持续发展的方向。这四个方向分别为:(1)改变出行方式。包括收集反馈零散的交通信息给出行的居民,汽车和自行车的拼车。(2)优化城市物流。尽可能地减少城市中心区的货物运输空载,通过优化调度,提高运输的环境效益和经济效益。(3)智能系统管理。城市交通智能化系统管理能够极大地提高交通系统的运行效率,最具代表性的有综合公交系统管理和交通拥挤收费管理。(4)宜居性。城市交通贯穿于城市的发展和居民的生活中,其本质是为城市及居民服务。因此城市交通最注重的应该是可达性、便利性和舒适性。机动化进程的加快使得城市丧失了一定的活力,为了城市交通的可持续发展,应该大力发展步行、自行车和公共交通等出行方式。

尽管我国在交通系统综合评价领域的研究稍晚,但仍取得了很多的研究成果。陆建和王炜[13]对城市交通系统进行了全方位测评,确定了评价指标的量化方法。在分析可持续发展战略思想的前提下,根据可持续发展的指导原则,构建了交通系统评价指标体系(包括4个方面24个指标)。其中4个方面包括"四度",即居民出行满意度、环境资源影响度、交通功能适应度和交通发展协调度。交通系统评价内容包括合理利用资源、适应交通需求、提高环境质量等三方面。通过对苏州市的道路交通规划,证明了评价过程的合理性和评价结果的准确性,体现了评价指标体系在城市交通可持续发展中具有一定的引导作用。

李淑娟[14]在对社会经济、城市交通功能、资源利用和环境影响评价的基础上,建立了城市低碳交通可持续发展的评价指标体系。该评价体系提出了基于"交通功能适应度""交通发展协调度""居民出行满意度""环境资源影响度"的可持续发展评价模型。最后以苏州市为例,将其作为综合评价的具体实例加以说明。然而,文中交通功能作为体系中的一部分没有注意到慢行交通,主要是自行车和步行,在整个交通系统中起着重要作用。

张军[15]从社会经济、环境资源等方面出发,总结出了一套可行的理论和评价方法,为综合评价提供支撑。评价指标的选取具有针对性,城市交通系统的各个方面基本都被涵盖,运用改进的模糊层次分析法对成都市的交通系统展开了全方位的分析。

公安部、建设部根据国办发〔2000〕18号文件精神,为提高城市交通管理水平的"畅通工程"在全国138个城市联合组织中开展,并提出了畅通工程评价体系[16],运用该评价体系可以更好更全面地对城市交通系统进行评价,尤其是交通基础设施状况和交通管理两方面。在《城市道路交通管理评价指标体系(2012版)》中,根据管理体制、政策规划、道路基础设施、公共交通、交通设施等九个方面评价,评价指标涉及面广,但有些指标的数据难以获取。

卢会芬[17]对低碳客运交通系统的特性、影响因素、内涵与城市的发展关系进行了基本的理论剖析,在此基础上构造了适合大城市低碳客运交通系统的评价指标体系。该体系包括以下六个方面:能耗性、经济性、功能性、协调性、环保性、服务性。肖红波[18]分析了综合交通系统的功能、结构和城市空间影响,最终建立了一套客观科学的综合交通评价指标体系,其中准则层包括交通设施建设水平、交通管理水平、交通功能水平、交通发展协调性,指标层共选取了主干道密度、公交站点覆盖率、公交出行比重等18项评价指标。在对评价指标进行量化处理时主要使用的是文献参考和特尔斐法。

赵国杰、郝文升[19]认为要想发展低碳生态城市,就必须要对自然、经济、社会进行协同发展。自然方面应为自然生态,经济方面应为低碳经济,社会方面应为社会幸福,所以从这三个方面建立低碳生态城市发展的空间结构模型,并以此为基础构建了包含生态、幸福、低碳三个方面指数的城市交通系统评价体系。然后基于空间向量的思想和有效等价值的科学评价,提出了低碳生态城市综合评价方法。最后该方法在天津低碳生态新城的研究测评里得以体现。

孙孝文[20]按照系统性、动态性、可操作性的原则,从交通公平、交通效率、交通法治、交通环境、交通安全、交通文化六个方面入手,选取了17个具体的二级指标,构建起和谐交通评价体系。连玉明[21]构建了低碳发展评价指标体系,并将其分为两级,其中五个一级指标是:社会进步、经济发展、资源承载、环境保护和居民生活质量。并通过该体系计算综合指数来评价每个城市的低碳建设水平,分析城市随着时间的推移其低碳建设水平是如何变化的。齐文等[22]剖析了城市交通低碳发展的概念和机制,以DPSIR模型为根据建立了评价指标体系框架,并考虑相关因素,构建了城市交通低碳发展体系。贾健民[23]根据指标体系的不同功能和目标,将其分为考核型评价指标体系、指导型评价指标体系、对比型评价指标体系三种类型。

对上述国内外的相关交通评价体系进行总结概括,不难发现评价指标研究的三个发展趋势,具体如下:

(1) 评价指标较多

在构建城市交通系统评价体系时,评价指标不但要涵盖能够反映自身及多个交通方式的发展水平及交通基础设施的指标,还应该包括城市生态、社会、经济及环境形势等因素与交通系统相互间的影响的指标。为了从各个角度都能够广泛客观地反映交通系统的发展情形，如空气质量、噪声高低、城市主干道密度、不同交通出行方式的分担率等评价指标必不可少。

(2) 研究对象各异

国内外研究人员从不同的视角对城市交通系统的评价指标进行探究，有的注重交通系统的整体性，主要研究了交通政策的制定、基础设施的建设、交通运营的管理以及交通系统与其他城市子系统的关系；有的关注交通系统的某个部分，主要研究了能够让城市更适宜居住的慢行交通、能够替代私家车的高品质公共交通等，但归根结底，促进城市交通可持续发展的倡议，从整体和部分两个角度都可以得到。

(3) 评价指标与时俱进

社会经济快速发展的趋势促进了城市交通系统评价指标构建重点的变换。对交通方式进行评价的指标从单一慢慢发展到全方位的评价指标，直到这几年的温室效应等污染，交通评价体系引入了两个指标：交通对环境产生的影响和能源消耗。在思考更多影响到交通的因素来构建评价体系的同时，不断改进和完善评价指标，使得综合评价的结果更加科学、准确。故而在构建评价体系时，不仅需要科学有效的评价指标，而且要根据评价目的选择最恰当的评价指标。

2) 城市低碳交通的评价方法

Awasthi 在其研究中[24]介绍了几种常用的评价方法以及应用到实际中的优缺点。成本收益分析法(Cost-benefit and Cost-effectiveness Analysis)主要是从货币的角度考虑对象的所有正面和负面影响，以尽可能地降低成本，但是从经济角度来看，有部分指标很难进行量化处理，如交通产生的污染、拥堵、噪声等；优化模型法(Optimization Model)，运用数学规划模型，考虑社会、环境、经济等约束影响，寻找更好的解决方案，多为线性规划模型；评价指标模型法(Assessment Indicator Model)可以概括为多层次评价指标模型、复合评价指标模型和多维矩阵模型三类，此类模型无法用一个单一完整的复合指标去评价可持续性，通常通过一系列指标来反映不同的目标，运用逻辑结构来定义多维矩阵模型不同指标间的影响。

Wang[25]采用模糊综合评价的方法对交通系统的安全性进行了评价。通过总结别国有利的发展经验得出，除去可行驶道路的长度和车的数量能够决定交通系统的安全性，还有其他可以起到决定性作用的因素。如当地居民的生活习俗、社会道德水平与法制水平、地区的经济发展水平等因素。地区不一样，这些因素的影响程度也不一样，有主观性、不确定性及模糊信息，故而要对这些指标采用模糊综合评价法进行模糊处理，由此得来的结果比较贴近实际，可以更准确地反映出交通系统的安全性。

Hu[26]基于物元分析理论构建了城市生态交通的评价模型。通过物元矩阵对评价指标进行标准化处理，从而建立了相应的隶属度函数，解决了评价指标的不兼容和不确定等问题。结果表明，建立一个适合的城市交通系统结构和城市土地利用方案，可以提高城市环境的承载能力，从而实现生态型交通系统和生态城市。

Xu[27]运用层次分析法(AHP)对城市交通的运行状况进行了全方位的测评。选择四个主要指标：平均车速、平均出行时间、通过交叉口所需时间以及交叉口的延误。

Azadeh 等基于数据包络分析法(DEA)和 AHP 建立起交通运输系统的仿真模型，并进行了实例研究[28]。Vuchic 在分析城市交通系统的特点的基础上采用模糊综合评价方法对基于AHP的城市交通系统进行评价[29]。

评价指标体系建立后，国内研究一般给出或推荐合适的评价方法，比较常见的是AHP。陆建、王炜[13]采用AHP确定了评价指标的权重，其特点是将整个系统划分为三个层次：目标、准则和方案，将方案之间互相对比，用矩阵形式判断进行相对评价，最后综合评价，根据结果给方案质量排序。AHP的评价思路与人们思考判断问题的习惯比较对应，AHP概念比较简单，可以将复杂的问题进行简化。张晶敏[30]建立了科学的客运交通系统指标体系，并通过AHP确定各指标的权重，最后对系统进行了全面的评估。张增荣[31]在分析了两型社会城市群道路交通模式的基础上，建立了基于两型社会的城市群道路评价体系，根据社会与交通的相互关系，采用层次分析法确定评价指标。王玉芳[32]构建了以经济发展、社会发展、低碳发展为子系统的低碳城市评价指标体系，运用了主成分分析法与层次分析法两种方法计算指标的权重系数，从而计算出北京2000—2008年的经济发展度、低碳发展度、社会发展度，最后综合发展指数来计算低碳城市综合发展水平。

王钊[33]利用可拓学物元分析法，根据生态城市发展对城市交通规划理论改革方向的要求，基于交通环境承载力构建了城市生态交通系统评价指标体系。谈琦[34]从城市建设、技术经济、空气环保3个层面构建了低碳城市评价体系，对上海和南京的低碳城市建设水平进行评价，结合评价结果提出发展路径的建议。

姜玉梅等[35-36]提出了生态交通的概念，采用DPSIR模型确定初始指标，用主成分分析法（PCA）和离差最大化方法（MDM）分别对指标进行再次精选及确定权重，引入生态综合指数（ECI）对系统进行量化评价，对城市生态交通系统综合评价模型算法进行了重组和构建。

张军[15]基于数据包络分析法构建了城市交通系统协同发展综合评价模型，从资源、社会、环境和经济等角度出发为综合评价提供了支持；采用改进的模糊层次分析法建立了城市交通可持续发展综合评价指标体系。

模糊综合评价是一种基于模糊数学的综合评价方法，应用广泛。王秀良[37]基于城市交通系统可持续发展，建立了城市交通系统综合分析评价的属性数学模型。杨伟杰等[38]引入了模糊数学的概念，对诸如交通管理政策这类难以准确量化的指标进行处理。

模糊数学是一种揭示和定量处理不确定现象的方法。它能将传统数学研究空间的应用范围从清晰现象域扩展到不确定现象域，更加高效地解决评价对象存在的主观不确定性和客观复杂性。周建琴[39]针对慢行交通友好性制定了评价准则并细化出各个要素指标，建立了慢行交通友好性评价指标体系，又将指标分为模糊评价和精确评价两种，运用模糊综合评判法对城市慢行交通友好性进行评价，建立了城市慢行交通友好性评价模型。

陈伟等[40]将主、客观权重进行综合，提出一种最优组合赋权方法。在建议了一种主观赋权方法——偏好比率法的基础上提出了一种综合集成赋权方法，并以实例证明该方法有效。利用文中提出的方法，可以对问题的主、客观权重的信息进行准确、客观、有效的综合评价。因此，可以在综合评价的研究中使用这一组合评价方法。

文献梳理结果表明，评价指标的评价方法主要分为两种：主观确定权重和客观确定权重。在之前的交通系统评价分析中，通常只用一种确定权重的方法，如主观确定权重的层次分析法、客观确定权重的模糊评价法。由于评价者具有主观不确定性，评价的对象具有客观特殊性，使用单一的赋权法难以有效避免这些影响，所以要进一步优化指标赋权的方法。

1.2.1.2 城市交通拥堵治理

1) 国内外学者对城市交通拥堵的认知

国内外学者对于导致城市交通拥堵的原因存在分歧,主要有两种观点。第一种认为交通拥堵从根本上是源于两个矛盾:一是人们对于出行距离需求的增长与城市原有的空间资源布局格局相矛盾,格局有限,城市原有的空间资源布局格局不能满足人们对出行距离需求的增长;二是交通供给与交通需求之间的发展失衡所产生的矛盾。第二种观点认为产生交通拥堵主要是因为遇到了瓶颈。这种瓶颈是由随机事件所引发的,不可操控,例如突然发生了交通事故、天气恶劣、所在城市举行大型活动等;抑或是因为道路设计不合理,本来行驶在一条四车道的道路上,行驶到下一条道路时突然转变成二车道,就会形成交通瓶颈;或是在路口交通信号指示不明显、道路两侧交通标准不明显等交通网络自身原因所引发的交通瓶颈。整理汇总国内外学者的研究结论,可以将交通拥堵产生的原因总结概括为:交通运行状态失稳[41],城市及城市经济发展水平提升,私人汽车数量急剧增加[44],城市居民生活质量提升带动消费水平提高,交通参与者行为影响[42-43],城市道路交通资源匮乏阻碍交通发展,以及政府主管部门管理手段的滞后等。

Wang 等[44]认为城市土地开发是城市快速发展的一个必然的进程,城市土地再开发就会对城市交通运输网络产生影响。研究表明,城区重新规划建设开发势必会影响交通运行状态,产生负面影响,会造成改建城区附近的交通拥堵。通过合理改进内部土地使用设计,可以最大限度地减少内部和外部交通的潜在负面影响。

陈凯丽[45]首先描述了上海市城市交通的现状,主要从城市居民出行特征、道路交通概况及城市交通工具发展现状等方面展开描述。在此基础上分析得到了上海市城市交通拥堵的原因,概括起来就是:城市交通前期规划与现状的不匹配,城市公共交通(公交、地铁等)发展进程跟不上需求,交通管理政策制度不够完善,交通设施智能化水平不高等。

肖锦轩[46]认为主要致堵原因有五点:一是公共交通所能给城市居民提供的服务达不到均衡的状态,无法平稳均衡地发展;二是城市交通发展的速度跟交通发展的速度有差异,无法很好相匹配;三是城市交通规划与城市交通现状不拟合、不科学;四是政府的交通管理对策方法不够先进,没有新颖实用的管理方式;五是城市居民不遵从政府的交通法规,虽然政府提出了一定的解决拥堵的规章制度,但居民配合度不高。

孙雯静[47]研究角度与肖锦轩一致,是站在政府的立场上,考虑政府职能来分析城市交通拥堵溯因。所分析出来的因素与肖锦轩的观点一致。

统筹分析上述原因,学者从三方面给出了对应的解决对策。第一方面,城市居民出行行为,对应的对策为:对于城市郊区偏远地区,应合理规划土地布局;对于城市中心地带,可以加强公共交通的服务设施,促进居民去选择步行、公交、共享单车等低碳出行方式,减轻城市中心带交通压力。第二方面,城区土地再开发利用。在对城市老城区进行改扩建之前,应根据土地属性用途,合理地做出道路规划,以免第二次重建;在施工过程中,应加强对项目施工团队的管理,确保项目能够按期完成建设要求;施工完成后,应严格控制交通流量,保证交通需求和供给之间的发展平衡。第三方面,政府职能角度。在规划阶段,要因地制宜地做好交通规划;在交通运行阶段,应提高公交车等公共交通的出行比例,提升出租车的营运效率,将智能技术手段应用到交通建设中;在管理阶段,应明确交通治理的权责分配,以防出现管理上的权益不清,无法有效治理交通拥堵;加强城市居民绿色出行的意识,完善公共交通换乘的路线,使私家车出行减少;制定完善有关道路的交通规定,从政策制度上为城市居民提供出行需求的管控,减少居民的不必要出行[48]。

国内外学者在判断交通拥堵程度时常用的方法有:模糊集合理论(fuzzy sets)[49]、数据包络分析法(DEA)[50]、高斯混合分布法[51]、累积 Logistic 回归模型分析法[52]、基于支持向量机的分类算法[53]等。无论是哪一种,所采取的分类方法一般都是根据交通拥堵的程度将其分为五大类,分别是畅通、较为畅通、拥堵、较为拥堵、严重拥堵。在划分情况之后,需要研究交通拥堵的持续时间,基本采用的方法是生存分析法[54]。

Rehborn 等[55]基于 Kerner 的三相理论,利用 TomTom 公司在交通服务中采集的 GPS 和 GSM 探测车数据,研究出一种可以根据实时数据生成交通拥堵预警信息的算法。

李树彬等[56]通过研究发现区域交通拥堵是通过排队链逐步扩展,其结构类似于树形结构的分叉。如果无法及时有效地实施疏散控制策略,则很可能造成拥堵闭环。他们根据交通拥堵传播的空间结构特征,首次提出了"树控制"策略,通过使用无转弯限制和改变车辆路线的交通控制和引导措施来缓解交通拥堵。

周金革等[57]为了解决城市交通拥堵的决策问题,首先给出了误差优化矩阵的概念,然后介绍了错误矩阵方程的概念。运用错误优化矩阵,研究并求解了城市交通拥堵的决策方法。

最近几年,越来越多的学者使用基于系统动力学方法来研究城市交通拥堵问题。Stave 等[58]建立的城市交通拥堵系统动力学模型主要考虑了城市常住人口、城市交通的基础设施、土地的使用情况、空气环境污染等几方面,将这几个子模块相互关联。

刘爽[59]、靳玫[60]以系统动力学为理论分析工具,在各类交通结构演变的基础上,演练出了不同交通拥堵治理方法的实践效果,为城市交通的优化提供了有效的建议。

姜洋[61]、张毅媚等[62]基于系统动力学理论,找到城市交通拥堵形成的影响因素,建立对应的机理模型,定量讨论了城市轨道交通建设如何进行投资分配、城市对轨道交通的需求程度两者的一种动态平衡、建设轨道交通与城市的发展规划之间的互动联系,研究得出了如何分析线网的生长原理以及如何对其进行规划的全新途径。

徐波[63]、刘崇耀[64]等都是先构建城市交通拥堵系统动力学模型,并针对导致交通拥堵的因素进行研究,在研究过程中将之前的整治手段带入其中并模拟,通过分析这些政策的整治效果提出解决拥堵的五个建议。

杨阳[65]通过事实数据、专家智慧和专业工具的结合,以私家车的发展为立足点,结合经验对象,通过模型进行了政策仿真研究。对于"合理引导私家车发展的政策"问题,他们提出可以从两个角度出发:一是正确引导私家车购买行为;二是正确引导私家车使用行为。

何征[66]认为对城市交通拥堵的研究实际上是对复杂动力系统的研究。从动态系统的方面来看,多角度剖析了城市交通拥堵的形成机理。在 Vensim 平台上建立了城市交通拥挤的系统动力学模型。通过这种模型,可以探索子系统与系统内部元素之间的交互方式和内部机制,研究样本城市的交通政策以及该机制对缓解交通拥堵的影响,进而给出合适的相关意见。

归纳总结国内外学者对治堵模式的研究,可以将治堵模式分为 5 种,分别是:增加供给模式、制度完善模式、交通需求管理模式[67]、智能化交通管理模式及交通系统管理模式。

（1）增加供给模式

控制交通拥堵的主要手段是加大城市交通设施的建设力度,通过道路供应来满足交通需求。短期来看,拥堵控制效果明显,而经过一段时间后,仅通过建设基础交通设施来增加交通供给能力并不能解决交通拥堵问题,反而会促使城市居民为便捷出行购买私家车,城市交通拥堵情况会再次产生,并且更加严重。当斯理论就曾对这种问题提出了一个解释:一旦交通拥堵问题得不到政府等相关部门的有力控制,将不可避免地导致交通供应短缺。

（2）制度完善模式

立足于政府角度,制定有效的管理政策、法规及处罚法律来规范城市居民的交通行为。例如,在驾驶过程中,驾驶员必须遵守交通规则,禁止违章停车和载客,否则将降低他的信用等级,并给予一定的行政处罚。当行人过马路时,不仅应口头劝说,还应对其进行实质性的惩罚(如罚款、通报批评等)。

（3）交通系统管理模式

第一个提出这种治堵模式,是在美国,大部分观点认为通过协调交通系统下各种交通出行方式、道路结构、交通管理和路网的联合管理,可以提高交通效率。

（4）交通需求管理模式

通过抑制交通量的增长来抑制交通量的来源,并适应现有的交通设施。例如,引导人们将公共交通出行摆在首要的位置,减少人们选择汽车出行的次数,但结果却发现这种方法与规划布局不符合科学规律的城市不相匹配,如果这类城市采取这种管理模式,很有可能会加大这些居民的出行成本。

（5）智能化交通管理模式

智能化交通管理模式是指采取各种先进的计算机技术、智能硬件设备等对交通进行智能化管理和开发。举例说明:

Wen[68]提出了一种可以借助对交叉路口的往来车辆数的改变速度进行观测,以此来对该地区的车辆等待时间进行及时调节。这是一种交通灯控制系统仿真模型。

Miehae等[69]通过将全球定位系统和地理信息系统的实时数据和模拟综合考虑,能够更加智能地处理分析交通拥堵成因,进而管理交通运行状态。

陈毅红[70]为了克服传统路口交通控制系统中固定交通时间造成的交通资源浪费,利用模糊规则技术设计了一种可行的控制交通时间的模糊规则。根据规则的控制算法,可以根据当前的交通状况动态调整下一个交通时间,使系统控制能够自动适应当前的交通状况,提高路口交通资源的来源利用率。

Waadt[71]使用从移动用户搜集的浮动蜂窝数据,用于估计用户车辆的位置和速度,进而成为交通拥堵预测的基础,并基于此开发了交通拥堵估计服务的应用程序。

在对于交通拥堵所造成的损失以及成本分析中,Fernie[72]等经过分析得出了零售商店的效益以及服务将随着交通阻塞的发生而产生变化,因此有必要认识和衡量交通拥堵的成本。崔智涛等[73]认为交通活动虽然方便了人们的生活,但同时也破坏了自然环境,给社会造成了消极的影响,即交通的外部成本。在此基础上构建了一定城市规模的交通拥堵外部成本,并说明了交通拥堵收费方案的必要性。李琳[74]在分析了我国城市道路交通发展现状、拥堵原因及拥堵成本计算的基础上,从以下几个方面对我国城市道路交通拥堵问题提出了对策建议:完善监控体系,发展公共交通,实现外部成本内部化和合理的交通规划。总结而言,最适合的处理手段就是开始建立相应的收费体系来限制机动车的购买量及使用量,如增加车辆购置税、燃油税及拥堵路段的停车费用。

归纳总结国内外学者对交通控制手段的研究,将其分为两大类:局部控制和系统整体控制。

关于缓解交通拥堵的方法,一般有两种,即局部控制和系统控制[75]。Troutbeck[76]等,Al-Madan[77]研究的就是局部控制,他们以具体的单个路段、交叉口为对象,采取优化局部交通基础设施的方式来提高局部交通通行能力。Gao 等[78]、Lo 等[79]研究的就是系统控制,他们将交通网络看成一个整体的系统,认为局部控制只能短暂有效,并不能有效长时间解决问题,而系统整体控制能有效避免这种问题。此外,袁绍欣[75]基于交通拥堵传播机理,提出了一种实时拥堵控制策略和预测性拥堵控制策略,以适应交通流的时空演变。而立足实际,如今比较实用的缓解交通拥堵的方法主要包括:交叉口信号控制[80]、转弯禁限[81-82]、交通诱导[83-84]等。

综上所述,国内外学者都认为产生交通拥堵的最根本原因,就是城市交通供需达不到均衡,详细描述如下:①城市经济的快速发展、城市人口的增长、物流爆发式发展所带来的交通需求的急剧增长;②城市空间不足、现有交通基础设施不完善、城市土地利用不足等造成了城市交通供给跟不上交通需求;③道路承载能力不足、交通负荷过大导致交通强度低,从而造成交通运行状态不稳定;④交通参与者不规范的、负面的参与行为等。

针对上述产生交通拥堵的原因分析,解决措施就能从交通供需的供和需两个角度来考虑,具体措施有增加交通基础设施的建设、降低居民出行的交通需求量、逐步发展公共交通系统、改善城市道路通行能力、引导居民主动遵守交通出行相关法律法规。

不论身处哪个国家、哪个城市,交通拥堵问题都是无法避免的。要想解决交通拥堵,我们就必须本着严谨的态度、采用科学的方法。我国对于如何提升交通拥堵管理水平可以从一些外国国家对交通拥堵的管理整治的经验中得到很多启发。不论是从研究成果还是治理效果来看,我国针对交通拥堵已经有了一套较为完整的治理方案。不过,由于中国城市交通拥堵的严重性和特殊性,我们还应该考虑到我国特殊的交通建设程度,对其进行思考和研究,以达到加快我国交通建设的目的。

2)城市交通拥堵现有对策

常用的治堵手段为经济手段治堵,采用收取交通拥堵费的方式。采用这种手段的目的在于控制机动车出行量[85],从某种意义上来说,这种方法也是交通需求管理模式。在拥挤的时间段收取有关费用,可以影响车辆外出的时间,使车辆之间外出时段交错;在拥挤道路上设置拥堵费的政策,对其中的车辆进行收费,通过这种方法可以有效地对出行车辆起到错峰出行的效果;从收取交通拥堵费使得出行成本变高的角度来看,这将促使人们在出行时优先选择公共交通,以此来减少居民选择汽车出行的次数。

张智勇[86]、曾鹦等[87]将拥堵收费视为内部化交通拥堵的外部成本,确保城市道路资源的有效分配,并利用经济杠杆来调节交通需求以缓解交通拥堵。张亚宁[88]首先介绍了新加坡交通拥堵费的征收情况,并通过模型分析了征收交通拥堵费的可行性。最后得出结论:中国城市交通拥堵管理问题必须从供需两个方面考虑,即增加公共交通设施的供给和控制私人交通的需求。赵蕾[89]认为,征收拥堵费应当是在一定的基础上,这个基础包括城市现代化水平、公共交通服务质量及城市社会经济发展水平。

国内学者从交通运输发展模式角度,提出了确立综合交通体系结构、完善城市路网建设、发展综合交通运输体系、提高居民交通安全意识等不同建议。

杨兆升等[90]利用趋势外推确定了综合交通体系结构规划方法。高美真等[91]总结出城市综合交通体系战略规划的框架结构。曹敏晖[92]认为可以通过改善城市道路网的建设、发展城市公共交通系统、深化交通管理体系来改善城市交通状况。在城市交通管理中采用以人为本、规划引导、多重参与和公共交通优先的指导思想。罗仁坚[93]提出按照功能进行组合,根据不同交通方式的优势进行相互补充,使不同交通方式之间进行合理的竞争,利用资源节约的原则进行网络化布局,构建现代综合交通运输发展模式。彭建等[94]认为进行综合交通规划时应当将安全作为其首要考虑的因素。苏城元[95]提出了构建将公共交通作为主要出行方式、将慢行交通作为补充出行方式、适度发展小汽车的低碳交通发展模式。

西方学者近年来对综合交通运输体系的研究成果较为丰富,主要是从交通运输基础设施建设、市场空间、区域经济等角度分析交通运输体系。日本东京按照系统制式将都市圈轨道交通划分为市郊铁路、地铁、单轨、导轨和有轨电车五类,还建设了单轨、自动导轨等新型交通系统[96]。Meyer[97]和Hoyle等人[98]认为美英等发达国家应当优化交通供给、交通需求和空间结构,提高基础设施效能,减轻交通拥堵和环境破坏的负外部性。Beryline[99]的研究结果表明交通运输体系的建设对促进经济发展有着明显的作用。美国联邦公路局从交通供给战略逐渐向完善道路网络系统转化,提出修建轨道交通、优化城市布局、改善空间结构等措施[100]。

文献梳理结果表明,国内外专家学者从战略规划、多元参与、低碳发展等角度围绕着综合交通运输的概念体系及其基本脉络进行了广泛的讨论,已有的研究成果为我们提供了很好的借鉴,但传统的交通发展理论难以满足越来越复杂多变的交通需求,引起城市的路况现状与预想不一样;已有的研究也未能很好地揭示城市拥堵影响因素与交通可持续发展水平、交通发展模式之间的关系,并且由于国情、省情有所不同,我们应当立足于江苏省城市拥堵情况,建立城市交通拥堵系统动力学模型,构建基于可持续发展理论的现代综合交通运输体系发展模式,从根本上解决江苏城市交通拥堵问题。

1.2.1.3 城市慢行交通系统

国外对慢行交通规划和实践的理念有充分的理论研究,扎实的理论研究为之后开展研究和工程实践打好了基础。典型的有新城市主义、雷德朋体系、交通稳定化、荷兰乌纳夫的人车共存道路、慢行导向的城市发展模式、回归绿色健康生活;倡导以慢行交通为主要出行方式的城市发展模式;倡导以人为本,构造合适的慢行交通和公交发展的空间模型,将行人、非机动车放在城市设计的主导地位。慢行理论发展到现在,很多国外城市在该领域的探索都有了一定的进步,主要表现在以下三点:(1)将步行交通、自行车交通融入城市公共空间改造中,积极推进慢行交通的发展;(2)着力改善城市商业区和居住区的步行区域以及周边环境;(3)加快建设慢行道、自行车道,推进公共自行车租赁服务建设,完善步行体系。

哥本哈根是国外公共交通、机动车交通、慢行交通平衡发展的代表性城市;阿姆斯特丹开始的公益项目"白色自行车计划"是公共自行车租赁和第一代公共自行车系统的起源;巴黎香榭丽舍大街改造整修又一次使街道充满了活力。

进入21世纪以来,中国香港、北京、上海、南京、杭州等许多城市逐渐开始研究、规划、实施慢行交通系统。2001年的《上海市城市交通发展白皮书》首次阐述研究和发展城市慢行交通的重要性。2005年10月,上海市政工程管理局编制了《上海市中心城行人交通系统规划》与《上海市中心城非机动车交通系统规划》。2007年,上述两个规划被合并整理成《上海市慢行交通系统规划》,在上海中心城区规划打造300多处城市慢行核及数十个城市慢行岛。2008年,杭州出台了《杭州市慢行交通系统规划》,制定了优先发展公共交通;实行以慢行者为主,倡导慢行交通方式;立足高效、公正,推进"快慢分行";提升"公共交通+慢行出行"的融合度;实现交通宁静化的发展策略。

国内学者对城市慢行交通系统同样有众多的研究:王健[101]在剖析中心商业区的步行系统的基础上,分析了步行系统和公共交通的关系,且以此指出了构建完整步行系统的方法;林琳等[102]从景观生态学的角度讨论了广州市中心商业区步行交通系统的建设;殷凤军[103]从四个方面探讨如何规划完整的步行交通系统,即行人特性、供需分析、服务性能评价和系统规划;吕晶[104]从绿色慢行系统出发,探索了城市设计与慢行交通的结合;孙洪涛[105]基于低碳生态理念,构建了慢行交通系统规划设计的原则、方法及支撑体系。

1.2.1.4 城市交通低碳发展模式

1) 城市交通模式研究

世界各国在对城市交通发展模式进行研究时,众多学者大多选择对其进行分类研究。例如,肖红波、易思蓉[106]将其分成三类:第一类是美国,美国的交通发展模式是以私人交通为主;第二类是西欧国家,这些国家的交通发展模式是以公共交通为主;三是以日本为代表的制约私家车出行以交通干线为主的城市交通发展模式。王庆新等[107]也是将其分为三类,分别是:以小汽车交通为主、公共交通为辅的美国模式;政策上推进公共交通,实际上多种方式并重发展,注重交通方式之间联通的西欧模式;以公共交通中轨道交通主导的日本模式。吴昌林等[108]将其概括为:以小汽车为主导的模式,代表国家为美国、澳大利亚;以公共交通为主导的交通模式,典型代表是日本、新加坡和中国香港;不同交通方式协同发展的交通模式,典型代表为伦敦、巴黎和柏林;以及以慢行交通为主的模式,典型代表为中国的桂林、呼和浩特等城市。综合来看,本领域的研究成果可以归纳为四种典型的交通发展模式:小汽车主导型、公共交通主导型、慢行交通主导型和多种交通方式协同发展模式。

探讨国外的交通发展模式后,总结相关优秀经验并联系我国实际情况,众多学者开展了合乎中国国情的低碳交通体系研究。

刘小明[109]侧重于城市交通模式的选择,通过剖析国际城市总结出了五种城市交通模式,在此基础上探讨了北京的城市交通发展与城市土地利用相匹配的程度,建议北京市应考虑建设"多式协调综合交通系统模式"。

顾尚华[110]认为当下最适合我国的发展模式是以轨道交通为主,轨道交通相比于常规公交更加能发挥出关键作用,倡导支持自行车出行,一定程度上对小汽车的使用进行管控,促进交通模式的多元化。

毛蒋兴等[111]通过对广州城市土地利用模式特征的综合分析以及汽车产业政策、环境与能源等影响因素的全面考虑,提出了适合广州市的高效、环保的绿色可持续交通模式:以发展公共交通为主,适度发展私家车和自行车,合理分配不同出行方式。

冯军等[112]研究得出机动车出行使得我国面临各种能源和环境上的问题,通过参考国外的经验得出,适合我国的交通模式应该是以公共交通为主,小汽车和自行车为辅,多种交通方式合理使用的节能化、高效化、无污染的绿色交通模式。

陆化普[113]辨析了城市低碳交通、可持续交通和绿色交通的理念和内涵,以及它们之间的联系和差异,指出我国应发展"生态城市",构建以公共交通为主、步行和自行车为辅的综合性城市交通系统。

沈小俊等[114]建议通过多层次的公共交通系统以及政府引导,使后期的土地利用模式以公共交通为导向,运输体系以公共交通为主体。

万军等[115]基于低碳理念创新性地提出"自行车搭载＋常规公交"的融合模式、"免费公共自行车＋快速公交"的衔接模式、"特殊自行车道＋特殊步行道＋常规公交系统"的慢行体系规划模式,力求为城市低碳、可持续交通发展研究提供一些思路。

孙德红[116]提议将城市低碳交通发展作为系统工程,需要采用新的发展模式,即以政府、企业、公民为主体,政府为主导,市场为基础,辅以民间社会力量,从宏观、中观、微观三个方面,形成"三位一体"的三主体、三方式、三层面的发展模式。

李振宇等[117]认为我国低碳城市交通建设尚在起步阶段,城市交通问题较为纷杂,所以目前我国城市低碳交通发展模式尚未明确。他指出应该重点培养公众低碳交通的意识,引导公众的生活方式低碳化,以"公共交通＋非机动交通"为主体,构建一个高效低碳城市客运体系。

冯立光等[118]对国外交通系统建设的经验进行了总结剖析,值得学习的经验有:大力发展城市公共交通,积极鼓励自行车、步行出行,交通需求管理要因地制宜,大力推进节能减排、新能源车辆及相关技术应用等。

2) 城市低碳交通管理策略

传统的城市低碳交通调整政策分别从出行方式转变、机动车总数控制、出行者收益等多方面对交通需求进行调控。主要包括率先发展公共交通系统[119-120]、大力推广慢行系统[121-122]、共享拼车、车辆限额制度[123-124]、车辆使用限制[125-126]、牌照拍卖[127-128]、高额车辆购置税[129-130]、拥挤收费[131-132]、停车收费[133-135]、燃油税[136]、燃油经济标准[137-138]等。由于日益严重的环境污染和能源紧缺问题,相关节能减排政策越来越受到关注,如碳交易、节能环保汽车财政补贴和税收优惠、碳税以及清洁能源技术和新汽车技术的推广等。

(1) 调控政策的类别

为了更有效地减少交通系统的碳排放量,更多地获得环境收益,在对交通系统的未来发展开展研究时,更偏向于采用倒推规划法代替预测法[139]。经合组织在 2000 年启动了交通环境可持续发展项目,该项目用了倒推规划法对低碳交通系统未来一段时间内的发展展开研究,从政策和技术创新的角度总结出最有效的低碳发展方式[140]。以此为基础,世界交通研究学会交通与环境兴趣研究小组启动了城市交通与环境对比研究项目(CUTE)[141]。该项目探索了世界上不同地区、发达国家及发展中国家的低碳交通发展的途径,如土地利用、交通管理措施、技术研发应用等。最后,CUTE 以矩阵的形式从"策略"和"工具"两个维度对这些实现低碳交通系统的方式进行整合和划分。

初步战略包括小汽车使用的减少、交通需求的减少、替代交通方式的发展、道路网的改善以及车辆技术的提升五个领域。Dalkmann 和 Brannigan[142]又对上述五种战略进行了重新组合:①减少不必要的交通需求(AVOID,限制);②转向更为低碳的出行方式(SHIFT,转型);③降低初始交通排放的强度(IMPROVE,改进)。

现在 WCTRS(World Conference on Transport Research Society)[143]规定在联合国气

候变化公约(UNFCCC)中利用 CUTE 矩阵对低碳交通调控政策进行分类。然而,鉴于交通系统的多样性、复杂性,每个地区必须充分考虑当地的状况,要因地制宜,发展策略要符合当地的自身特点。一般来说,发展中国家对非机动交通的依赖程度更高,因此他们比发达国家有更多的机会发展低碳交通。

(2) 调控政策的效果

根据众多的研究成果,一种基于 AVOID、SHIFT、IMPROVE 的综合方法不仅可以减少排放,而且还可以带来许多其他好处[144]。许多实践表明,使用清洁燃料的交通工具可以显著减少碳排放。然而,UNEP(United Nations Environment Programme)[145]研究发现,要想加快实现低碳交通的目标,必须同时从 AVOID、SHIFT、IMPROVE 三个方面着手。

IEA(国际能源署)和 EEA(欧洲环境署)的模型表明,如果政策得到正确实施,碳排放可以减少 70% 以上。通过改进策略和限制转型策略,二氧化碳排放量可以分别减少 44% 和 20%。其中改进策略主要包含对发动机和车辆设计的改进,使用低碳燃料和智能化技术来改变出行行为等措施,限制转型策略主要包含收取道路通行费、制定适合的交通规划等方式[146]。

在限制、转型和改进三大策略成为实现低碳交通发展重要战略共识的基础上,Leather 和 TCAIAC[147]探讨了采用各种政策措施来实现上述三大策略的可能性。以下四个不同层面的政策工具:技术规划、立法管理、信息宣传及经济手段,对于发展低碳交通各有特色。

在技术规划方面,提高传统燃油发动机的工作效率是减小环境影响最具成本效益的方法之一,至少在短期内是这样的[148]。Bergmann 等[149]的研究表明,在德国由于提高了低油耗技术和使用高效率汽车,温室气体的排放量减少了 590 万 t。ETC/ACC[150]指出通过电动汽车增加能效,可以在未来减少约 60%~80% 的二氧化碳排放。Petersen 等[151]分析了不同技术对实现低碳交通发展的影响。

此外,TRB 的报告显示,如果在全美范围内发展人口稠密的城市,交通的排放量可以得到不同程度的降低。Gomez-Ibanez 等[152]认为假设到 2050 年,城市增加 25% 的新建密度,那将会使得交通排放量减少 1%~2%,城市增加 75% 的重建密度,会使得交通排放量减少 8%~11%。美国实行公共交通引导城市发展(TOD),致力于建设大量的个人停车与公共交通换乘停车设施,这可能会导致停车设施供大于求的现象。而在欧洲,TOD 的主要做法是通过严格控制靠近公共交通车站的停车设施来促进周边地区高密度发展[153]。

在立法管理方面,根据世界银行关于墨西哥的研究报告:提高货物运输和公交网络效率、完善车辆检查机制可以产生较高的净收入[154]。2007 年,加州通过了低碳燃料标准,加州被要求到 2020 年将交通燃料产生的二氧化碳强度降低 10%[155]。Clerides 和 Zahariadis[156]发现在美国、日本和欧盟,燃料标准的实施对提高燃油经济性起到了重要作用。Parkhurst[157]发现由于英国牛津大学的行人专用化措施,17% 的小汽车没有进入市中心。Davis[158]指出实施"限行"政策会导致机动车总数的提升,甚至是排放量高的车辆所占比例的提升,而不是空气质量的直接改善。还指出由于实施了"限行"政策,许多家庭会购买其他汽车来达到出行的目的,在不受"限制"的时段,更多使用现有车辆。Timilsina 和 Dulal[159]总结了典型立法管理类政策的应用案例以及实施效果,并概述了上述各类政策成功的主要原因。

在信息宣传方面,Sivaraman 等[160]发现通过电子商务来改善美国 DVD 零售业货物配送,能耗降低了33%,二氧化碳排放降低了40%。Welterverden 和 Rotem-Mindali[161]指出电子商务在交通量增加和减少方面都起到了一定的作用。同时,Mokhtarian[162]也注意到虽然交通量可能增加,但增加的确切幅度难以估算,发现在家远程办公每增加2%,可能会导致个人交通出行量减少1%~2%。然而,Choo等[163]研究表明在家远程办公只能减少总交通出行量的0.8%。Bergmann等[164]发现在德国通过宣传教育以及信息技术来改变个人出行行为,能够达到减排690万 t GHG 的效果。其中,十分之一的减排来自休闲交通出行的减少;与此同时,私家车在通勤期间搭载的平均乘客数量从1.2人增加到1.3人;分别有1%和3%的出行者在长距离出行和市内短距离出行时转向公共交通。Harmsen 等[165]发现生态驾驶可以使二氧化碳的排放量减少5%~25%。此外,生态驾驶可以减少交通事故的发生、汽车噪声以及车辆损耗。

在经济手段方面,为了减少交通中的二氧化碳排放,许多国家对汽车征收购置税,然而,汽车购置税对汽车整个生命周期的排放影响非常有限[166]。由于汽车购置税的实施,汽车数量的上涨会受到一定的限制,但也会造成汽车使用年限延长的问题[167]。这样可能会促进更多的人使用时间较长、污染控制水平较差的老旧车以及高排放车辆[168]。Pritchard 和 DeBoer[169]指出,如果征收购置税的对象是新车而不是旧车,不但没法减少机动车的总量,而且可能会导致排放量的增加和交易成本的上升,从而损害公平竞争。

Alberini 等[170]的研究表明,一些人为获得"旧车回收补贴",也许会故意延长车辆使用年限,但这会导致排放量的增加。Palma 和 Kilani[171]也发现,"旧车回收补贴"机制会让有些人为了获得更多补贴,从而做出延长车辆使用年限的错误决定。

在发达国家,拥堵收费被认为是一种可以有效解决交通拥堵、减少碳排放的政策措施。仅 2003—2004 年,伦敦的交通量就比实行拥堵收费前下降了约15%[172]。英国政府研究表明:假如对不同车辆收取的路费阶梯幅度为六十英镑,将会有近三分之一的顾客决定再次买车。英国皇家汽车俱乐部基金会也对此进行了研究,结果同样显示:当平均路费超过每年1 200英镑时,消费者通常会选择更节能的汽车。

气候变化基金[173]指出投资交通新技术和交通行为方面的回报远远大于投入。联合国环境署的研究表明,许多政策要求在交通方面做很多投资,会带来很多方面的好处,如减少温室气体排放、改善空气质量、提升交通可达性、缓解交通拥堵及改善道路安全等。此外UNEP(联合国环境署)[174]还指出,对使用新型替代能源的低收入人员给予一定的燃油补贴是非常必要的,以实现低碳交通的发展。

综上,为了实现管理者的目标,交通政策会改变个体行为,从而影响整个交通系统的性能。总结现有研究成果得出结论,实现低碳交通管理有两种方式:微观角度,以管理操作为主,需要考虑不同政策之间的相互影响,制定适当的政策实施计划;宏观角度,以调控为主,需要兼顾不同政策的作用,将政策体系融为一体进行设计。

中国许多城市在发展绿色交通方面进行了研究和应用,旨在实现低碳交通,节能减排。当进行理论研究时,大多数学者的研究对象都是某个城市或城市群,如上海、北京、天津等,杭州、贵阳、石家庄等省会城市,西北地区的中小城市和长株潭区域等,进而提出城市绿色交通发展的相应对策。

相震[175]通过对杭州在高污染车整修治理、公共交通系统建设、节能减排技术应用、城市绿色交通规划等方面的研究和实践效果分析,在行动和措施方面,根据自身资源禀赋和发展阶段，实施"五环一体"交通发展模式。郭万达[176]对深圳市的低碳交通发展提出建议：首先要结合自身发展特点，其次要全面发展城市轨道交通，最后要把城市轨道交通和常规公共交通结合起来建设。

私家车增加的负面影响是城市碳排放的增加。因此，为了实现上海低碳交通的发展，应该从以下几方面着手：对私家车的增长进行控制，大力并优先发展公共交通，改变交通能源使用方式。任力等[177]在分析了制约厦门低碳转型因素的基础上，提出了许多措施。这些措施包括：对低碳交通制度进行完善、对城市交通进行合理规划、对不合理的交通结构进行优化。刘细良、秦婷婷[178]根据低碳理念，以长株潭地区为研究对象，分析其低碳交通的实践基础，进而建立低碳指标，并就如何推进低碳交通建设提出相应措施。一是创新财政补贴、减税免税，加强对节能和新能源汽车的政策支持和管理；二是落实燃油税等措施，合理抑制私家车总数；三是加强对公共和慢行交通的发展。天津应制定城市空间结构调整、交通体系改善、交通主体培育、交通科技发展等综合性低碳发展战略。类似的研究从以下四个方面探讨了天津发展低碳交通的策略：一是积极引导城市紧凑多中心发展；二是确立公共交通在城市居民出行方式中的主体地位；三是努力实现城市规划与交通布局的统筹协调，发挥交通先导作用；四是创造良好的非机动车交通环境。

刘文宇[179]给出了北京低碳交通发展的建议思路：鼓励居民乘公交车出行，制定具有约束力的法律法规，完善和淘汰高排放燃油公交车，逐步转向低排放、清洁能源的公交车，比如混合动力和天然气公交，形成以轨道交通和地面公共交通为骨干和主体的多元化交通体系。

杨平[180]通过对贵阳市交通系统的研究，发现贵阳市的机动车大多由私家车和其他民用汽车构成，结合贵阳市的城市及地理结构特点，针对交通拥堵和城市高碳排放的现象，提出需加强对以轨道交通为主的公共交通建设。

谢军安等[181]从规划、法规、技术等层面阐述了石家庄发展城市低碳交通的思路与对策：控制私家车总量；大力推广新能源或小排量汽车和混合动力车；完善相关法律法规，增加机动车尾气污染防治。

以上研究是基于各个城市的具体情况，对发展低碳交通提出了相应的策略，很有针对性，然而，这些对策大多偏向于如何减少城市交通碳排放，并没有从宏观角度对低碳交通体系建设进行系统的、结构性的规划和设计。

1.2.2 国内外实践现状

由于现在国际大环境的影响，全球的气候变暖等环境问题日益突出，各国专家学者都在研究如何解决社会经济发展加速全球环境恶化这一问题。总体而言，国外的专家学者从实践中取得了较为全面和成熟的城市交通理论研究。欧盟成员国一直热衷于推动减排的进程，英国在其中扮演着重要的角色。2003年，英国在《我们能源的未来：创建低碳经济》[182]中正式提出了"低碳经济"概念。直至今日，越来越多的人关注到了低碳经济。城市交通作为城市经济发展的重要因素，吸引了众多专家学者的注意，城市低碳交通理念也适应时机而产生，并成为城市交通发展的未来方向之一。2007年，英国交通部发布了《低碳交通创新战略》[183]，其中从公路运输、航空运输、铁路运输和水运四个方面提出了在不久的将来可能实现的前瞻性、先导性和探索性的重要技术，未来的概念化的低碳交通技术的大概方向，政府政策制定方面的一系列指导方针。

美国国会在2009年4月制定通过了《2009 American Clean Energy and Security Act》草案[184]。利用这一机会，美国很多城市开始优先发展载客量较大的车辆，使用引导市民尽量减少单独驾驶、推广共乘车辆等方法，影响车辆增加载客率和行程利用率，一方面可以缓解交通拥堵，另一方面可以减少对交通资源的浪费和促进交通节能减排。同年《美国高速铁路远景》[185]也正式发布，由此美国转为投资建设低能耗高运量的高铁。美国国会运输部门2010年撰写了《Transportation's Role in Reducing U.S. Greenhouse Gas Emission》[186]，从各角度讨论了交通运输在美国温室气体减排中的作用，并提出了相应的策略，如碳收费策略、低碳燃料策略、提高运输系统效率策略、燃料功率增加策略、减少高碳出行策略、协同效应等。

2008年，日本在《日本低碳社会模式及其可行性研究》（Japan Scenarios and Actions towards Low-Carbon Societies）[187]中确定了目标：到2050年，与1990年相比要减少70%的二氧化碳排放量。提出了全方位、多角度、深层次地建立低碳社会模式，交通部门要制定相关措施使公共交通占据主导地位，如提高土地利用率、城市功能转变、选择公共交通出行、推广燃料电池汽车的使用、提高能源消耗水平和利用效果等。

Bristow等[188]研究表明，如果前提是不改变个人出行的习惯，技术进步就无法实现更为严格的减少二氧化碳的排放量目标。减少排放最有效的方法是将几种措施结合起来，如通过价格调控促进人们选择高效能的交通工具出行，提高公共交通的便利性等。Hickman等[189]提出了一系列减排措施：使用排放较低的汽车、替代燃料、价格体系、慢行交通、智能化信息化、更智能的选择、替代长时间出行等。

我国城市交通发展受到了能源资源短缺、土地环境超负荷的现实制约，同时国际社会愈发要求中国减排，所以我国的城市交通发展模式应该注重碳排放量，尽量减少能够导致碳排放上升的发展模式[190]。中国政府于2009年11月正式宣布了减排的目标：到2020年中国单位国内生产总值二氧化碳排放比2005年下降40%～45%[191]，这表明中国往后走在了低碳发展的道路上。

当前对于"低碳交通是什么"，国内外学者还没有达成统一。国内许多学者也给出了低碳交通的定义，如宿凤鸣、万军、石京、王茜、张建慧等[192-195]，比较有代表性的是宿凤鸣[192]给出的定义："低碳交通是在不断认知到气候变化及其对人类生存严重影响的背景下，本着节约资源、减少排放、实现社会经济的可持续发展和保护环境的原则，针对不同运输方式的现代技术经济特征，运用系统调节、绿色节能技术等手段，提升单一运输方式的效率、优化调整交通运输结构、有效管控交通需求、创新交通运输组织管理，从而实现交通领域的全周期全产业链的低碳发展，促进社会经济发展的低碳转型。"

总结国内外的研究可知，国外在低碳交通领域已有大量的研究成果，英国和美国的报告中用大量的数据进行实证阐明了"目前运行的交通模式碳排放较高"，基于此前提展开研究了低碳交通的对策，并分析了其在节能减排中的实际效果及潜在能力。相比而言，国内主要在概念、特点、政策建议研究等方面开展低碳交通研究，提出了许多宏观的政策和意见，对城市交通的定量研究寥寥无几。

1.3 我国城市交通低碳发展存在的问题

目前，中国正处于城市化和工业化进程中，仍然需要高碳产业的发展来支撑，高碳气体排放不可避免,低碳经济转型难度较大,目前只能够通过大力推广节能减排策略过渡,为将来最终实现城市低碳交通的目标做好准备。

虽然中国许多城市在建设低碳交通方面有着极高的热情,也采取了许多对应的措施且取得了很大的进展,但总体而言,大多数城市还是只停留在口号阶段,缺乏更实际的行动。据考察,各试点城市的工作的实质性进展尚未有成果,大部分城市仅仅颁布指导方针等方式,缺少详细的政策指导和明确的目标。在城市低碳交通建设方面也仅有各市政府领导以发展公共交通系统为主的建设工作的开展。单单靠政府的力量并不能进一步促进城市低碳交通的发展。低碳交通的建设,不仅需要政府来主导,更需要全社会动员一切力量来共同参与。如今,我国城市的低碳交通刚刚起步,出现了很多问题,突出表现在交通拥堵、机动性与非机动性的失衡、环境与资源等方面。只有把这些出现的问题妥善处理好,我国才能顺利推进低碳交通的建设。

1.3.1 交通拥堵

近年来,我省(江苏省,下同)经济社会快速发展,私家车保有量迅速增长。截至2018年底,全省民用汽车拥有量1 987.16万辆,私人汽车1 537.62万辆,营运汽车(含公共出租车辆)101.46万辆。其中,民用车辆拥有量增速较快,居民对机动车尤其是汽车购买热情高涨。

随着机动车总量的迅速增加,城市道路交通拥堵现象越来越严重。驾驶机动车肯定会产生碳排放,但许多不必要的碳排放也会随着交通拥堵而产生。我国各大城市都有着严重的交通堵塞问题。比如,2009年广州市主城区干道的高峰期间平均车速仅为18.7 km/h;北京市早高峰平均车速为24.7 km/h、晚高峰为22.3 km/h。如今,中国每一千人就有38辆汽车,而世界平均水平是每一千人有120辆汽车,发达国家每一千人有500辆汽车。比较之下,中国的城市机动化水平相对较低。假如我国与发达国家的汽车拥有率处于同一水平,我国的城市交通系统会瘫痪。这样看来,关键问题还是如何缓解我国的城市交通堵塞。

在国外,发达国家尝试过大量建设交通基础设施,以此来缓解车辆增长所带来的拥堵问题,比如素有小汽车王国的美国洛杉矶、韩国首尔等都使用过这种方式。然而事实表明,新的基础设施不仅不会缓解道路拥挤,还会带来新的交通拥堵问题。这种战略在我国可用土地资源短缺的情况下是不可行的。

其他发达国家有的为了缓解交通拥堵,对小汽车采取严格的限制措施,新加坡的成功经验就是很好的例子。但对于我国来说,值得思考的是,限制小汽车的发展是不是可行。汽车产业支撑着我国经济的高速增长,如果抑制了小汽车的发展,势必会对现有的国民经济造成影响。所以,当面对我国小汽车过多造成的交通堵塞问题时,应该努力引导合理使用,而不是仅仅考虑对总量发展进行限制。使用智能交通技术,如不停车收费系统、实时交通路况播报等,加快停车效率以及引导车辆避让拥堵高发路段,所有这些都可以帮助缓解交通拥堵。

1.3.2 机动性与非机动性的失衡

当下,机动性交通在城市交通出行结构中占据主导地位,非机动性交通出现持续下降趋势,机动性与非机动性交通严重的不平衡会对低碳交通的构建非常不利。而小汽车交通的发展在机动性交通中最为明显。我国城市居民频繁使用小汽车;选择公共交通出行的比例令人不满意,大城市的公交分担率通常低于40%,中小城市的公交分担率则更低,约为

10%;由于机动化的猛烈冲击,人们越来越不依靠那些传统的、绿色的出行方式,步行以及自行车的空间不断被侵占,空间越来越小。

低碳的城市交通系统中,机动性交通应以公共交通为主,小汽车交通为辅。所以,形成合理的机动交通结构是必要的。从南京的调查结果可以看出,汽车拥有时间与汽车使用频率呈正相关。当小汽车成为家庭的必需品之后,居民的代步工具纷纷转为小汽车,公共交通的使用率会大大降低,随之分担率也跟着降低。而小汽车与公共交通之间存在一种反馈关系:汽车的过度使用加剧了交通拥堵,严重阻碍了非轨道公共交通的运行效率,导致乘客对公共交通的满意度降低,使乘客的数量减少。所以公共交通又通过提高票价的方法来维持经营,加剧了乘客更多地选择小汽车出行的现象。如果这种反馈关系一直这样,公共交通终将衰败。

要实现城市交通低碳发展,必须同时考虑机动性交通与非机动性交通,使两者实现平衡,既有利于减少小汽车的使用,也有利于促进公共交通的发展,为实现这种空间结构需城市交通规划和土地利用规划的共同作用。另外,促进两者平衡的有效措施包括:在城市中心建设低碳社区,在社区内普遍使用步行以及自行车等非机动性交通,并在周边配上强大功能的公共交通来支持。

1.3.3 环境与资源

目前的交通模式对我国的环境及资源非常具有威胁性,所以走低碳发展的道路是我国紧迫需要的,威胁包含消耗众多稀缺的资源、占用大量的土地资源以及交通噪音、汽车尾气污染等。目前,中国机动车每年消耗全国约23%的柴油和85%的汽油,而城市大气污染的大部分是由于机动车尾气。比如北京城区中NO_x和CO_2来自汽车尾气的排放占比分别为50%和80%。交通所带来的噪音也越来越大,在一些城市的主干道上,噪音超过了70 dB。在一些大城市,停车设施的严重短缺问题因机动车的总数变大而日益彰显。尤其表现在大城市的商业、政治中心等繁华地区,寻找车位时间的同时也增加了尾气排放量。

为了使交通与资源和环境的协调适应问题得到推动与发展,目前,世界各国都在研究和开发汽车新技术,找寻能替代石油的能源,开发新能源汽车产业。新能源汽车主要有三类,分别是电动汽车、混合动力汽车和燃料电池汽车。新能源汽车的发展目标是大力减少尾气排放,其中燃料电池汽车和纯电动汽车是零排放的汽车。发展汽车低碳技术首要重点就是提高传统的汽、柴油质量,使汽车的发动机装置得到改善,燃油的效率得到提高;然后研究和推广新能源技术,最终实现交通工具都零排放的目标。所以将低碳汽车技术的研发与新能源汽车产业的发展相互结合,它不仅可以减少碳排放,还可以缓解汽车的能源供应问题,是低碳交通和汽车行业的双赢之路。

当下汽车低碳技术还处于尚未成熟阶段,一些技术难点仍需突破,相关基础配套设施也缺乏,所以新能源汽车有着较高的使用成本,推广的话也有着一定的障碍。如今降低新能源汽车购买成本的做法是政府给的一部分补贴,进而可以协助和推广新能源汽车的使用。在我国,城市发展低碳交通必须要遵循国家社会经济发展的总体目标,在此前提下满足低碳转型的时代要求。这不仅需要国家政策的巨大导向作用,还需要技术手段和经济手段的强大支撑,多管齐下才能真正实现交通的低碳发展。

1.3.4　综合交通结构性

一是公路货运比重较高。我省因为经济发达程度较高、全省人口分布密集,过境交通需求相对较高,所以相比于全国平均水平,我省客货运输强度较高,公路货运比重高达61.7%,"公转铁"和"公转水"面临较大压力。二是现有过江通道的通行能力跟不上现在的交通需求,每逢节假日这个问题就更为凸显,尤其是苏通大桥、江阴大桥等常年超负荷运行。三是高铁建设较为滞后。江苏省是全国第一批建成高速铁路的省份之一,但路网总体规模偏小,苏中苏北地区到目前为止高铁建设还未完成,无法在短时间内形成覆盖全省的高铁网络。截至2017年底,按照面积和人口计算的铁路密度,在全国的排名分别是第12位和第30位。四是国际运输能力较弱。在2017年全国经济总量、对外贸易总额排名中,我省这两项都位居全国第2位,不过我省的民航旅客吞吐量与人口比例,只达到了浙江、福建的1/2,民航旅客吞吐量位居全国第8位,这和江苏省现有的经济、外贸及旅游大省的地位不符。五是港口整体的货运竞争力不强。港口数量虽然较多,但都分布得比较零散,无法形成完整的枢纽,因此导致港口枢纽的航运和运输功能竞争力不强。全省外贸集装箱的年均生产量大约为1 800万标箱,其中70%以上是由公铁两种运输方式运至上海等周边港口再进行外运,仅有很少的部分是经本省沿江沿海港口外运,本省运输的大都是通过支线运输至舟山港、上海港等。六是城市交通枢纽功能还需提升。枢纽经济发展的质态还不够高,表现在综合客货运输枢纽、港口及机场等集疏运体系的建设比较缓慢,相对于需求来说比较滞后,无法满足客运要达到联程运输的需要,也无法从根本上跟上货运多式联运的需求。

1.3.5　交通基础设施建设制约

一是资金压力较大。一方面交通基础设施项目投资大、回收期长、收益率低,对社会资本吸引力小,部分项目资金到位率低,影响项目建设进度;另一方面建管养资金筹措渠道单一,在地方政府债务规模受到严格管控的大背景下,除财政预算安排和银行贷款以及申请中央财政补助外,从其他渠道筹资较少且筹资难度较大。二是项目推进面临现实困难。交通基础设施建设项目前期工作手续多、环节多,协调难度大,特别是高铁项目在线位、站点、互联互通等方面选择余地不大,加上铁路部门、地方政府、沿线群众对设计速度、线位走向、车站设置等存在不同意见,往往需要反复研究论证、征求意见,导致规划项目落地难度加大。三是外部环境制约因素较多。从当前重大交通基础设施项目建设情况看,土地、环保、安全生产、质量监督等对交通发展的刚性制约十分突出,此外,征地拆迁、压覆矿产、群众安置等统筹协调难度加大,加上建设运营和行业管理人才储备不足,这些都成为制约项目顺利推进的重要因素。

1.3.6　交通管理服务理念和水平

一是交通管理现代化水平有待进一步提高。交通类线性工程选线很难避免穿越生态红线区、自然保护区、饮用水源保护区等生态敏感区域,在行政审批中屡屡遭遇法律法规障碍。高速公路、机场周围噪声扰民问题较为突出,交通噪声类环境信访量有所递增。位于城市建成区新建交通类项目邻避舆情频发,需高度重视邻避问题化解。二是各种交通方式衔接有待进一步加强。铁路、民航、公路、水运等交通运输方式之间,尚未实现高效衔接,城市内外交通衔接不畅,客货场站布局与城市发展和产业布局不够协调,交通"最后一公里"问题亟待解决。部分城市外围路段存在不合理限速的现象,大大影响了通行效率,城市内部重点路段在交通高峰时期拥堵现象较为突出,市民在各种交通运输工具间换乘时的距离较远、耗时较长,优化路网的网格化建设以及换乘通道建设显得刻不容缓。三是农村道路交通安全隐患较多。尽管我省农村道路基础条件远好于其他省份,但交叉路口过密、路口视线不良、夜间无照明灯、安全设施不配套等问题较为突出,安全事故总量相对较多,应加大交通安全生命保障工程建设和专项治理力度,加快推进"四好农村路"建设。

第二章　城市交通低碳发展评价体系

2.1　城市交通低碳发展理论基础

2.1.1　城市交通低碳发展的基本内涵

2.1.1.1　低碳交通的内涵

低碳经济中的一个不可或缺的组成部分就是低碳交通,这是在交通领域体现低碳发展的新理念。国内低碳交通相关文献的阐述中,极多相关领域学者从出行方式的角度将低碳交通归纳为公共交通或与之无缝衔接的慢行交通;城市规划领域研究学者基于土地利用和交通系统的相互关系,阐明土地功能分布对交通碳排放量的影响;也有部分学者从能源利用的角度出发,将新能源汽车归纳其中,新能源不但可以在私人汽车领域得以应用,而且也可应用于公共汽车的更新换代,然而这只是对低碳交通的内涵进行了局部描述[196]。

低碳交通的发展主要是为了满足在交通需求不断上升的环境下减少碳排放[197],且不影响居民们的出行。低碳交通和绿色交通的本质皆是以公共交通为核心构建城市综合交通体系,但两者又各有不同。绿色交通的广义内涵还包括了在较短距离的出行中尽量选择步行或者使用自行车,在较长距离的出行中倡导人们优选公交出行,以公共交通为核心构建城市综合交通体系等;低碳交通的关键性问题在于如何减少温室气体的排放量,重点在于利用各种措施来降低交通运输中产生的CO_2排放量[198]。而且低碳交通与绿色交通相比,最大的差别在于低碳交通需要计算低碳措施实施前后的碳排放值,从而明确CO_2排放量的改善程度。

综上所述,低碳交通是指以公共交通为核心、以交通基础设施为根本、以节能减排为目标、以交通节能减排政策为辅助、以碳审计为评价指标以及以慢行交通、新能源交通为两翼的多元化交通体系,既符合常规交通出行的需求,又满足特殊交通出行的需要[196]。

2.1.1.2　城市低碳交通的内涵

如今人们生活低质量但碳排放却日益增多,这都是由于众多不完善的城市化规模造成的。便利的交通保证了公众的日常出行,但随着物流行业以及各种城镇化的迅猛发展,现有的路面交通已经远远负荷不了。随着温室气体排放量和能源消耗量的日益增多,我们应提高居民的环保意识,发展绿色城市低碳交通。到目前为止,全球尚未统一低碳交通的根本,但城市低碳交通都是以可持续发展理念为宗旨,广泛使用氢气、太阳能、燃料电池等新型能源,降低化石能源的使用,保障居民的出行环境,提高其出行效率,实现低消耗、低排放、低污染、高效率、高科技含量以及高环保的绿色城市交通模式。

城市低碳交通不仅是为了增加交通数量,而且是在保障交通出行质量的基础上,对交通需求进行行为管理,提升交通出行效率,改善交通结构,并且通过研发新能源车辆、创新低碳技术、控制机动车尾气排放等,减少能源的消耗和碳排放量,使得城市交通可以可持续化发展。

城市低碳交通是指以"低碳"的方式出行和发展,本质还是以"绿色"为重点的新兴交通,既保证低碳交通又保证经济发展。

简而言之,和之前交通的科技含量、污染量比较,低碳交通是集低碳技术、交通发展规划、城市可持续发展等要素于一体的高品质交通体系。本书所提出的城市低碳交通是指以节约型交通基础设施网络构建为基础,促进绿色低碳运输装备和运输组织方式发展,构建智慧型交通运输服务管理体系以及低碳交通能力保障系统,进而调整交通运输结构,增强低碳交通技术,加速推动智能交通发展,引领绿色低碳出行,提高低碳管理能力,实现低能耗、低排放和高效率、高效益的城市交通运输系统的建设,最终目的是降低交通行业温室气体排放总量。

(1) 低碳交通作为一项新兴交通思想,体现了社会的发展。但目的不单是降低运输过程中的碳排放量,更是有效减少碳排放量或保障居民的正常交通出行需求不被影响,乃至能有所提升,并且可以满足居民日益增长的交通需求量。此外,"低碳交通"这一思想应该扩散到每个阶层甚至每个角落。

(2) 低碳交通作为一种出行的方法,可以完善交通的出行结构,通过管理交通需求量这一方式,实现节能减排的目的。例如:日常出行的居民不仅可以使用新能源汽车,而且可以使用公共交通工具(公交车、轻轨等),同时也可以使用非机动交通出行方式(步行、自行车等)。因此,与其他出行方式相比较,低碳交通出行有着显著的优点,且有益于城市低碳交通的进一步发展。

(3) 发展低碳交通的首要重点是提升效率,不仅仅是能源的利用率更是整个交通体系的组织效率。合理利用土地和引导交通能够减少道路的负荷,让城市道路通畅并且井然有序,出行的环境也会得到改善进而促进整个城市的低碳交通系统越来越好。

(4) 发展低碳交通和创新与应用低碳技术相辅相成,通过交通新能源开发技术、交通节能减排技术、机动车尾气检测以及控制技术等应用,降低和控制碳排放量,逐步实现城市交通零碳排放的目标。

2.1.1.3 城市交通低碳发展的构成要素

多个要素才能构成低碳交通系统,交通系统是否合理不仅能够影响到城市的交通安全、畅通、有序以及高效运行,同时也能够作为一个考察要点反映出一个城市的规划方案的好坏。因此,分析研究低碳交通系统的组成要素是极为必要的。从前面城市低碳交通的定义和内涵中总结出,城市低碳交通体系包括七个部分,分别如下:

(1) 居民出行系统,包含乘客、行人以及驾驶员,不仅是城市居民的出行所导致的城市交通的主体,还是构成城市低碳交通系统的主体。

(2) 运载工具系统,包含机动车和非机动车。城市低碳交通系统的主体是低排放(或零排放)和低能耗的交通出行工具(如轨道交通、公交车及自行车)。不同交通出行工具的组成比例、功能和技术水平等基础性因素,直接影响交通出行系统以及整个低碳城市交通系统的运行效率。

(3) 城市路网系统,包含城市交通土地利用率以及城市道路、站点、枢纽等固定基础设施构成的整体。能直接影响城市交通运行情况和交通组织效率的是城市路网系统的规划,需要注意的是规划要依据城市实际的经济发展水平和交通需求。

(4) 交通需求管理系统,从起源上合理引导交通需求,平衡交通供需,有效保障了城市交通运输的推进。低碳城市交通发展的基础是交通需求管理,与交通组织管理系统和低碳交通技术系统一同组成低碳交通系统的"软件"。

(5) 交通组织管理系统,通过协调人、车、路之间的关系,使得整个交通系统组织效率能够最大化。

(6) 低碳交通技术系统,包括低碳交通技术的开发、新能源交通出行工具的研发与应用、检测机动车尾气排放的方法和技术创新的控制等。低碳交通技术的研发应用对城市低碳交通发展起着关键性的作用。

(7) 交通能源环境系统,主要包含城市交通的碳排放和能源消耗。作为城市低碳交通系统的一个组成要素,最能直观反映出一个城市的交通是否在低碳发展。

上述各部分组成要素相互作用关系如图 2-1 所示。

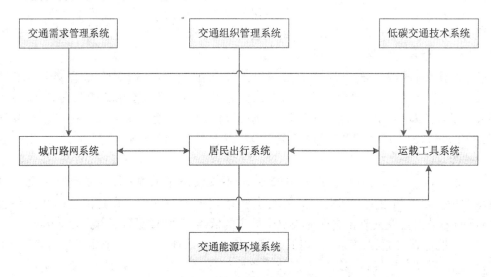

图 2-1 城市低碳交通系统组成要素关系图

从城市低碳交通系统可以看出,各个系统一起支撑着城市交通的运行,它们互相协调、相互制约。运载工具系统通过城市路网系统中提供的各种服务为居民出行系统提供基本的服务;交通需求管理系统通过调节城市交通与土地的平衡、控制机动车保有量和使用权限、带领城市居民低碳交通出行、对城市交通出行结构进行改革,使城市交通需求与供给处于相对平衡的状态;同时,需要依靠合理、完善、高效率的交通组织协调,在提高交通组织效率上,通过优化城市道路等级结构和增添交通供给等方法,只有这样共同配合才能真正建成低碳城市,并且能够可持续发展与进步。

2.1.2 城市低碳交通的基本特征

交通领域的低碳交通有着复杂的结构体系和宽广的范围,其基本特征表现为交通方式多样性、功能复合性、技术低碳化以及能源高效性。

(1) 方式多样性

每个交通工具所需要消耗的能源及排放的温室气体程度都不一样。通过统计局的有关数据可以得知,一辆私家车的耗油量是公共汽车的 4.5 倍;公共电车消耗的能量是轿车的 3.4%;地铁消耗的能量是轿车的 5%。骑自行车与步行是纯天然、零排放的出行方式,它们属于慢性交通,是在较短距离出行中优先选择的出行方式。新能源交通和慢性交通相较于轿车所产生的碳排放量较低。城市居民选择交通出行方式与出行距离、人口密度之间的相互关系如图2-2所示。

现在科学技术发展越来越快,我们也有越来越多的方法来实现城市交通低碳化,其中主要还是通过技术减碳、结构减碳还有制度减碳。技术减碳主要是运用新能源,从节能减排、环保方面着手;结构减碳主要是提高交通系统的效率,通过优化网络结构以及运力结构来实现。想要城市交通真的实现低碳化需要灵活的

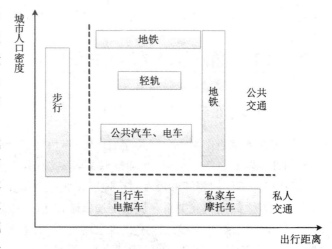

图2-2 城市居民选择交通出行方式与出行距离、人口密度之间的关系

措施,无论是交通工具方面的生产及运用还是交通系统的规划与运营。

(2) 功能复合性

低碳交通是一个复杂且面广的系统工程,慢性交通、公共交通、新能源交通系统都涉及其中,并且和交通基础设施和土地利用率关系紧密,就像一棵树,有着很多的分支,每个分支还有很多的旁支,它们各不相同却又互相关联。

发展城市低碳交通需要从多方面考虑,需要符合当下社会的发展现状,不能过于片面地追求交通低碳化;还需要符合国际气候变化公约,提高城市交通系统的效率,缓解拥堵。如今,除了以节能减排为目标,其他多个交通目标也需同步进行。

(3) 技术低碳化

为了实现城市交通低碳化,广泛推动以清洁能源为动力(含碳量低)的交通出行工具的使用,例如太阳能、氢能、生物燃料以及电能等清洁能源。要想发展城市低碳交通,必须要提升新能源交通工具的使用率,这样可以有效减少碳排放量。如今交通系统体系越来越多元化,为促进城市交通低碳化应加大网络监控和智能信息技术的使用。不同交通工具低碳优先级排序[199]如图2-3所示。

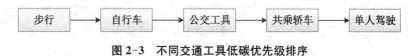

图2-3 不同交通工具低碳优先级排序

相比于低碳经济和低碳城市,降低CO_2的排放量是低碳交通更为注重的。有了低碳理念的基础,居民出行使用慢性交通或者新能源汽车有效减少了碳排放量,乘坐地铁、公交等公共交通,人均消耗量也得到有效减少。

(4) 能源高效性

城市交通低碳化的本质是,在交通需求得到满足的同时建立城市交通可持续性发展系统,其战略目标是利用最小的成本使交通效率最大化。因此要提高交通体系中的能源效率,优化路网结构,让各种交通方式能够有效地结合在一起。同时,新能源与新技术的合理运用

也使城市真正地走向低碳化,居民也生活得越来越舒适。

2.2 城市交通低碳发展评价指标

2.2.1 城市交通低碳评价的关键问题

城市低碳交通作为一个涉及交通运输、城市经济与生态环境等众多要素的复杂系统,且系统内部各要素之间相互影响、相互联系,因此在构建和设计城市交通低碳评价指标体系时,所选指标不仅需要能够最大限度地展现城市低碳交通的特点,还需充分展现城市低碳交通组成要素之间的相互关系。城市交通低碳评价必须要实现以下目标:

(1) 评价结果能准确地描述交通运输行为,客观反映城市经济发展水平以及生态环境状况,全面展现城市低碳交通的发展水平,为城市低碳交通评价提供全面的背景资料;

(2) 可以为低碳交通横向比较提供标准,其评价结果可以用于比较不同城市的低碳交通发展与建设水平,进而提升城市低碳交通的发展水平;

(3) 能够用于长期的评价和监测,可以提供城市交通低碳发展变化随时间的变化趋势,尤其是通过比较评价干预之前以及干预之后的城市交通低碳水平或比较预期的以及实际的城市交通低碳水平;

(4) 能够对城市交通所承受的压力与影响进行识别和判断,通过监测和评价城市低碳交通建设,探寻交通、经济和环境发展压力与城市低碳交通复合系统之间的相互关系,进而明确城市交通低碳发展的关键问题;

(5) 可以定期为政府科研、决策以及公众需求等提供城市交通低碳发展水平、变化趋势的统计分析报告,从而有利于在城市低碳交通复合系统框架下对合理的开发和管理活动进行有效识别。

因此,城市交通低碳评价的相关问题如下:

(1) 影响因素分析:对城市低碳交通复合体系变换的多个要素进行分析;

(2) 指标体系确定:根据指标体系的构建原则,总结一份能表达出城市交通低碳发展水平的指标体系;

(3) 评估模型建立:建立城市低碳交通评估模型,精准、客观地描述城市低碳交通发展水平,为城市低碳交通管理奠定良好的理论基础;

(4) 管理优化体系构建:建立有管理和保障并且满足可持续化发展理念的城市交通系统,促进交通和谐发展,为城市低碳交通的发展建设提供有效保障。

2.2.2 城市交通低碳评价的基本步骤

对城市低碳交通进行评价时的重点是全方面评估与分析系统的情况,为城市交通低碳发展提供关键的技术支持和数据支撑。城市交通低碳评价方法需要能准确地表达和评估城市交通低碳发展水平,找出城市交通承受的压力和影响城市交通低碳发展的因素,确定在城市交通系统大体系下之后的行动。城市低碳交通评价的基础是确定城市低碳交通发展的工作程序及其管理行为的标准。其基本程序的设计主要包括:①有益于城市交通低碳建设并促进其高效发展;②对多利益相关方协同合作和多学科交叉融合进行强调;③注重评价过程中的可实施性。

资料收集与目标设定、系统分析与框架设计、现状调查与综合评估、管理对策与优化措施等多个环节组成了城市低碳交通评价的基本流程(图2-4)。①资料收集与目标设定作为城市低碳交通评价不可或缺的前期准备,不但能够获取城市交通相关数据,而且为研究工作的继续给予数据支撑,同时可以确定关注重点,初步确立城市低碳交通主要的评价方向;②系统分析与框架设计作为城市低碳交通评价开展和方案制定实施的重要指导和必要依据,在仔细剖析城市交通低碳建设水平和管理水平的基础上,开始明确城市交通低碳发展水平以及存在的关键问题,进而确定城市低碳交通评价指标、标准、权重和评估模型等,为城市低碳交通评价的实施提供依据;③现状调查与综合评估作为城市低碳交通评价的重要环节和关键步骤,重点在于通过对城市低碳交通复合系统的各个方面进行深入研究,综合评估评价对象所处状态;④管理对策与优化措施作为实现城市交通低碳目标的主要步骤,直接影响城市交通低碳建设的成败。

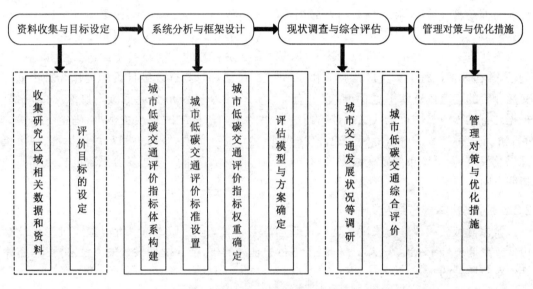

图2-4 城市低碳交通评价流程

2.2.2.1 资料收集与目标设定

(1) 资料收集

城市低碳交通评价需要收集的资料覆盖面相对广泛,主要涉及文化、科技、经济、环境等部门,根据不同的需要收集资料和管理数据,可将其分为城市经济、交通运输及生态环境资料等。

(2) 目标设定

主要由两方面组成:①城市低碳交通评价目标,包括对城市交通低碳发展现状的综合评估系统组成、结构等方面的特征分析,找出致使城市交通低碳发展水平下降的干扰因子,从而为城市交通低碳管理出谋划策;②城市低碳交通管理目标,即恢复和维持城市交通低碳发展过程中系统平衡的过程,满足城市低碳交通的合理需求,维持建设发展与交通、经济和环境系统的平衡,实现城市交通的可持续发展等。

2.2.2.2 系统分析与框架设计

在以上资料整理的基础之上,通过深入系统地分析交通运输、城市经济及生态环境状况,初步识别城市交通低碳发展水平,基于此,初步确定城市低碳交通评价的理论框架,确立城市低碳交通评价标准、指标及模型等。

（1）系统分析

对交通运输子系统、城市经济子系统、生态环境子系统进行系统分析,首先判断评估对象区域内的交通运输、城市经济及生态环境发展水平。

（2）框架设计

以系统分析相关资料为基础,通过初步设定城市低碳交通评价分析框架,对涉及城市交通低碳发展水平的评价指标进行确定,初步划分评价的标准和设立评价的模型。各个利益相关方的加入和多学科交叉需贯穿城市低碳交通建设发展的全过程。资料收集方面也需共同合作来确保资料的真实性、可靠性,多学科交叉可保证评价指标、标准确立的科学性、有效性。为推动管理策略的制定和执行,应加快引入利益相关方。框架设计中需确定评价的标准、评价指标的选择以及评估模型的建立。①评价指标的选择和确立与城市低碳交通评价结果之间有一定的关系,它可以为进一步的发展提供有效的方法。基于评价方法和专家咨询法,并在评估过程中一直进行调节和补充,最终确定评价指标。②评价标准作为城市低碳交通评价的参考依据和衡量标准,它的有效性是科学掌握城市交通低碳发展水平的前提。根据已有的国内外城市低碳交通评价研究成果及不同指标之间的相关标准,确定各项指标的定量评价标准。③城市低碳交通评价的本质是建立评估模型,通过确定评价标准、评价指标以及权重,确定城市低碳交通评价思路,为全面探究城市低碳交通复合系统的特点和原因指明方向。

2.2.2.3 现状调查与综合评估

城市低碳交通评价的关键是现状调查与综合评估,采用有效的评价模型通过对表征城市低碳交通复合系统全方位的评价因子进行整理和剖析,结合框架设计的方法和程序,整体评价对象所处的状态。

（1）现状调查

现状调查是基于收集资料,对构建城市低碳交通复合系统所需要的数据进行更加详细、深入且具有针对性的分析,可以为城市低碳交通的评估提供具有针对性、实时性及真实性的基础数据。

（2）综合评估

城市低碳交通评价是对城市交通运输、城市环境和城市经济等多方位的考察,需要完全展现城市交通低碳发展所面临的压力。综合评估作为城市低碳交通评价的主导,其评估过程如下:①城市低碳交通现状评估:评估结果可以精准地描述交通运输行为、城市经济发展和城市生态环境状态,综合展现低碳发展的水平,进而为其提供全面的当下背景研究资料。②关键问题判别:基于评价结果展现的城市低碳交通水平,对城市低碳交通存在的关键问题进行识别。③影响因素分析:通过剖析城市低碳交通复合系统的影响因素,探索城市交通运输子系统、城市生态环境子系统以及城市经济子系统之间的相互关系,评估复合系统对人类活动的影响。同时,通过对历年城市交通管理方法和政策进行回顾评价,判别现有城市交通管理有效性的脆弱环节,给以后的城市交通管理发展指明方向。

2.2.2.4 管理对策与优化措施

城市低碳交通评价的实施条件是管理对策与优化措施,它们也是建设低碳交通的重要保证。通过上文对城市低碳交通进行综合评估,确定城市交通低碳管理对策,不但有着有效的指导效果,而且加大了管理措施的明确性。城市交通低碳管理对策与优化措施可以从政策、管理、操作这几个方面构建。①政策层面管理对策重点在于制定促进城市交通建设和管理的政策法规、环境准则,给予城市交通低碳管理政策保证与宏观引导。②管理层面着重于城市低碳交通管理体系的创建,明确运作模式、管理方案及协助管理机制,通过计划定制和实践、监督与评估、协助管理以及管理过程的公众参与等实现与完善,为城市低碳交通管理在管理方式方面提供改良建议。③操作层面注重发布具有针对性、可操作性的城市低碳交通相关对策,保障城市交通管理方案可以真正实施,为实现低碳交通提供有效的建设以及技术方面的指导。

2.2.3 城市交通低碳评价的主要原则

从城市低碳交通的基本特征出发,结合前文对城市低碳交通内涵的分析,确定促进可持续发展、面向适应性管理以及多方利益共同参与城市低碳交通评价的几大原则(图2-5)。

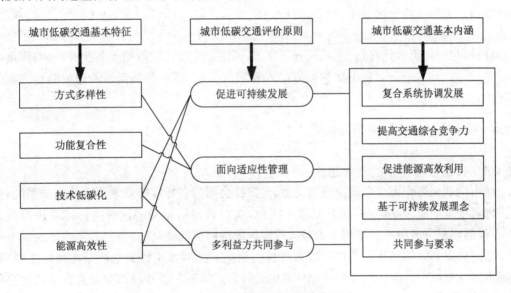

图2-5 城市低碳交通评价基本原则

(1) 目标原则:促进可持续发展

基于城市低碳交通概念及评价综合评估城市低碳交通发展水平,对城市交通复合系统的现状与存在的关键问题进行判别,并把评估过程用在城市交通低碳建设和管理之中,指导并改进城市交通管理决策,进而推动城市交通向可持续性方向发展,实现社会经济—城市交通—生态环境的和谐发展。因此,以目标层面为基础,把推动城市交通复合系统的可持续性发展当作城市低碳交通评价的重要原则。在此之上,城市低碳交通评价能够针对城市交通状况的差异性和可持续性特点优化城市交通管理对策,改善城市交通现状。

(2) 实施原则:面向适应性管理

能源管理的主要模式是适应性管理,主要通过设计规划、监测、反馈及调控等方法减少管理过程中出现的未知性和风险性,强化管理行为的有效性与针对性。其中,适应性管理可以有效展开的必要条件是监测系统的建立以及监测系统在管理过程中给予的及时性反馈。构建检测系统和在管理的过程中提供及时的反馈是适应性管理有效的重要前提。城市低碳交通评价作为城市交通管理目标设定的基石,无疑是城市交通管理适应性的重要内容。这将使城市低碳交通评价在设计规划与实施过程中,必须重点关注与城市交通管理的有效性融合及合理性协调,并把面向适应性管理当作其实施的基本准则。

这一原则对城市低碳交通评价的方法本身以及和城市交通管理的集成都提出要求。对于城市低碳交通评价方法本身,要求评价指标、评价标准等拥有一定程度的变换与灵活,能够结合管理需求和认识水平的变化等做出调整,需要从介入时间进行适合的设计,及时引进城市低碳交通评价系统,并归入管理目标设定等关键过程,增加目标的监督力度。

(3) 参与原则:多利益方共同参与

多利益方协同参与作为建设城市低碳交通的根本要求和保证社会公平性的基本方式,主要包括两大优点:①使管理决策的合法性和透明度得以提升;②可以有效运用各利益方的智慧,提高管理决策水平。

在城市低碳交通评价中,可以从参与的群体、形式、过程以及深度等角度保证多利益方一起参与。参与群体应充分考虑利益方的建议与意见;参与形式主要包括参与立法、规划、决策以及立项等各种听证会、咨询会等;参与过程是指群体应全程与多利益方参加城市低碳交通评价,包括评价设计规划、现状调查与评价、确定适应性管理策略等各步骤;参与深度不只是单/双向交谈,还需要各主要利益方进入管理与决策组织,参与交通管理策略和方法的制定。

2.2.4 城市交通低碳评价指标构建

2.2.4.1 评价指标体系的设计思路

城市低碳交通作为一个涉及城市交通、经济社会与生态环境等众多要素的复杂系统,系统内部各要素之间相互影响、相互联系。因此,在对城市低碳交通评价指标体系进行设计时,不仅需要充分考虑所选指标是否最大限度地展现城市低碳交通的特征,还应该对城市低碳交通组成要素间的相互关系进行综合考虑。根据前文对城市低碳交通基本理论的研究,明确本研究对城市低碳交通评价指标体系的设计思路体现在考核城市交通复合系统的协调度与考核城市交通的低碳竞争力两大方面。

2.2.4.2 评价指标确定原则

(1) 系统性原则。城市交通复合系统的有序运行由城市交通系统、城市经济系统和城市生态环境系统的一同发展得以实现。然而,要使这三方面不同的发展需求得到满足,应该以"三重底线"标准为规范。所以,在指标设计中必须兼顾考虑城市交通、城市经济和城市生态环境等系统。

(2) 数据可获性原则。从统计年鉴等资料中获得,必须确保这些数据的真实可靠。

(3) 可比性原则。所挑选的指标应在各个城市之间有可比性。

(4) 兼顾完备性与简明性原则。指标的选择需要具有简单性和全面性,既要抓住关键矛盾,使复杂问题简单化和深入化,又要达到体现城市低碳交通发展水平的最小完备集。

2.2.4.3 评价指标体系的建立

根据城市低碳交通的支持系统,将城市低碳交通评价指标体系分为三大类,即城市交通系统、生态环境系统与经济社会系统。其中,城市交通系统包括交通工具和基础设施,生态环境系统包括生态建设与环境污染,经济社会系统包括社会服务与经济发展(表2-1)。

表2-1 城市低碳交通评价指标体系

一级指标	二级指标	三级指标
城市交通系统	基础设施	城市轨道交通里程
		公交线路总长
		人均道路面积
	交通工具	黄标车淘汰率
		绿色环保公交车使用率
		新能源汽车更新率
生态环境系统	生态建设	城市道路绿化率
	环境污染	城市交通出行年碳排放量
		路段空气质量超标率
经济社会系统	经济发展	人均GDP
	社会服务	居民出行满意度
		公交分担率

表2-2 城市低碳交通评价指标解释

指标(单位)	指标解释
城市轨道交通里程(km)	城市轨道交通运营线路长度,是城市低碳交通的重要表征指标
公交线路总长(km)	表征城市低碳交通的建设水平
人均道路面积(m^2)	表征城市低碳交通的建设规模
黄标车淘汰率(%)	淘汰低于国Ⅰ排放标准的汽油车和国Ⅲ排放标准的柴油车的比率
绿色环保公交车使用率(%)	使用绿色环保公交车的比率
新能源汽车更新率(%)	更新新能源汽车的比率
城市道路绿化率(%)	表征城市交通的绿化状况
城市交通出行年碳排放量(t)	反映城市交通的碳排放水平
路段空气质量超标率(%)	反映城市交通的大气污染状况
人均GDP(元)	反映城市的经济发展水平
居民出行满意度(%)	反映城市交通服务水平
公交分担率(%)	城市居民交通出行方式中选用公共交通(公交、轨道交通等)的交通出行量占总交通出行量的比率,该指标是评价城市公共交通发展、出行结构合理性的关键指标

2.3 城市交通低碳发展评价模型

城市低碳交通作为一个繁杂的多层次系统,它的评价属于全方位的评价范畴。通常综合评价方法分为定性评价方法、统计分析方法、模糊数学方法和系统工程方法等九大类。其中,模糊数学方法能够解决传统数学方法中仅有唯一解的缺陷。依据各种可能性计算出不同层次的数学问题的解,具有可扩展性,适用于城市低碳交通需要多层次评价的情况,但这种方法中的隶属函数的确定具有一定的难度[200]。基于此,本研究将借鉴灰色关联度分析法得出隶属函数,从而构建城市低碳交通模糊评价模型。评价步骤如下[201-203]:

1. 明确模糊综合评判指标集 Y 与评价集 P:$Y=\{Y_1,Y_2,\cdots,Y_i,\cdots,Y_n\}$,$1\leqslant i\leqslant n$ 代表影响城市低碳交通的各项一级指标。设第 i 个一级指标的子指标为 Y_i,应满足条件 $Y_i=\{Y_{i1},Y_{i2},\cdots,Y_{ij},\cdots,Y_{im}\}$,$1\leqslant j\leqslant m$。$P=\{P_1,P_2,\cdots,P_i,\cdots,P_n\}$,$P_i=\{P_{i1},P_{i2},\cdots,P_{ij},\cdots,P_{im}\}$ 表示不同可能的评判结果。城市低碳交通评价集 P(优,良,合格,差),对应的评分值为(1, 0.8, 0.6, 0.4)。

2. 明确评价因素的权重:使用专家咨询法与层次分析法计算权重 W。

3. 运用灰色关联度分析法来得出隶属度,进行单因素模糊评判,步骤为:设 $Y_{ijt}=\{Y_{ij1},Y_{ij2},\cdots,Y_{ijt},\cdots,Y_{ijl}\}$,$1\leqslant t\leqslant l$ 为评价对象在 t 时段第 i 个一级指标的第 j 个子指标的实际值,α_{ijt} 为实际值 Y_{ijt} 的阈值。基于灰色理论,首先根据式(2-1)对系列 Y_{ijt} 和 α_{ijt} 进行无量纲化,然后根据式(2-2)对两个系列中各对应值绝对差的最大值和最小值进行计算:

$$Y_{ijt}^0=\frac{Y_{ijt}}{\frac{1}{l}\sum_{t=1}^{l}Y_{ijt}},\ \alpha_{ijt}^0=\frac{\alpha_{ijt}}{\frac{1}{l}\sum_{t=1}^{l}\alpha_{ijt}} \tag{2-1}$$

$$\Delta_{\min}=\min\{|Y_{ijt}^0-\alpha_{ijt}^0|\},\ \Delta_{\max}=\max\{|Y_{ijt}^0-\alpha_{ijt}^0|\} \tag{2-2}$$

根据灰色关联度分析法,计算出单项指标得分值为:

$$B_{ijt}=\frac{\Delta_{\min}+\beta\Delta_{\max}}{|Y_{ijt}^0-\alpha_{ijt}^0|+\beta\Delta_{\max}} \tag{2-3}$$

式中,β($0<\beta<1$)为分辨系数,通过设置其值,可以控制 $\beta\Delta_{\max}$ 对数据转化的影响。β 取较小值,可以提高关联系数间差异的显著性,β 通常取 0.5。

根据 P 值得到 B_{ijt} 的评判矩阵 $\boldsymbol{R}_{ijt}$,如式(2-4)~式(2-6)所示:

$$若\ 0.8\leqslant B_{ijt}\leqslant 1,\ \boldsymbol{R}_{ijt}=\begin{bmatrix}\dfrac{B_{ijt}-0.8}{0.2} & \dfrac{1-B_{ijt}}{0.2} & 0 & 0\end{bmatrix} \tag{2-4}$$

$$若\ 0.6<B_{ijt}<0.8,\ \boldsymbol{R}_{ijt}=\begin{bmatrix}0 & \dfrac{B_{ijt}-0.6}{0.2} & \dfrac{0.8-B_{ijt}}{0.2} & 0\end{bmatrix} \tag{2-5}$$

$$若\ 0.4\leqslant B_{ijt}\leqslant 0.6,\ \boldsymbol{R}_{ijt}=\begin{bmatrix}0 & 0 & \dfrac{B_{ijt}-0.4}{0.2} & \dfrac{0.6-B_{ijt}}{0.2}\end{bmatrix} \tag{2-6}$$

单因素模糊评判矢量为 $\boldsymbol{R}_{it} = W_{ij} \cdot \boldsymbol{R}_{ijt}$，其中 $\sum_{j=1}^{m} W_{ij} = 1$。

4. 综合评判：在第 t 时段的综合评价公式为 $\boldsymbol{R}_t = W_i \cdot \boldsymbol{R}_{it}$，其中 $\sum_{i=1}^{n} W_i = 1$。

2.4 城市交通低碳发展评价实证

2.4.1 江苏省城市交通基本状况分析

2.4.1.1 江苏省现代综合交通运输体系的基本建设情况

近年来，江苏省将习近平新时代中国特色社会主义思想当作工作的主要指导思想，深入贯彻落实习近平总书记对交通运输工作的重要指示，坚决从始至终将建设交通强省放在重要位置，坚持交通优先，注重整体筹划，各方共同推进，使现代综合交通运输体系建设取得显著成效，有力支撑全省经济社会率先发展。

（1）规划引领作用较为突出。江苏省在全国率先开展综合运输发展战略研究，围绕服务国家重大战略实施，先后出台了《江苏推进交通强省建设工作方案》《长三角地区打通省际断头路合作框架协议》《江苏省长江经济带综合立体交通运输走廊规划》等政策文件。现在，已形成了以"十三五"综合交通运输体系发展规划为统率，由铁路、机场、高速公路网、轨道交通、干线航道网等几个专项规划构成的综合交通运输规划体系。此外，高度重视城市总体规划、城乡发展规划与交通运输的衔接协调，为交通项目建设做好规划保障，目前全省大部分市、县都单独编制了城市综合交通规划。

（2）综合交通基础设施网络初步形成。在全省上下的强力推动下，公路建设优势地位不断巩固，机场、铁路以及水运建设已经取得了良好发展。交通资金投入一直持续快速增长。2018年1月至7月，全省公路、铁路、水路以及航空交通建设已完成投资金额达837亿元，同比增加16.1%，达到历史同期最高水平。

截至2018年年初，江苏省公路里程总额已达15.8万km，高速公路里程在公路总里程中约占3%，已达4688 km，公路密度达到了154 km/百km²。高速公路、铁路综合枢纽、机场以及沿江沿海港口都已实现二级及以上公路全覆盖。高速公路覆盖面积密度与二级及以上公路占比均居全国各省之首。江苏省农村公路通车总里程已经突破14.3万km，二级以上公路在农村公路总里程中的占比已达17.9%，居全国第二。江苏省过江通道共建成14座、在建4座，而南京作为江苏省的省会，已经建成9座、在建2座。全省铁路营运总里程达到2791 km，高铁总里程达到846 km，占据了28.4%，在建总里程达1433 km。高速、便捷的铁路网基本覆盖了整个沿江八市，上海、南京及杭州长三角地区基本实现了"一小时高铁圈"。江苏省四级以上航道总里程和航道密度均居于全国领先位置，其中内河航道总里程共计2.4万km，约占全国的1/5。因为江苏省位于长江沿岸，沿江八市港口居多，港口的综合通过能力达到了19.7亿t，位列全国第一，同时占据榜首的还有万吨级以上泊位数（490个）及亿吨大港数（8个）。在航空运输方面，全省共有9个运输机场布局全面落地，通用机场10个。从运输机场目前的布局来看，全部市、县都可以在90 min内通过地面交通到达机场。

（3）交通运输服务功能不断增强。交通运输结构持续优化，2018年上半年综合货运量同比增加 5.5%,机场旅客吞吐量同比增加 19.1%,与全社会货运总量相比,其中铁路货运总量所占比重同比上升 0.1 个百分点。物流降本增效进展较快,2017 年为物流企业减负 7.1 亿元(不含鲜活农产品运输"绿色通道"免收 20.35 亿元),上半年优惠减免高速公路通行费 15.27 亿元、船闸过闸费 1.25 亿元。镇村公交开通率达到 72.4%,南京、无锡、苏州、淮安、昆山等城市轨道交通运营总里程达到 584.4 万 km,居全国第四。现有 17 个综合客运枢纽已建设完成,大大提升了旅客出行的换乘效率。同时,已有 42 个货运站场具备多式联运功能,数量位居全国前列。在节假日期间,利用货车限行错峰出行措施,使路网流量较上年同比增长 15%~18%,车辆平均行驶速度提升 3%~6%。

(4) 交通综合管理水平有所提高。智慧交通建设全国领先,完成了智慧交通信息系统总体规划设计,并且在江苏省成立智能交通分中心和智能驾驶及智能交通产业研究院。完成我国第一个省级交通地理信息服务云平台建设,率先实现交通一卡通在市(区、县)全覆盖,跨市刷卡量居于全国第一。大力推行"互联网+交管服务",全省设区市全部实现 25 项网上服务事项办理,基本实现"网上办、掌上办"。交通运输与物流服务加快融合发展,公铁、陆空、铁海联运规模不断扩大,网约车、合乘车、定制巴士等新业态快速发展。全省交通干线沿线环境综合整治、高速公路噪声污染治理等工作成效明显,交通干线沿线环境初步实现整洁化、绿色化以及美化,完成 118 个沿江非法码头整治并加快推进复绿工作,已累计打造形成 1.5 万 km 绿色廊道。安全生产形势保持稳定,交通死亡事故连续 11 年下降,连续 6 年未发生重特大道路交通事故。

2.4.1.2 南京城市交通基本状况分析

经过近几年的快速发展,南京城市低碳交通运输体系的建设取得了一定效果,进一步巩固了国家级综合交通枢纽的地位,交通运输整体发展水平也得到有效提升。在城市交通方面,南京市政府积极落实公交优先发展策略,在公交基础设施建设、公交行业监管等方面都取得了显著成效,公共交通服务质量也随之提高。目前南京公交系统较为完善,主要包含轨道交通、常规公交、出租汽车、轮渡、公共自行车在内的五大组成部分。

(1) 轨道交通

2005 年南京地铁正式启动,地铁一号线于 9 月开通运营,截至 2015 年,已完成轨道交通 1 号线、2 号线、3 号线、10 号线、宁高线(机场线)、宁天线 6 条运营线路的建设,线路总长达 225 km,相比 2010 年增加 140 km,年均增加 35 km。日均客运量也由 15 万人次上升到 230 万人次。运营车站 121 座(含两线换乘站 6 座),两侧 1~1.5 km 走廊,覆盖全市 45% 常住人口和 40% 的工作场所。在 2015 年全国城市轨道交通排行榜上位列第四。在南京市全市公交客运量中,轨道交通占比不断上升,已由 2005 年的 6% 上升至 2015 年的 35%。在城市公共交通出行方式中,轨道交通的分担率不断增长,在很大方面分散了城市地面的交通压力,初步形成以轨道交通为主干的公共交通体系。

(2) 地面公交

如今,南京市已全部开通无人售票机制,且各大路线均已全部完成开通运营。2015 年,市区地面公交运营线路由 2010 年的 375 条增加至 592 条,增幅达 53%;线路里程达 9 654 km,增幅 40%;相比 2010 年增加公交线路 187 条,线路里程增加 3 001 km。中心城建成的公交线路网密度由 2010 年的 1.6 km/km^2 提高至 1.96 km/km^2,郊区行政村公交线路也已 100% 全面通达。公交车辆配车总数 8 350 辆,折合 10 281 标台,增幅 39%,万人拥有公交(含地铁)约13.1标台。为鼓励居民绿色乘车,2014年南京市推行公交换乘优惠政策,在一个半小时内换乘公交的乘客,可优惠0.4元/次,有效降低出行成本。

目前全市公交场站300个、总面积约155 hm²,相比2010年增加82个、50 hm²;其中公交停保场21个、占地面积约91 hm²,公交枢纽站8个、占地面积约43 hm²,公交首末站204个(占道63个)、占地面积约21 hm²。公交车进场率由2010年的60%增长到78%。在2010年,中心城区公交站点500 m覆盖率由82.5%提升到92%。同时《南京市公交场站建设行动计划》在南京市颁布,在短短3年的时间内,实现重建公交站70座,合理改造首末站30座。

截至2015年,南京中心城区公交专用道达67条,车道里程295.5 km,道路里程161.8 km,相比2010年增加了30条,车道里程175 km,年均增加公交专用道车道里程35 km(图2-6)。其中主城区56条、车道里程244.6 km,东山副城2条、车道里程22.4 km,江北新区2条、车道里程3.6 km,仙林副城7条、车道里程24.9 km。公交专用道的建成大大改善了公交车误点情况,有效提高了车辆的行驶速度,公交正点率达90%,逐步实现主城区公交专用道系统成环成网,公共交通快速通行网络初步形成。

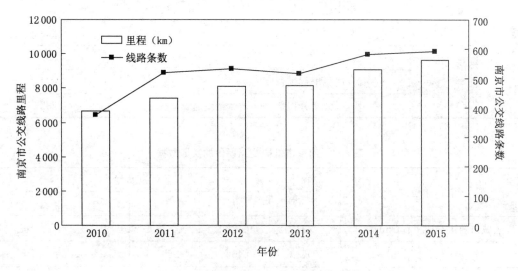

图2-6 南京市地面公交线路发展现状

(3) 公共自行车

公共自行车在目前出行方式中是使用率很高的一种交通方式。其优点是绿色环保并且能够达到锻炼身体的目的,同时能够和其他交通方式快速转换,有效解决市民"首末一公里"的出行问题。2014年以来,南京市共建成约1 700个公共自行车站点,投放5万多辆共享自行车,共计发放50多万张自行车租借卡,并完成市级租赁系统平台的建设,在全市范围实现了共享自行车统一运营管理。目前,平均每日租借公共自行车人数已达20万人次,服务范围也随之扩大,对于缓解城市交通压力,提高绿色环保出行有着极为重要的影响。此外,还拥有渡运航线7条,运营航线总长度为22 km,南京市初步形成了多模式融合发展的公共交通格局,对于满足多种层次的公交出行需求具有十分重要的意义。

2.4.2 南京城市交通低碳评价分析

采用专家咨询法与层次分析法确定评价指标的权重值见表2-3。基于城市低碳交通评价模型,对南京市 2015 年的城市低碳交通发展水平进行评估,得到单因素评判矩阵(表 2-4)。

表 2-3　南京市低碳交通评价指标权重值

一级指标	子指标	权重 W_i	权重 W_{ij}
城市交通系统	城市轨道交通里程	0.342 6	0.166 1
	公交线路总长		0.164 6
	人均道路面积		0.164 0
	黄标车淘汰率		0.168 7
	绿色环保公交车使用率		0.168 1
	新能源汽车更新率		0.168 4
生态环境系统	城市道路绿化率	0.329 1	0.333 1
	城市交通出行年碳排放量		0.333 6
	路段空气质量超标率		0.333 3
经济社会系统	人均 GDP	0.328 3	0.332 3
	居民出行满意度		0.334 2
	公交分担率		0.333 5

表 2-4　南京市低碳交通评价的实证数据

指标(单位)	2015 年指标值	隶属度			
		优	良	中	差
城市轨道交通里程(km)	224	0.128 9	0.871 1	0	0
公交线路总长(km)	9 653.6	0.408 4	0.591 6	0	0
人均道路面积(m²)	22.17	0.172 9	0.827 1	0	0
黄标车淘汰率(%)	97.7	0.885 0	0.115 0	0	0
绿色环保公交车使用率(%)	67.5	0	0.375 0	0.625 0	0
新能源汽车更新率(%)	97.9	0.895 0	0.105 0	0	0
城市道路绿化率(%)	92.9	0.645 0	0.355 0	0	0
城市交通出行年碳排放量(万 t)	879.47	0	0.409 1	0.590 9	0
路段空气质量超标率(%)	64.4	0	0.220 0	0.780 0	0
人均 GDP(元)	118 171	0.392 7	0.607 3	0	0
居民出行满意度(%)	95.2	0.760 0	0.240 0	0	0
公交分担率(%)	59	0	0	0.950 0	0.050 0

城市交通系统指标的模糊评价矩阵计算如下:

$$R_1 = W_{1j} \cdot R_{1j} = \begin{bmatrix} 0.166\ 1 & 0.164\ 6 & 0.164\ 0 & 0.168\ 7 & 0.168\ 1 & 0.168\ 4 \end{bmatrix} \cdot$$

$$\begin{bmatrix} 0.128\ 9 & 0.871\ 1 & 0 & 0 \\ 0.408\ 4 & 0.591\ 6 & 0 & 0 \\ 0.172\ 9 & 0.827\ 1 & 0 & 0 \\ 0.885\ 0 & 0.115\ 0 & 0 & 0 \\ 0 & 0.375\ 0 & 0.625\ 0 & 0 \\ 0.895\ 0 & 0.105\ 0 & 0 & 0 \end{bmatrix}$$

$$= (0.417\ 0 \quad 0.477\ 9 \quad 0.105\ 1 \quad 0)$$

同理可得：$R_2 = W_{2j} \cdot R_{2j} = \begin{bmatrix} 0.214\ 8 & 0.328\ 1 & 0.457\ 1 & 0 \end{bmatrix}$

$$R_3 = W_{3j} \cdot R_{3j} = \begin{bmatrix} 0.384\ 5 & 0.282\ 0 & 0.316\ 8 & 0.016\ 7 \end{bmatrix}$$

综合评判可得：

$$R = W_i \cdot R_i = \begin{bmatrix} 0.342\ 6 & 0.329\ 1 & 0.328\ 3 \end{bmatrix} \cdot \begin{bmatrix} 0.417\ 0 & 0.477\ 9 & 0.105\ 1 & 0 \\ 0.214\ 8 & 0.328\ 1 & 0.457\ 1 & 0 \\ 0.384\ 5 & 0.282\ 0 & 0.316\ 8 & 0.016\ 7 \end{bmatrix}$$

$$= \begin{bmatrix} 0.339\ 8 & 0.364\ 3 & 0.290\ 4 & 0.005\ 5 \end{bmatrix}$$

按照最大隶属度原则，可以看出2015年南京市低碳交通发展水平为"良"。从表2-4计算结果可见，"绿色环保公交车使用率""路段空气质量超标率"和"公交分担率"等指标表现较差。针对绿色环保公交车的广泛使用，可采取强化"绿色"设计理念，积极制定和推行"绿色"法规，加速推进绿色车辆产业化等措施；针对路段空气质量超标问题，可从道路设计、道路绿化、能源结构调整、监管执法等角度解决；针对公交分担率较低问题，可通过政府引导、企业执行、公众参与的机制来解决，实现政府低碳调控、企业投资发展、全民绿色出行。

2.4.3 南京城市交通低碳发展思路

近几年，"一带一路"在我国以及别国的地位越来越高，南京身为"一带一路"交汇点重要枢纽城市，城市环境及风貌显得尤为重要。当下，南京市居民的早晚高峰道路拥堵的情况较严重，可想而知，碳排放量也较大。并且由于工业化的发展，环境受到影响，城市交通也受到影响。所以，重新合理规划南京市的交通系统显得尤为重要，要在城市可持续发展的基础下减少环境污染以及交通路面压力，增加节能减排并多运用新能源的资源，这是未来发展的必然趋势。

（1）优化城市交通结构，实现结构性减碳

优化南京市的交通结构，确保各个交通之间能够协调合作。另外，未来需要持续增加城市低碳交通的宣传力度，确保每个市民都了解、清楚低碳的目的及好处。同时，增加公共交通基础设施的建设，确保市区内的公交站点衔接紧密。增加公交专用道，确保公共交通的行车效率。根据《南京市"十三五"城乡建设规划纲要》中的综合交通规划，加快创建南京市公交都市，强化核心地区和重要节点的公交设施配套服务，合理使用新建与改建公交枢纽场站设施，优化公交线路资源，有针对性地发展特色公交线路。力争形成"一轴、两环、多联、多放射"、道路里程超过350 km、车道里程700 km的公交专用道路网络，使主城区公交专用道路系统成环成网，与轨道交通共同形成公共交通快速通行网络。

（2）改善城市交通设施，实现基础性减碳

在轨道交通方面，地铁是未来大城市的交通发展方向，因为它容量大、能耗小并且有着极高的效率。南京市的地铁从 2005 年开通，截至 2015 年，已建成运营轨道交通 6 条运营线路，线路总长 225 km。应加强城市轨道与地面交通的换乘设施一体化衔接，因地制宜围绕城市轨道站点规划布局若干城市换乘枢纽站。在"十三五"期间，全市规划新建约 70 处换乘枢纽，新增枢纽用地面积 35 万 m^2 以上，完成马群综合换乘中心的建设，并推动泰冯路、城西路综合换乘中心建设。结合轨道交通线路的建设时序，合理规划和发展停车换乘（P+R）设施，完善站点周边慢行交通设施。

在轿车出行方面，它提供给居民方便与舒服，但随着私人轿车越来越多，人们的出行不仅受到了影响，拥堵导致舒适感降低，而且对于环境污染越来越大，碳排放量也日渐增多。所以，不得不限行和每日限号才能限制轿车的日常出行，以此来降低未来交通的碳排放量。

在自行车出行方面，由于南京市近几年来出现的大量"共享单车"，给城市居民带来了一种新的便捷的出行方式。自行车一直是一种健康的出行方式，既可以锻炼身体又环保，是短距离出行中最便捷也最低碳的一种方式。然而大量的自行车出行，单车专道却仍然很少，如果不提高自行车道的建设，会阻碍人们优选自行车出行，在一定程度上没有达到低碳效果。所以应增加建设自行车道，并把自行车道与人行道、机动车道等分开，提高自行车出行的效率。与此同时，需规划好自行车的停车范围，不要影响到别的交通出行。自行车出行范围可以覆盖大量公共交通未覆盖的地方，减少碳排放量。另外，增加公交车道的建设，也可以大大降低道路拥堵状况，吸引居民们选择公交出行。

（3）交通工具技术升级，实现技术性减碳

不同的交通工具有着不同的碳排放量，轿车与出租车是目前城市交通中碳排放量较大的交通工具。新能源汽车的出现很好地解决了这一问题，大大降低了城市碳排放量。现在国内一线城市都大力推广新能源汽车，国家也给出了相应的政策吸引人们购买新能源汽车。所以，南京市也大力宣传并且倡导市民购买新能源汽车。另外，出租车也改装并用天然气降低碳排放量。大量公交车也由燃油车变成了电动车，不仅环保节能，而且减小了噪声。

（4）完善交通政策，实现政策性减碳

在城市管理方面，南京市应增强宣传的力度，增加政策的实行，加快低碳政策与日常生活的衔接速度，贯彻落实南京市"十三五"规划中与综合交通相关的规章制度。同时，需强化市民低碳出行理念，倡导市民节能减排、低碳出行。特别是较短距离的行程，使用有效的政策措施影响市民的选择，加快城市低碳发展的步伐。

第三章 城市交通拥堵治理体系

3.1 交通拥堵治理理论基础

3.1.1 核心概念界定

3.1.1.1 城市交通

随着国家城市的发展,城市交通的概念也随之产生。从宏观上来说,是发生在城市里面和各个城市连接的交通活动;从微观上来说,它的含义是表示了城市或者区域之内的交通活动。总的来说,它是为了实现人与物在城市周围的相对运动而使用的一种交通工具,并且它在城市或者城市之间的地面发生。

城市交通是一个总的概念,它涵盖了城市(城市、枢纽)道路、私人交通、公共交通、综合交通系统等方面。这些方面被整合,最终形成一个非常复杂且庞大的城市交通大系统。它不仅改善了区域内居民的生活质量与出行条件,同时也改变了城市的发展和规划,而且利于地区的经济发展,以及科学、文化和教育的发展,在城市与城市、城市与城郊之间的交流中发挥着非常重要的作用。

3.1.1.2 交通拥堵

交通拥堵包括了交通拥挤和交通堵塞,目前国内外未能给出交通拥堵一个标准的定义。例如,日本确定发生交通拥堵的方式是当持续时间超过 10 min 以及拥堵距离在 1 km 以上时;在美国弗吉尼亚,当饱和度大于 0.77 且道路服务水平(Level of Service, LOS)为等级 E 时,就被认为发生了交通拥堵。中国的陆华普得出结论,交通拥堵是指一段时间内试图通过马路的车辆数量超过了这个道路所能容纳的极限时,导致多余的车辆在道路上停留,无法通过。中国公安部对于道路是否发生阻塞的定义是:对于没有信号灯的路段,当车辆在交叉路口被阻塞并且队列长度超过 250 m 时;对于有信号灯时,当信号灯亮起三次后,仍未通过路口时。拥堵路段则是车道上队列大于 1 km 的路段。目前还没有一致的结论来描述交通拥堵。一般情况下,指的是交通流的运行状态已经达到很高程度,也占用了相当的时间和空间资源。

3.1.2 国内外交通拥堵评价指标及标准

3.1.2.1 国外拥堵评价指标及标准

北京市交通委对国外的交通拥堵数据进行过统计分析,发布了国外的交通拥堵指标。在此基础上,结合国内外文献可以发现,国外定义交通拥堵的标准具体有:拥堵持续时间、拥堵严重度、拥堵程度、平均高峰出行时间、道路拥堵指数、出行时间指数、道路服务水平等,关于指标和标准的对照,请参见表 3-1。

表 3-1 国外拥堵评价指标及判断标准

地区名称	指标中英文名称	说明	判别标准
美国得克萨斯州	道路拥堵指数（Roadway Congestion Index, RCI）	即不同等级道路每公里平均日交通量的加权平均值	当 RCI 值大于或等于 1.0 时，判定为交通拥堵
美国加州	拥堵持续指数（Lane Kilometer Duration Index, LKDI）	通过年平均日交通量与通行能力的比值（$AADT/C$）来计算	当 $V/C>1.0$（LOS 为 F 级）或者 $AADT/C>9.0$ 时，判定为交通拥堵
美国联邦公路管理局	拥堵严重度指数（Congestion Severity Index, CSI）	通过计算每百万车公里出行总的车辆延误时间来求出	
日本	拥堵度（Congestion Degree, CD）	根据规划等级和设计通行能力、峰值率、同方向率来求出，该指标应限于进行宏观性评价	当 $CD<1.0$ 时，不发生拥堵；当 $CD>1.0$ 时，拥堵时段逐渐增加；当 $CD>1.75$ 时，道路上呈现慢性拥堵状态
美国华盛顿州交通局	平均高峰出行时间（Average Peak Travel Time）	指在早晚高峰时段的出行时间，代表了交通拥堵最严重的情况	
美国得克萨斯州	出行时间指数（Travel Time Index, TTI）	指高峰时段拥堵状态下与自由流情况下的出行时间比值	出行时间指数的值越大，说明拥堵越严重
美国通路通行能力手册	道路服务水平（Level of Service, LOS）	指用路人根据交通流状态感受到的各种服务程度，主要用于评价道路运行状况	该指标将道路服务水平分为 A～F 六个等级，E 级服务水平下，车速降到最低，驾驶自由度极少，舒适性和方便程度极差

在上述标准中值得一提的是，道路拥堵指数和拥堵度分别根据不同道路等级的通行量和不同规划等级的设计能力来评价交通拥堵程度。平均高峰出行时间和道路服务水平更直观地反映了不同交通状况下的交通拥堵程度。所以这几个指标被人们引用的次数较多。

3.1.2.2 国内拥堵评价指标及标准

结合我国《城市道路交通管理评价指标体系（2012 年版）》中发布的判定指标和一些其他资料，可以得出我国目前的一些拥堵评价标准：交通运输高峰期内主要干道车辆行驶的平均车速以及饱和度和道路交通运行指数、高峰期交叉路口阻塞率等，详细信息见表3-2。

表 3-2 国内拥堵评价标准及判断标准

指标名称	阈值	拥堵程度
高峰时段建成区主干道平均车速(km/h)	≥30	畅通
	[20, 30)	轻度拥堵
	[10, 20)	中度拥堵
	<10	严重拥堵

续表 3-2

指标名称		阈值	拥堵程度
饱和度(V/C)		<0.4	畅通
		[0.4, 0.6)	轻度拥堵
		[0.6, 0.75)	中度拥堵
		[0.75, 0.9)	严重拥堵
道路交通运行指数(TPI)		[0, 2)	畅通
		[2, 4)	基本畅通
		[4, 6)	轻度拥堵
		[6, 8)	中度拥堵
		[8, 10)	严重拥堵
高峰期交叉路口阻塞率	(信号控制交叉口)信号灯绿灯显示次数	≤1	畅通
		(1, 2]	轻度拥堵
		(2, 3]	中度拥堵
		>3	严重拥堵
	(无信号控制交叉口)排队长度(m)	[0, 100)	畅通
		[100, 250)	轻度拥堵
		[250, 400)	中度拥堵
		≥400	严重拥堵

除了这些,城市交通拥堵的评估标准包括:交叉路口平均延迟时间(Sec)、行驶时间和延迟(Travel Time or Delay)、平均行驶速度(Average Traffic Speeds,ATS),交通拥堵点的队列长度、车道的占有率、改路段的交通流量。总而言之,国内外关于交通拥堵评价指标的研究还是比较全面的。其中,使用最广泛的评价指标是那些经过仔细考虑和分类的指标(如不同的道路级别、不同的拥堵区间和不同的车速),并且适用于频繁拥堵的情况。

3.1.3 城市交通拥堵主要危害

交通拥堵的危害在于它会对城市的整体运营造成不良的后果,同时将在很大程度上影响城市居民的生活水准以及出行的状态。交通拥堵导致居民出行速度降低,延长了人们为出行耽误的时间,使其有了不必要的浪费,同时也会使使用的能源变多。慢速行驶的汽车相较正常发动的汽车所释放的垃圾气体大幅增长,最终导致了空气污染,使得区域的社会成本大大提升;而且交通事故的发生与交通阻塞的发生也有一定的关联,同时随着交通事故发生率的增加,又进一步恶化了交通阻塞的情况。从国外道路交通事故的平均损失得出,在各个国家,每年由于发生交通意外进而引发阻塞也会造成极大的损害。

(1) 出行时间价值的损失

最近的统计数据显示,由于交通拥堵,北京的通勤时间在大陆排名第一。上下班的平均通勤时间为 1.46 h,其次是上海、天津、沈阳、南京等城市。而在这些城市里,有 12 个城市的平均通勤时间超过 1 h。根据调查，2010 年，由于交通拥堵，北京居民平均每人每天出行约 66 min。与北京市职工平均工资对比，由于交通拥堵，每天将会产生 3.23 亿元损失。假如以每天工作时间是 8 h 计算，每年的工作天数为 250 d，年平均时间价值损失甚至达到 809.7 亿元；从高德交通信息部发布的 2015 年第一季度全国十大拥堵城市排名来看，南京的高峰延误指数为 1.90，高峰速度为 23.76 km/h，位居全国第四。该年份的第二个季度，高峰延误指数降至 1.85，每小时通行时间多花费 28 min。

(2) 巨大的经济损失

根据最新的一项研究，在中国每天有 15 个人口过 100 万的城市因交通拥堵而遭受经济损失近 10 亿元。交通拥堵会造成很大的经济损失，如人力资源的损耗。据估算，在北京、上海、南京等地区每年由于交通阻塞而引发的人均资金亏损超过了 4 800 元。而且交通阻塞会造成一系列其他不良影响，如慢速行驶的汽车发动机燃油燃烧不充分会引起能源的浪费，由拥堵导致的不同程度的交通事故等。美国每年由于堵塞造成的损失往往会超过 860 亿美元。

(3) 对环境危害极大

交通阻塞的另一重大危害就是污染我们生存的环境。当发生交通拥堵时，由于车速的降低导致了汽车燃油燃烧不完全，造成公共资源的多余耗费，与此同时也会对地区的绿色生态发展带来不利的影响。废气(如各种氮氧化物、碳氢化合物、颗粒、二氧化硫等)以比平时多得多的量释放到了我们生存的环境中，将导致我们的环境出现难以估量的后果。据调查报告可知，在我国交通堵塞程度非常高的一些地区，$PM_{2.5}$(直径小于或等于 2.5 μm 的细颗粒)浓度超过 60 μg/m³。一般而言，空气中 $PM_{2.5}$ 的浓度越高，雾霾天气就越有可能造成严重的环境污染。

(4) 损害身心健康

根据美国的调查，拥挤地区并发症的发生率增加了一倍。交通堵塞时，血压容易升高，患肺病的风险也会增加。一般而言，在交通拥堵的过程中，人们容易感到沮丧，严重的人可能会更容易出现其他负面情绪，如生气、冲动，甚至产生所谓的"路怒症"。此时驾驶员的鲁莽或侵略性行为如超车、闯黄灯、骂人等不文明行为更有可能发生，导致交通事故增加，交通更加拥挤。

3.1.4 城市交通发展历程及拥堵规律

3.1.4.1 城市交通的发展演变历程

自从我国成立以来，我们从来没有停止对城市轨道交通的探索。交通运输方式的发展轨迹从步行、舟车、马车、初级公共交通和汽车，如今发展为轨道交通和多式联运。详细请参见表 3-3。

表 3-3 城市交通发展演变历程

主要时段	城市交通发展历程	交通特征描述
1949—1977 年	非机动化交通主导阶段	出行水平低；交通出行总量增长平稳；机动车增长缓慢
1978—1985 年	公共交通和非机动车交通迅速发展阶段	居民出行需求显著增长；公共交通客运量稳步提升

续表 3-3

主要时段	城市交通发展历程	交通特征描述
1986—1995 年	出租车主导发展的机动化前期阶段	出租车发展迅速;公交车和非机动车发展趋缓;交通问题日益凸显
1996—2006 年	小汽车迅速增长的快速机动化阶段	以小汽车为主的机动车数量迅速增长;交通拥堵压力增大
2007 年至今	以轨道交通建设为主导的公共交通发展阶段	轨道交通不断发展;机动车保有量持续增长;拥堵严重

3.1.4.2 城市交通拥堵发展规律

随着时间的流逝和城市的不断更新,交通拥堵的情况变得越来越严重,同时也可以总结出其中的一些规律和方向。以南京市为例,总结如下:

(1) 交通拥堵的范围越来越大

由这些年来南京市主城区交通发展年度报告可以发现,南京市主城区交叉口及路段拥堵情况如表 3-4。

表 3-4 历年南京市主城区交叉口及路段拥堵数

年份	交叉口拥堵数	路段拥堵数
2013 年	/	8
2014 年	5	11
2015 年	13	16
2016 年	17	20

南京交管部门于 2013 年年底发表过一份涵盖南京八大拥堵路段的文件,文件中显示,南京市主城区路段的拥堵程度依照从高到低顺序排列是:长江大桥、龙蟠中路一线、赛虹桥立交、太岗路龙脖子路路口、光华门象房村路口、中央北路和燕路路口、清凉门桥和汉中门桥、新街口周边道路;发展到 2016 年,核心区范围内主要拥堵路段与拥堵节点见表 3-5。

表 3-5 核心区主要拥堵路段与拥堵节点

区域	拥堵路段	拥堵节点
东南片区	应天大街、城东干道—双龙大道、绕城高速南站段、大明路以及江山大街	双桥门—卡子门立交、铁心桥立交、油坊桥立交、机场高速—软件大道节点、共青团广场节点、长虹路—宁芜铁路节点
东北片区	绕城高速仙林段、玄武大道、中央北路	青马立交、万家楼立交、新庄立交、中山门节点
城中片区	城西干道、新模范马路、中山南路、中山东路、北京东西路、芦席营、广州路—珠江路、丹凤街、北安门街、王府大街(汉中路—石鼓路)、中山北路	三山街、北安门街—龙蟠路、鼓楼广场
跨江通道及连接线	长江大桥及大桥南路	古平岗立交、城河南路—郑和中路节点、扬子江大道纬七路掉头车道

由于城市的主要交通干线慢慢趋近承载极限,城市中拥挤的十字路口(节点)和拥挤道路的数量以及总的拥挤范围都在逐渐增长。

(2) 交通阻塞所浪费的时间越来越长

交通阻塞变化的第二个特点就是由于阻塞所浪费的出行时间随着时间变化会越来越久,详细信息请参见表3-6。

表3-6 历年南京市主城区早晚高峰时段分布表

2015年		2016年		2017年		2018年	
早高峰时段	晚高峰时段	早高峰时段	晚高峰时段	早高峰时段	晚高峰时段	早高峰时段	晚高峰时段
7:30—9:00	17:00—18:00	7:30—9:00	16:30—19:00	7:30—9:00	16:30—19:00	7:30—10:00	17:00—19:00

由于调查结果数量的制约,本书只分析了从2015年到2018年所统计高峰期的分布情况。通过对其进行分析,在2015年,南京市每天的高峰期总长仅为2.5 h,而到了2018年为4.5 h,有了2 h的增加,而且可以发现早晚高峰时间更长,由此可以看出,由交通阻塞所导致的人们出行时间的浪费越来越多,阻塞的程度也变得越来越严重。

(3) 拥堵时段内汽车行驶速度越来越慢

不论是感官上的视觉体验,还是问路人或驾驶员,我们都能意识到道路变得更加堵塞和混乱。最明显的现象就是车辆拥挤时的速度不断下降。根据2011年伦敦交通局的调查结果,中国主要城市的车辆平均速度普遍要低于其他国家(图3-1)。

(4) 节假日或者城市聚集性活动导致拥堵增多

大型综合客运枢纽集疏运系统依旧无法应对由特殊故障引起的"爆发式"交通需求,使得"点拥挤"或"线拥挤"的可能性变大。通常,大城市都在不同程度上承担着综合交通枢纽城市的角色,在国家或地区层面都有大型的综合对外客运枢纽,服务于本市市民乃至城市地区的对外旅游。在节假日时段,大型对外综合客运枢纽区域出现"激增式"交通需求,使枢纽周边的集疏运系统面临巨大的通行压力,造成"点拥堵",而在出入城市的主要路段则表现为"线拥堵"。

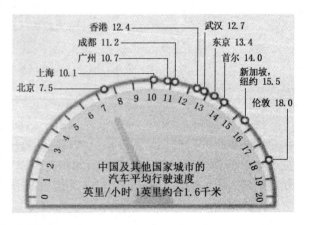

图3-1 中国及其他国家城市的汽车平均行驶速度

资料来源:伦敦交通局(2011年数据)

(5) 组团式城市的连接处拥堵程度越来越大

南京、武汉、上海等城市都属于组团式城市,本书以南京为例。南京市有六个主要的跨江通道,其中长江二桥、三桥、四桥是收费公路。除了长江二桥之外,长江三桥和四桥都离主城区很远,所以它们的车流量在总体中占据的份额不大。这主要是因为扬子江隧道的两端和长江隧道的两端分别与靠近桥梁的江北高速公路和江南内环路相连。在桥梁施工过程中,它们在引导水流方面起着重要作用。通车后,过江航道呈现出"整体格局不变,比例调整"的转变。长江大桥关闭前,长江大桥的交通份额位居第一,日均通行量为8.48万辆,占24.91%。大桥重新通车后,大桥的交通份额从24.91%下降到17.95%,从第一位下降到第四位。长江隧道的日均通行量占比从22.05%增至23.49%,取代了大桥作为跨江交通的首选渠道。扬子江隧道位居第二。详细资料参见表3-7。

表3-7 跨江通道车流量占比

跨江通道	比重(%)		
	施工前	施工期间	通车后
长江大桥	24.91	0.00	17.95
长江二桥	20.22	21.04	19.14
长江三桥	8.82	9.71	9.00
长江四桥	7.36	7.67	7.77
长江隧道	22.05	29.25	23.49
扬子江隧道	16.63	32.33	22.64

长江大桥重新通车之后,周边交通流量急剧增加,一些连续绕行线路的节点发生了转移,而在大桥附近重新生成了新节点。

交通管理部门发现,首先,大桥出城方向的引桥周围,由于回龙桥等道路的作用,往往使出城方向的车辆在较长时段内以低速行驶,甚至会持续到平峰时间,在回龙桥南边的引桥段尤为严重。其次,逗号广场周边交通缓慢。逗号广场周边的浦珠路自西向东、江山路自东向西、桥北路自东向西等路段交通中断,慢行时间在2 h以上,特别是在傍晚高峰时段,车辆低速行驶时间在2.5 h以上。最后是大桥南路高架桥持续排长队,有时会在双门楼宾馆以上,远达西内环古林公园,常常会保持2 h,尤其是在傍晚高峰时段,持续时间段约为16:30—19:00。

3.1.5 城市交通拥堵的传播原理

在分析交通阻塞的传播总体历程时,我们通常会采取将其按步骤分析的方法,也就是拥堵的产生、扩散、消散和终止这几个过程。在特殊道路或者一些暂时通行的地区一旦出现了意外或者拥堵,往往会影响到周围的路线和断面,导致其发生阻塞,最终对整个道路区域的运输造成不利的反馈。这也是我们之所以要认识阻塞的传播总体历程以及它的发生机理的重要原因。我们了解到阻塞的传播历程往往会受到几个方面因素的作用,如交通冲击波。由于了解到这个情况,本书将采用流体力学的研究方法来研究阻塞的扩散作用机理。

3.1.5.1 与交通拥堵相关的几个重要概念

(1) 道路交通瓶颈

所谓道路交通瓶颈的含义就是由于某个地区的路网的交通供给量无法满足其目前所遇到的实际情况的区域。交通瓶颈包含多个种类,在这一节中,我们所研究的仅有阻塞瓶颈,也就是道路网中正常拥堵所产生的交通状况(如主要节假日旅行、道路建设或停车影响等)或存在异常拥堵(如突然的交通事故、罕见的不利坏境影响等),使得该路段交通需求量超过其通过能力从而引发的拥堵。

(2) 拥挤回波

拥挤回波(congestion shockwave)，也就是交通密度较高区域和相对较低区域之间的连接处。

(3) 车流密度(k)、车流量(N)

车流密度通常用来表示一段道路上行驶或者拥堵中的汽车的密集度。它是用路段上的汽车总量与路段长度之比来表示。车流量这一概念则用来描述在某个时段之间驶经该路段上一个断面的汽车总量，通常通过定点观测的方式得到。$k=N/L$(pcu/km)，L 是该段路段的总长度。

3.1.5.2 拥挤回波速度计算和车流波动的分析

如果交通事故发生在一条单向通行的三车道路段，很大程度地干扰了交通流量，此时，上游的流量通常远大于下游的交通容量，并且上游附近总是会有两个接近的区域的交通密度呈现彻底不相同的情况。在整个交通路网中，我们通常将交通密度较小的地区定义为自由流，相反把密度更大的区域定义为拥堵流，而在这两个区域之间的断面 S，也就是我们通常所说的拥挤回波。

我们可以将拥挤回波的传播速度定义为 v，同时将自由流 Z 和拥挤流 Y 的交通密集度各自定义为 k_1 和 k_2，平均速度为 v_1 和 v_2，交通瓶颈的上下游区域的交通流量为 q_1 和 q_2。然后定义拥挤回波的速度顺着车辆行驶的方向是正方向。根据流量守恒定律，t h 内，从 Z 到 S 的交通流量等于从 S 到 Y 的交通流量。

$$(v_1-v)k_1 t=(v_2-v)k_2 t \tag{3-1}$$

整理得

$$v=\frac{v_2 k_2 - v_1 k_1}{k_2-k_1} \tag{3-2}$$

因为 $q_1=v_1 k_1$，$q_2=v_2 k_2$

所以

$$v=\frac{q_2-q_1}{k_2-k_1} \tag{3-3}$$

从式(3-3)可以发现，交通瓶颈上下游流量之差与交通密度的比值即为拥挤回波的速度。当上下游的流量差增大时，拥挤回波的速度也随之增大；当上下游的密度差增大时，拥挤回波的速度会随之减小，交通瓶颈上游的车流发散也会更加迅速。我们定义：当 $k_1>k_2$ 时，将此时的拥挤回波定义为消散波；当 $k_1<k_2$ 时，将其定义为集结波。

密度波的运动曲线斜率满足 q-k 曲线，这个情况下波流满足图 3-2 中 (a)~(d) 四种情况：

a：若 $k_1>k_2$，$q_1>q_2$，则此时的拥挤回波为消散波，由式(3-3)可知，$v>0$，该波在拥堵回波出现的地方，顺车辆行驶方向运动，速度为 v；

b：若 $k_1>k_2$，$q_1<q_2$，则此时的拥挤回波为消散波，由式(3-3)可知，$v<0$，该波在拥堵回波出现的地方，逆车辆行驶方向运动，速度为 v；

c：若 $k_1<k_2$，$q_1>q_2$，则此时的拥挤回波为集结波，由式(3-3)可知，$v<0$，该波在拥堵回波出现的地方，逆车辆行驶方向运动，速度为 v；

d：若 $k_1<k_2$，$q_1<q_2$，则此时的拥挤回波为集结波，由式(3-3)可知，$v>0$，该波在拥堵回波出现的地方，顺车辆行驶方向运动，速度为 v。

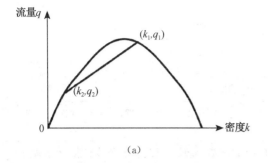
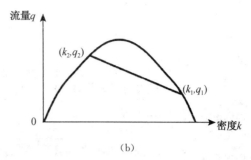
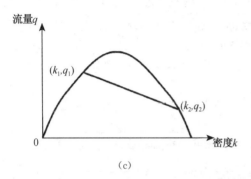
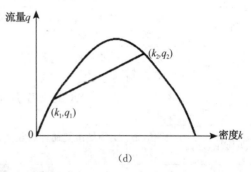

图 3-2 波流状态情况图

研究 Greenshields 速度-密度线性模型可以发现：

$$v_i = v_f(1 - k_i/k_j) \tag{3-4}$$

$$\eta_i = k_i/k_j \tag{3-5}$$

接下来就可以对拥挤回波的速度进行计算：

$$v = v_f[1 - (\eta_1 + \eta_2)] \tag{3-6}$$

式中，η 为标准化密度。

若一辆车的行驶状态为 η_1、v_1，当其碰到交通信号灯时停下，于是 $\eta_2 = 1$，k_2 为阻塞密度，于是停车波速度为：$v = v_f[1 - (\eta_1 + 1)] = -v_f\eta_1$，方向为向后方扩散。可以看出停车波的运动状态为 $v_f\eta_1$，方向为向后方扩散。

若车流又重新转成运动状态，则 $\eta_1 = 1$，k_1 为阻塞密度，即开始时的波速度为：$v = v_f[1 - (1 + \eta_2)] = -v_f\eta_2 = -(v_f - v_2)$。可以看出当队列中的车辆轮到绿灯发动的时候，启动波的运动状态为 $v_f\eta_2$，或者接近 $v_f - v_2$，方向为向后方扩散。

（备注：之前推导的情况属于在做出一定的假定条件时得出的，假定条件包括忽略道路交通容量的限制，计算堵塞总时间的公式为车辆等待时间加上消散时间。）

3.1.6 全球应对城市交通拥堵的政策和行动

城市交通拥堵管理是一个系统工程，它的研究牵扯到大量学科门类和领域，其复杂程度非常之高，我们必须要先学习和整合国际上的一些优秀工程和丰富的实例（具体参见表3-8），然后以国家引导，将有关单位的治理手段当作重点，引导大部分的出行者与管理者一起努力,集合大家的力量来应对。

表 3-8 国内外交通治堵经验对比

城市名称	主要措施
中国香港	主要措施:规范公共交通运营管理;优化公共交通系统结构;完善公共交通票价机制;注重交通智能化建设;提倡以公共交通为导向的城市发展模式
中国深圳	主要措施:开展"公交都市"创建活动;实施差别化停车收费管理;注重交通节点建设;完善步行及自行车交通体系
中国北京	主要措施:机动车尾号限行;推行购买机动车摇号政策;优先发展公共交通;推进城市信息化建设;实施差别化停车收费管理;城乡客运一体化发展
新加坡	主要措施:推进交通规划与城市总体规划的良性互动;大力发展城市公共交通;实施机动车配额系统;实施道路拥堵收费;实施共享汽车系统
韩国首尔	主要措施:改善公共汽电车服务;推行公共交通经营改革;实施交通需求管理;加快智能交通系统建设
日本东京	主要措施:大力发展轨道交通;加强交通信息服务;完善道路交通网络;推进综合交通枢纽建设
英国伦敦	主要措施:实施城市交通拥堵收费;大力发展城市公共交通;改善非机动交通出行环境;建设城市智能交通系统
法国巴黎	主要措施:压缩小汽车道路空间;发展公共自行车系统;完善城市轨道交通网络;加强出行信息服务;发展有轨电车
俄罗斯莫斯科	主要措施:优先发展公共交通;规划引领城市发展;有效加强停车管理;严格交通管理措施;推行特色出租服务;倡导绿色交通出行
美国纽约	主要措施:加强城市交通组织管理;大力发展城市公共交通;加快智能交通系统建设;鼓励绿色出行
巴西库里蒂巴	主要措施:强化城市发展规划;加强公共交通建设;完善公共交通运营管理
瑞典斯德哥尔摩	主要措施:城市发展以公共交通为导向;城市公共交通系统高效化;征收城市交通拥堵费;鼓励非机动车出行

通过对以上实例的分析研究,总结出了关于我国政府应该如何整治交通拥堵问题的方法:

(1) 城市公共交通的发展不能松懈

公共交通主要由公交和地铁组成,公共交通和轨道交通是公共交通的主要组成部分。具有需要道路资源少,运输效率高,而且非常便利的优点。实际上,对于人口基数大,而且文化政治交流活动较多的城市来说,进一步推进城市公共交通的发展是必要和最有效的方法。据观察,现有的大多数城市已经将城市交通拥挤和公共交通发展作为首要目标,主要表现在:①将重新规划公共交通路网、构建道路建设发展结构放在首要位置;②在制定政策时,将发展、完善公共交通系统放在优先位置;③在运输资源的管理和利用中优先考虑公共运输原则。

(2) 将公共交通发展与城市早期规划有机地糅合在一起

城市交通作为城市总体规划不可分割的一部分,故而城市交通的运行受到城市规划的强烈影响。到目前为止,我国很多城市的城市交通还处于比较初级的阶段,因此应对拥堵的其他对策往往集中在交通规划和布局的早期阶段,这是中国与国外发达国家(地区)在交通规划上的不同之处。在处理交通拥堵问题的同时,还要学习国外治理交通拥堵的早期经验。

(3) 将交通需求管理(Transportation Demand Management)的实行推广到全国范围

通过前文的介绍,我们可以得出一个结论:交通运输中的供给与需求不匹配,这才是导致交通拥堵的关键所在。通过简单的道路修缮,交通供给往往会在表面上有所提升,也许会在近期内减轻阻塞的情况,但是在此之后,对于城市交通的需求增速会越来越快,很快就会超过供给量的增长,于是阻塞就会重新出现。当前,政府部门倾向于引导交通运输需求,分散控制过量需求的发生,如:①运用科学理论重新规划道路网布局,促进需求的分配平均化;②若出现需求超出处理能力的情况,就会采取车辆限号行驶等措施;③呼吁人们错峰出行,减少拥堵和阻塞。

(4) 通过调节交通价值的机制来实现对交通发展的引领

在我国,人们主要通过公交票价体系引导人们选择公共交通,或者采用一些特殊的停车收费管理措施来限制部分旅客的出行方式。在国外一些城市(见表3-8),交通高峰时段的城市道路流量受到限制,司机在市中心等拥挤道路上被收取拥堵费。令人注目的是,北京、上海、南京等公布了拟征收交通拥堵费的资料,但只是为了了解人们对此的看法,并没有实行。

(5) 大规模推行交通系统智慧化的发展

在全国范围内推行交通系统智能化的发展,同时引导市民在出行中选择这种智慧系统(ITS),它的优势在于功能非常全面而且可以相互协调作用,集信息、传感、通信和控制技术于一体,是新一代的智能综合交通管理系统。它可以以很高的效率实时地为出行者传达精准的交通信息,如自行驾驶功能。这些功能有效地提高了交通效率,在很大程度上避免了交通阻塞这一问题的发生。这一系统在美国、欧洲和日本得到了广泛应用。在我国,也已经开始大力推广这一举措。

3.2 城市交通发展现状分析

3.2.1 我国部分城市交通概况

2009年和2013年我国主要城市的相关交通指标数据包括当前机动车和汽车的保有量、经济和常住人口、道路供应量、公共交通包括客运量的大致情况、在高峰时段交通运行小时车速和大致的交通运输状况等,具体见表3-9。

表3-9 国内部分城市主要交通指标对比表(2009年与2013年)

	指标	单位	北京	上海	广州	深圳	南京	武汉	香港
经济及人口	常住人口	万人	1 755/ 2 115	1 921/ 2 415	1 034/ 1 293	877/ 1 063	771/ 819	836/ 1 022	698/ 722
	面积	km²	16 410/ 16 410	6 341/ 6 341	7 434/ 7 434	2 020/ 2 020	6 587/ 6 587	8 498/ 8 494	1 095/ 1 104
	人均地区生产总值	万元	7.0/ 9.3	7.8/ 8.9	8.9/ 11.9	9.0/ 13.8	5.5/ 9.8	5.1/ 8.9	21.3/ 23.8

续表 3-9

	指标	单位	北京	上海	广州	深圳	南京	武汉	香港
机动车保有量	机动车保有量	万辆	401.9/543.7	234.4/283.5	196/247.7	128.7/263	101/180.7	90.7/153	57.5/75
	汽车保有量	万辆	372.6/537.1	150.3/240.1	135/214.8	125.2/258	60/117.7	55.6/132	38.3/70.7
	千人汽车拥有量	辆	212/245	78/100	130/166	143/240	72/143.7	67/150	82/98.0
道路供应量	城市道路长度	km	6 247（八区）/6 295	4 400/4 865	5 497（市区）/7 127	2 311/—	5 599/7 142.1	2 542（市区）/4 993.6	2 040/2 090
	人均城市道路面积	m²	7.61	4.11	9.94	8.98	17.44	—	—
公共交通	公交车保有量	万辆	—/236	1.6/1.67	1.0/1.27	1.1/1 42	0.6/0.69	0.7/0.76	1.9/2.05
	万人公共交通拥有量	标台	24.39	12.11	13.08	13.08	14.15	10.80	
	公交车客运量	亿人次	72.7/48.4	27/27.3	23.5/26.5	16.6/22.0	10.2/10.6	16.6/15.0	—/23.1
	出租车保有量	万辆	6.7/6.7	4.91/5.1	1.9/2.1	1.3/1.6	1.0/1.2	12/1.7	—/1.8
	出租车客运量	亿人次	6.8/7.0	11/10.8	5.9/7.7	2.9/4.3	2.4/2.9	4.9/4.2	—/3.7
	轨道长度	km	228/465	355/567.4	150/260.0	21.6/178.3	51/85.0	10.23/72.1	201.4/218.2
	轨道客运量	亿人次	14.2/32	13.2/25.1	6.7/20.5	1.4/9.2	1.1/4.5	0.13/2.4	15.83/17.8
其他	干道高峰小时车速	km/h	22(环内)/25.8	—	19.5/22.5	31/25.9	18.3/17.2	20.4(环内)/21.4	—
	公路年客运量	万人次	7 479	15 145	70 815	195 649	45 070	16 521	—

备注：从 2009 年及 2013 年我国各城市交通发展年度报告或综合交通运行报告得出上述资料。因为数据有限，表 3-9 中，"/"符号之前的数据为 2009 年的数值，"/"符号之后的数据为 2013 年的数值，"—"表示数据缺失。

由表 3-9 可以看出，在 2009—2013 年期间，国内城市交通的态势有以下五种[204]：①大城市经济的发展势头居高不下，常住人口较多，人均可支配收入在这五年也在一直增长;②机动车的数量年均增长较为迅速,而且人均汽车拥有量明显增多,使得机动车的保有量得到了加大;③与交通供应速度比较,交通需求进行得较快,与国外的人均道路水平进行比较,其平均值在15~20 m²(如纽约人均道路水平为26.9,伦敦甚至达到了28.0,而东京仅仅只有10.5),而人均道路面积在我国普遍处于较低的水平;④公共交通尽管一直处在发展的进程中,但是效果并没有达到预期;⑤交通运行速度普遍较慢,部分城市的小时车速在高峰时段低于均值,已经低于20 km/h这一国际公认的大城市交通拥堵警戒值。

3.2.2 我国城市交通拥堵现状分析

(1) 城市汽车总体拥有数量增长迅速

现如今之所以人们越来越偏向选择私家车出行,是因为中国机动车工业发展迅猛,并且多数人存在着消费盲从的问题。如图3-3是国家所收集的数据[204]。

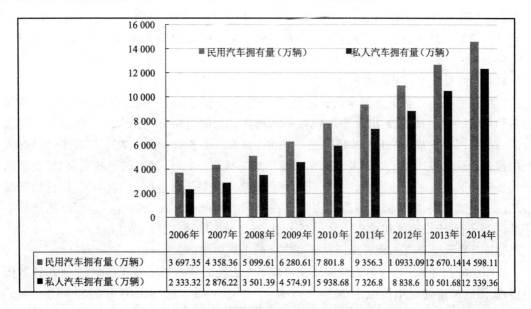

图3-3 历年我国城市机动车辆数量统计表

由图3-3可以了解,全国私人和民用汽车的拥有量均以迅猛的速度在增长,其中,就比例而言,民用汽车中私家车数量越来越多,这个比例到2014年已经达到了80%甚至更多。2014年,全国的民用汽车拥有量已经达到了14 598.11万辆,与2013年相比,增加了1 927.97万辆,同比增长达到了15.22%左右。与2006年3 697.35万辆的拥有量相比,2014年已经增加了10 900.76万辆,同比增长了数倍。城市交通堵塞问题必定会因为城内小汽车大量的增长而愈发严重,不仅仅急剧加大了城市交通出行压力,还带来了对环境的污染以及燃料供应不足的严峻问题。

截至2017年底,南京市内的机动车拥有量在数据上显示达到了257.93万辆,同2016年底比较,拥有量净增18.06万辆,这两年同比长7.5%。

此外,通过观察表3-10也可发现,南京市的机动车仍属于快速发展阶段,机动车保有量呈现逐年递增的发展趋势。

表 3-10　2011—2017 年南京市汽车保有量发展情况表

年份	2011	2012	2013	2014	2015	2016	2017
保有量(万辆)	140	158	178	206.34	224.06	239.87	257.93

(2) 城市公共交通发展速度受限[204]

经济发展迅速，人们的生活品质日益提高，当前公共交通已经无法满足居民多样化的出行需求。此外，在公共交通和管理方面，政府的投入还不够充足，以至于不能更快地发展城市公共交通。2013 年，人均公共交通车辆数量为 12.78 辆(国家标准至少为 15 辆)，而 2009 年为 11.12 辆，与其比较后可以发现 5 年内增长不足 15%。经粗略统计，2013 年北京市中心公共交通分担率为 52.3%，上海市则为 49.3%，而广州、深圳甚至只有 46% 左右。通过国发〔2012〕64 号文件，我们发现 2012 年伦敦公共交通分担率为 61.2%，2009 年东京占据了 66%。与国外"公共交通约占机动化出行的 60%"的数据相比较，国内的城市公共社会交通的分担率仍然不高。与此同时，公共交通服务基础不牢固、质量不够好、环境不够整洁、公交站点和车辆资源缺乏、不够合理的公交距离和候车时间的设置等方面也是国内公共交通的不足之处，公交监控和调度方面的优化还需要提升。

(3) 人们对于出行的需求日益增多

人们最突出的三种出行需求为：通勤、上下学和生活。随着城市人口数量的增加与城市活动空间的扩大，居民的出行需求也在不断增加。比如南京市，分析 2014 年城镇居民出行调查结果可以发现，2014 年城镇居民日均出行 1 022 万人次，相比 2007 年有了 362 万人次的提升。这体现出居民出行需求处于不断增加的状态。此外，城市的不断发展，紧密联系了城市中心区域与副中心区域。由于城市资源的集中和对于商业区、工业园区、居住区等城市功能的精确布局，我们能够获得城市居民在出行的距离和时长上都有一定程度的增长这一结论，人们对于交通的需求也随之提高了很多，交通拥堵继续往外界扩散。

(4) 交通承受力与土地资源开发强度之间的矛盾愈加增大

我国经济和房地产行业的迅猛发展使得城市中土地的开发利用程度趋高，基于统计数据得出，我国的城市建设用地截至 2013 年底有 47 108.50 km²，从与 2004 年的 30 781.28 km² 对比可以知道，将近十年时间，城市的土地开发强度增加约 53%，这首先使得在通过房地产开发建设后的土地上，高层的建筑密度和住户的密度增加，从而需要更多的交通出行；另外，在城市的经济腹地或者其附近地方可以或能够成为交通用地的土地数量越来越少，现有基础的交通建设承载力还有很大的提升空间。不可再生、供给稀缺、面积有限、位置固定等是土地资源的特性，但是城市的土地规划利用基本是已经确定的，在绝大多数城市的老城区中，交通的建设已经满足不了人们的交通需求，不能很好地完善城市的交通设施，使得城市交通的承载能力减弱，不能对路网结构进行有效的完善优化，交通所要承担的负荷量加剧、交通延误增加、车辆速度降低，加剧了交通出行需求与实际承载能力两方面的矛盾，因此交通必然拥堵。

(5) 停车设施有较大的供需矛盾

我国的工业制造技术在改革开放之后获得了阶段性的突破，导致汽车行业快速发展，车辆数目大大增加，可是并没有与其匹配的设施，设置停车场不符合城市的交通组织需求和建设计划，停车设施的供需矛盾日益加剧是最显然的一个问题。据统计，我国一个停车位平均供六辆车使用,停车设施的供应满足不了需求。大部分大城市的经济腹地商业区的公共停车位缺乏,停车位供不应求,导致商业区出现交通拥堵的现象;住宅区的物业管理产生矛盾的很大一部分原因就是由停车位缺乏导致的,车辆占用居民区的公共车道、住宅区的出入口拥堵,导致了住宅区附近的交通拥堵。除此以外,大部分驾驶人员常常需要耗费大量的财力、物力和时间来寻找停车位。缺乏停车设施的情况更是延伸到了二三线城市,大量的道路资源被数量巨大的临时停车所占用,使得城市的交通不够顺畅。从美国《交通工程手册》中可以得出,在同一条道路上,路边有车辆停靠和路边没有车辆停靠相比较,前者的交通流比后者少了近 $1/4 \sim 1/3$。除此之外,有 30% 以上用绕行的方式来寻找停车位进而产生无效交通量。

(6) 行人、司机等不遵循交通法律法规,频发的事故致使交通拥堵

由于我国非机动化进入机动化进程较快,乘客、驾驶司机、路上行人等与交通发生直接或间接关系的大多数交通参与者们尚未跟上进程变更进度,并且由于我国没有很好地完善执法管理以及安全教育等,大多数交通参与者没有较高的遵守交通法律法规的意识,道路使用者没有较好的主动性来严格遵照交通法律法规。一方面,驾驶司机超速、无证驾驶等不良驾驶行为使得交通事故频频发生;另一方面,驾驶非机动车者如自行车骑行者等与机动车驾驶者抢占道路,行人随意闯红灯,任意穿行、翻越护栏等一系列无视交通法规的行为造成了越来越多的交通事故;与此同时,部分滴滴顺风车、出租车、摩的为了载客而在路中随意停靠;车辆不提前指示转弯灯示警就随意变换道路行驶,更有甚者,行车中突然刹车引发混乱的行车次序。这些行为都对城区交通通行能力产生了非常严重的影响,更甚者能引发严重的交通事故。

3.3 城市交通拥堵成因分析

3.3.1 我国城市交通拥堵的产生原因

了解城市交通拥堵的原因应该要通过以下三个方面:首先,城市交通的特点是复杂以及高度集成的。我们需要着眼于经济、社会、环境、文化这些角度,才能够对交通拥堵的原因得到很好的认知。其次,交通拥堵的根本原因其实是交通容量和交通需求量之间的长期不平衡所导致,而且这个不平衡仍然在发展中。在我们寻找拥堵的根源时,就一定要从这两个原因出发。最后,堵塞的原因很复杂,因此有必要选择适当的方法来研究堵塞的原因。

在分析交通拥堵的成因时,本书所制定的主要路线是:一是文献研究法,找出造成交通拥堵的因素并进行因素程度分类;二是根据文献研究法得出的拥堵影响因素,编制城市交通拥堵影响因素调查表,其主要是针对市交委、市交巡警平台等相关部门。总结和利用城市交通的实际情况,对城市交通拥堵的影响因素进行筛选和优化。这种思想将实际分析法和专家调查方法两者结合起来,形成了一种通用的方法,用该方法研究我们的问题有一些优点:①文献研究的实质是书面调查,具有间接性和非侵入性等特点。研究对象一般来说都是与研究内容有密切关系的。例如相关政府人员或者是学者,受到外界的约束较少,实际操作起来更加容易。②问卷调查法对于文献研究方法的缺陷进行了规避,将实际参与调查者与接受调查者之间的互动更加现实具体化,能够更全面地研究问题,不易忽略原因,使得与城市

交通的实际紧密相关,更多的建议得以被采纳,从而更全面地分析解决问题。③故障树分析具有逻辑推理精密以及数学严谨的特点,定性研究引起阻塞的原因,更加令人信服和符合科学原理。

3.3.1.1 文献研究法浅析致堵成因

文献研究的方法就是经由阅读、查询和分析大量的文献,为了总结得到造成交通拥堵的原因,需要在了解文献中研究结果之后进行分析。本书对于 60 余篇相关文献进行研究,再筛选出其中 20 篇代表性最强的,从多个方面提出了交通拥堵的影响因素,并总结了交通拥堵的原因,结果参见表 3-11。

表 3-11 城市交通拥堵影响因素

影响因素分类	具体因素	文献来源	影响因素分类	具体因素	文献来源
土地资源方面	土地利用率 土地开发模式 土地开发强度	文献[13] 文献[28] 文献[27]	环境能源	城市环境 机动车车均 NO_2 年排放量 能源供给	文献[79] 文献[80]
社会发展方面	城市人口 社会发展水平 城市化水平 机动化水平	文献[81] 文献[82] 文献[83]	交通运行状况方面	交通智能化水平 道路交通承载力 交叉口通行能力 路网平均行程车速 道路设计	文献[86]
城市经济方面	人均 GDP 城市 GDP 增长率 人均消费水平/可支配收入		政府交通管理能力	城市规划与交通规划 交通管理 交通安全教育	文献[87] 文献[88]
交通需求方面	居民出行需求 城市物流 公共交通出行率 出行结构分布 出行均衡时空分布 机动车保有量	文献[84]	交通政策	投资政策 环境政策 现行政策 限号政策 拥堵费收取政策 公交优先政策	文献[29] 文献[89]
交通供给能力	各交通方式分担率 交通设施建设 停车设施 道路设施 道路总长	文献[85]	其他	阴雨天气 客运枢纽 占道施工 车辆随机减速	文献[90] 文献[91] 文献[92] 文献[93]

3.3.1.2 问卷调查法分析致堵成因

根据文献研究方法的研究成果,在问卷调查中选取一定指标,同时也是城市交通拥堵影响因素。在线电子问卷调查是所选取的调查方式。因为问卷调查具有专业程度高和针对性明显的特点,所以问卷调查的目标人群基本为交通巡警队和交通委员会的成员,由于多方面因素的影响,最终收到了 17 份有效问卷。最后,基于现有指标被选择次数,筛选出了 38 个被选择次数最多的指标,结果参见表 3-12。

表 3-12 对交通拥堵影响较大的因素统计表

一级指标	二级指标	一级指标	二级指标
交通需求	私家车保有量	社会经济发展	城市 GDP
	汽车保有量		城市人口增长率
	汽车增长率		城市物流
	公共交通保有量		人均消费水平
	公共交通分担率		城镇化水平
交通供给能力	城市物流配送	政府管理能力与治堵政策	交通管理水平
	电子商务发展		交通组织能力
	道路长度		政府治堵压力
	人均道路面积		治堵政策完善率
	交通基础设施供给水平		城市规划与布局
	道路总容量		交通安全教育
	道路路网密度	其他	职住平衡率
	道路通行能力		交通事故率
	交通系统智能化水平		节假日影响
	停车设施建设		雨雾天气
	交叉口服务水平		地势起伏
居民出行行为	出行者素质		环境与能源
	出行总量		占道施工
	出行者出行选择行为		客运枢纽布局

3.3.1.3 城市交通致堵成因清单

去除了问卷调查法研究成果中重复度较高的指标,并考虑了很多调查对象的宝贵提议,最后我们得到了城市交通拥堵原因统计表,参见表 3-13。

表 3-13 形成交通拥堵的原因统计表

拥堵原因分类	拥堵来源	具体拥堵成因
交通外部原因	城市发展方面	城市人口增多
		城镇化进程过快
		汽车社会和谐发展
		老城城市格局制约
		城市扩张快
		第三产业快速发展

续表 3-13

拥堵原因分类	拥堵来源	具体拥堵成因
交通外部原因	经济方面	GDP 增长
		人们生活水平提高
		人均消费水平提高
		城市物流发展迅速
	资源环境方面	雨雾、雾霾、雨雪天气
		道路环境差
		土地资源紧缺
		土地开发强度
		城市地形、地质、水文
		地域文化吸引
交通内部原因	交通需求方面	居民出行总量增长
		机动车保有量增长迅速
		机动车出行量
		客运枢纽布局
		城市物流增长
	交通供给方面	城市道路长度及面积
		公共交通分担率
		交通路网连通性差
		道路路网结构不合理
		路网服务水平
		公共交通发展缓慢
	交通运行方面	交通发展模式不适应交通流空间分布
		道路结构失衡
		主干道流量增加
		智能化水平落后
		城市道路承载能力
		交叉口服务水平差
		道路总体承受能力不强
		路网形成速度不达设计要求
交通主体原因	交通管理者	交通业务政出多门
		治堵政策措施完善率低
		交通规划同交通发展不协调

续表 3-13

拥堵原因分类	拥堵来源	具体拥堵成因
交通主体原因	交通管理者	交通管理水平不高
		交通执法力度不够
		相关法律配套不完善
		道路交通信息更新不及时
		交通安全教育不到位
		公共交通投入不足
		交通工程质量不过关
	交通出行者	出行者出行选择
		消费观念的转变
		非机动车及行人的交通法规意识淡薄
		机动车驾驶员违规普遍
		驾驶人员素质
		出行者职住不平衡
		出行时间价值(出行所耗时间的机会成本)
		人为因素导致的临时路障

3.3.2 基于故障树法的城市交通拥堵关键成因分析

虽然表 3-13 已经分析总结出交通阻塞的大部分成因,但是由于其中涵盖的元素太多反而对建模求解造成了负面影响,于是我们必须要寻找一种全新的、符合科学规律的手段来进行研究,所以本书采用故障树法来进行分析[204]。

3.3.2.1 故障树法(FTA)概述

故障树法(Fault Tree Analysis):对系统中不希望发生的事件(顶事件)进行系统多因素分析的方法。为了能够更加直观地对系统中各种事件之间倒立树的因果关系图进行描述,可以利用转移、逻辑门、事件等一系列符号。它具有逻辑清晰等特点,不仅可以从定性的角度,还可以从定量的角度来对问题产生的原因和详细过程进行解释[204]。在对故障研究的基础上,不断挖掘出事故的根本原因,系统分析各层因素之间的逻辑关系,一步一步地找出事故发生的根本原因是它的基本原理。顶事件确定→故障树建立→定性定量分析是它整个的过程。

3.3.2.2 建立城市交通拥堵故障树

(1) 找出顶事件

何为顶事件,就是指在某个系统里面所能出现的最坏情况,同时也作为故障树法的起点,在本书的问题中,顶事件为交通拥堵。

(2) 完成故障树的建造

建造故障树的过程可以手工操作,也可以用电脑操作。在此过程中,需要将其中每个事件进行精准地分类,以定义事件逻辑门的符号。本章问题的顶事件被设定为交通拥堵,对阻塞成因进行具体研究。构建故障树的方法是将拥堵原因分为三个部分[204]:外部、内部和主体部分。交通拥堵的原因从细分的角度来看有城市发展、社会经济、资源环境、交通需求、交通供给和交通运行等八个方面,接着与交通拥堵原因统计表 3-13 做对比,将相关因素先进行考虑,再将其定为故障树模型底事件 $X_1 \sim X_{39}$,合理利用逻辑门中"与"和"或"的关系对故障树的最小割集进行分析计算,以推算顶事件中对阻塞情况发生影响最大的因素,从而为建立模型做准备。接下来就可以使用 Microsoft Visio 故障树绘制功能,如图 3-4 所示的是故障树模型。

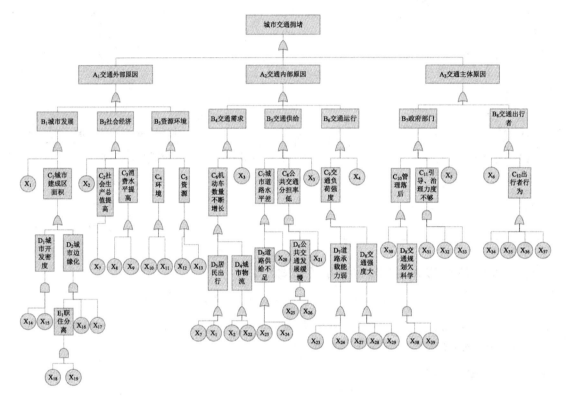

图 3-4 交通拥堵形成过程故障树图

表 3-14 是对于底事件的说明。

表 3-14 城市交通拥堵故障树底事件

符号	故障树底事件	符号	故障树底事件
X_1	城市人口	X_7	人均 GDP 提高
X_2	电子商务发展迅速	X_8	家庭收入提高
X_3	相关政策不完善	X_9	消费观念的改变
X_4	智能化水平低	X_{10}	自然天气恶劣
X_5	管理主体权责不清	X_{11}	地理环境限制
X_6	出行者素质	X_{12}	土地资源限制

续表 3-14

符号	故障树底事件	符号	故障树底事件
X_{13}	能源供给	X_{27}	小汽车出行量
X_{14}	土地资源紧缺	X_{28}	地面公交出行量
X_{15}	土地开发强度大	X_{29}	货运车出行量
X_{16}	老城区格局制约	X_{30}	管理方式落后
X_{17}	房地产发展	X_{31}	执行力度不够
X_{18}	第三产业发展	X_{32}	交通教育不到位
X_{19}	资源集中投放	X_{33}	治堵措施完善率低
X_{20}	道路服务水平差	X_{34}	出行频次
X_{21}	公共交通服务水平差	X_{35}	出行距离
X_{22}	城市物流量大	X_{36}	出行时间
X_{23}	城市道路长度不足	X_{37}	出行方式选择
X_{24}	人均道路面积小	X_{38}	交通规划同交通发展不协调
X_{25}	地面公交发展缓慢	X_{39}	交通规划不合理
X_{26}	轨道交通发展缓慢		

3.3.2.3 城市交通拥堵问题的故障树分析

(1) 最小割集(T)的计算过程

故障树中所含事件总和中的一个部分被称为割集。当子集中的所有底事件都发生时，出现顶事件的概率就会达到 100%。一旦剔除任意一个最小割集中的事件，都会明显改变顶事件的发生概率[204]。

以下是关于最小割集的计算方法：

$$\begin{aligned}
T &= A_1 + A_2 + A_3 \\
&= B_1 + B_2 + B_3 + B_4 + B_5 + B_6 + B_7 + B_8 \\
&= X_1 + C_1 + X_2 + C_2 + C_3 + C_4 + C_5 + C_6 + X_3 + C_7 + C_8 + C_9 + X_4 + C_{10} \\
&\quad + C_{11} + X_5 + X_6 + C_{12} \\
&= X_1 + D_1 + D_2 + X_2 + X_7 + X_8 + X_9 + X_{10} + X_{11} + X_{12} + X_{13} + D_3 + D_4 \\
&\quad + X_3 + D_5 + X_{20} + D_6 + X_{21} + D_7 + D_8 + X_4 + X_{30} + D_9 + X_{31} + X_{32} + X_{33} + X_5 \\
&\quad + X_6 + X_{34} + X_{35} + X_{36} + X_{37} \\
&= X_1 + X_{14} + X_{15} + X_{16} + X_{17} + E_1 + X_2 + X_7 + X_8 + X_9 + X_{10} + X_{11} + X_{12} + X_{13} \\
&\quad + X_{22} + X_3 + X_{23} + X_{24} + X_{20} + X_{21} + X_{25} + X_{26} + X_{27} + X_{28} + X_{29} + X_4 + X_{30} \\
&\quad + X_{38} + X_{39} + X_{31} + X_{32} + X_{33} + X_5 + X_6 + X_{34} + X_{35} + X_{36} + X_{37} \\
&= X_1 + X_{14} + X_{15} + X_{16} + X_{17} + X_{18} + X_{19} + X_2 + X_7 + X_8 + X_9 + X_{10} + X_{11} + X_{12} \\
&\quad + X_{13} + X_{22} + X_3 + X_{23} + X_{24} + X_{20} + X_{21} + X_{25} + X_{26} + X_{27} + X_{28} + X_{29} + X_4 \\
&\quad + X_{30} + X_{38} + X_{39} + X_{31} + X_{32} + X_{33} + X_5 + X_6 + X_{34} + X_{35} + X_{36} + X_{37}
\end{aligned}$$

如下是所得到的最小割集：{X_1}、{$X_{14}+X_{15}$}、{$X_{16}+X_{17}+X_{18}+X_{19}$}、{$X_2$}、{$X_7$}、{$X_8+X_9$}、{$X_{10}+X_{11}$}、{$X_{12}+X_{13}$}、{$X_2+X_{22}$}、{$X_{23}+X_{24}$}、{$X_{20}$}、{$X_{21}$}、{$X_{25}+X_{26}$}、{$X_{27}+X_{28}+X_{29}$}、{$X_4$}、{$X_{30}$}、{$X_{38}+X_{39}$}、{$X_{31}+X_{32}+X_{33}$}、{$X_5$}、{$X_6$}、{$X_{34}+X_{35}+X_{36}+X_{37}$}。

（2）结构重要性的计算

结构重要性表现的是故障树中底事件的发生对于顶事件发生概率的影响程度，通过计算得出结构重要性系数，我们就可以更加直观地判断事件集合中各个事件在总集合中的重要程度。结构重要性系数的计算公式如下[204]：

$$I(j) = \sum_{X_j=K_r}^{n} \frac{1}{2^{n_j}-1} \tag{3-7}$$

式中，$I(j)$ 是事件 X_j 的结构重要性系数的近似判别值；

K_r 是编号为 r 的最小割集；

n_j 是包含了事件 X_j 的某个割集一共所包含的基本事件数量。

用式(3-7)将所有底事件的结构重要性系数计算得出结果后再将其进行排列，得到表3-15。

表 3-15 最小割集计算结构重要度

底事件	计算过程	结构重要性系数
X_1、X_2、X_7、X_8、X_9、X_{10}、X_{11}、X_{12}、X_{13}、X_{22}、X_3、X_{23}、X_{24}、X_{20}、X_{27}、X_{28}、X_{29}、X_4、X_{30}、X_5、X_6、X_{34}、X_{35}、X_{36}、X_{37}	$1-(1-1/2^{1-1})$	1
X_{14}、X_{15}、X_{38}、X_{39}	$1-(1-1/2^{2-1})$	0.5
X_{21}、X_{25}、X_{26}、X_{31}、X_{32}、X_{33}	$1-(1-1/2^{3-1})$	0.25
X_{16}、X_{17}、X_{18}、X_{19}	$1-(1-1/2^{4-1})$	0.125

考虑到结构重要性系数必须不低于0.5，我们保留了表3-15中所有结构重要性系数等于1的元素组成了交通阻塞最重要的成因，参见表3-16。

表 3-16 交通拥堵关键因素

具体拥堵成因	具体拥堵成因
城市人口 X_1	人均道路面积小 X_{24}
人均GDP提高 X_7	智能化水平低 X_4
家庭收入提高 X_8	道路服务水平差 X_{20}
消费观念的改变 X_9	管理主体权责不清 X_5
自然天气恶劣 X_{10}	相关政策不完善 X_3
地理环境限制 X_{11}	电子商务发展迅速 X_2
土地资源限制 X_{12}	管理方式落后 X_{30}
能源供给 X_{13}	出行者素质 X_6

续表 3-16

具体拥堵成因	具体拥堵成因
城市物流量大 X_{22}	出行频次 X_{34}
小汽车出行量 X_{27}	出行距离 X_{35}
地面公交出行量 X_{28}	出行时间 X_{36}
货运车出行量 X_{29}	出行方式选择 X_{37}
城市道路长度不足 X_{23}	

3.3.2.4 故障树分析交通致堵关键因素结果详析

关键因素基于故障树分析结果可以得出,列举了其中的 25 个,从如下角度致使交通拥堵。

1) 外部原因

交通以外经济、城市、环境、社会等各方面都属于交通外部的原因,具体来说:

(1) 城市处在发展进程中。随着改革开放的实施,城市规模随之扩大,城市化水平提高,人口日益增加,交通需求也不断扩大。与此同时,第三产业不断发展,资源投放过于集中、务工人员职住失衡都是城市发展所引发的问题。因此交通出行的增加在一定程度上也加剧了交通拥堵。

(2) 良好发展的社会经济。在经济高速发展的背景下,居民收入水平提高,其购买力也得到了提高,也就是购买汽车更容易简单,进而私家车出行量随之大幅度增加,造成了一定程度的交通拥堵。城市运转速度也随着经济的发展得到了提升,城市运转主要工具就是城市交通,交通拥堵自然而然就加剧了。

(3) 资源环境受到限制。自然环境涵盖两方面:一方面,恶劣天气会加大交通出行拥堵的概率,如大雾、雨雪、雾霾等使得司机视距缩小,从而降低行驶速度致使交通拥堵;另一方面,城市土地资源稀少等此类的资源不足,造成了道路本身的供给面积过小,然而人口居住密度过大,更加需要进行小范围出行,交通拥堵因此产生。

2) 内部原因

与交通有所关联即为交通内部原因,其中交通运行情况与交通供求最为主要,交通需求与交通状况呈负相关。城市交通的需求在一定程度上有所增大,供给达到饱和之后开始短缺,最终的供不应求使交通效率非常低,交通运行缓慢。

(1) 交通需求增加。机动车保有量不断增加体现出交通需求、出行总量呈现增长趋势,城市物流也同理,公交车、私家车、出租车以及各类货运车辆等出行量也随之增加,使交通拥堵越发严重。

(2) 交通供给不足。交通基础设施、道路总长及面积和公共交通供应等都属于交通供给。大部分城市交通的供给量增长有限,但随着出行量的增加,交通供给状况明显不足。如果没有充分地对城市交通供给进行补充,当交通供需产生矛盾时,拥堵由此产生。

(3) 交通运行不畅。交通强度用来表示交通运行状态,当交通强度得到提高或者道路交通承载能力程度不高时,道路交通强度相应增大,当交通运行状态不佳的时候,就会造成交通拥堵,随之而来的是车辆行驶速度的减慢。

3）主体原因

交通出行者和政府部门等被所选取交通主体所涵盖,在考虑其他方面影响时,也不能忽略了主体所造成的拥堵。

（1）城市交通的管理不仅受到单个部门的管辖,而且受到多方制约。例如：建设部对城市道路负责,但交通部对其进行指挥和干预；国家发改委批准轨道交通项目,可是同时城市规划部门还要进行一定的管理；地方政府也要对交通规划权进行审核检查；交通建设初步设计也要经过交通部建设单位的审核检查,可是并没有交通投融资的权利。

（2）某些主管单位的管辖力度不够强。尽管政府交通部门在交通事业的发展过程中处于核心地位,不过在实际管理中依然存在很多缺憾,如前期交通规划往往不符合科学规范,缺乏远见；交通相关部门权责不明等,造成一些管理失误,运输组织混乱,运输管理落后、发展缓慢,运输法律支持不完善、不明确,运输安全和法制教育没有正确落实,在某些地区甚至出现了严重不足。

（3）一些交通出行者不能够文明出行。交通出行者的出行选择行为往往会对交通拥堵产生最直接的影响,例如不同的出行距离、模式、时间和空间构成了不同的交通运行状态。显而易见的是,对于短距离出行,采取步行和公共交通手段,或者错峰出行,将会明显改善交通拥堵状况。从另一个角度出发,出行者的文明修养更是一个重要的因素。如果大部分出行者都可以文明出行,例如行走有序、不随意停车或倾斜、不超速、不随意换车道等,那么交通拥堵就会大大改善。

3.4 城市交通拥堵治理对策

3.4.1 调整城市空间布局

一是立足于 TOD 开发模式,推行面向公共交通的多中心轴线式空间布局,提高土地混合利用率,从根源上减少交通需求,避免由城市空间布局过度集中引起的资源失衡。二是从空间层面优化产业结构,将附加值低的劳动密集型产业集中在城市非中心地域,减缓城市人口流动,减少市中心的交通需求与城市物流需求。三是科学调配城市公共资源,促进公共资源与城市交通承载力相匹配,确保偏远城市地区获得公共服务,协调社会经济发展,减少集中交通流量,减少出行次数。

3.4.2 优化城市交通结构

实施"轨道-公交-慢行"三网融合,打造以公共交通运输为主导的城市交通系统。

关于公共交通方面,一是加强以轨道交通为导向的城市交通系统建设,推进不同公共交通体系之间的无缝接驳,构建深层次、广覆盖、有机衔接、换乘便捷的枢纽系统。二是加快对公交专用车道的划定。在新城区建设中,要对公交专用车道进行预留,因地制宜地改造老城区,对公交运营速度、准点性与可靠性进行提升,从而使公交出行的竞争力得到较大幅度的提升。三是增加政府对公共交通发展的支持,增加轨道交通用地、公交枢纽及配套建设,加强公共交通工具的配备与更新,提高公共交通运能。

关于慢行交通方面：一是非机动车通道、公共交通和公共空间步行区及停车设施需要得到增强,使慢行交通运行空间能够得到充分的保障;二是完善非机动车租赁点工程建设,提高租赁点对学校、商业区、居住区、医院以及其他公建区域的覆盖率;三是改造与完善道路网络系统,推进慢行交通网络化建设。

3.4.3 完善城市道路系统

一是城市路网结构优化。结合拥堵"线"和拥堵"面"的空间位置,构建快速交通系统,形成合理干道网结构,完善次干路网建设,改善道路微循环。二是对城市道路网功能进行优化。对已有的道路资源进行充分利用,明确其道路功能,以清楚明了的道路功能作为参考,来利用道路周边土地,调整道路结构,规划建设道路。为了高效运行各级道路,应尽力对道路功能加以区分,在时间和空间上均衡分布车流量,使得交通拥堵的情况越来越少。同时,在道路建设得以改造的基础上,对非机动车道、人行道的改扩建与公交专用车道的建设进行强化,充分提高公交运行效率,保障行人与非机动车的安全行驶,发挥"轨道-公交-慢行"的转移效应,使得路网拥堵得到一定程度的缓解。三是主要交叉口改造。拥堵的交叉口须因地制宜,当交通量达到其最大通行能力的80%时,首先对道路网的通达性加以改善,使车流量相应减少,并且在此处配置好立体交叉口。其次对非机动车做远引交通,将非机动车引导到交叉口外围使其通行,并且在人流量非常大的路口设置天桥。

3.4.4 强化交通需求管理

一是实行有差别的停车管理体系。基于不同城市区域开发强度和交通特性,从而对政策分区进行有差异地制定,利用车位供应和停车收费,对机动车的使用和道路交通运行状况进行规范和调控,构建出一种"配建为主、公共为辅、道路为补"的停车泊位供给结构。二是对小客车的总量进行调控和加强。根据交通拥堵的程度以及私家车总体数量和其规模大小,进而出台调整控制总量的政策;建议考虑以家庭为单位的购车资格,采取"摇号+拍卖"的综合办法,加强审查是否具有购车资格;应用新能源的汽车在适当放宽的条件下申领牌照。三是实行公交票价优惠和补贴。政府用来涉入公交服务的方式是以"市场运作、政府承担、定项委托、合同管理、评估兑现"为主;同时对公交制票价体系进行优化,得到更加合理的优惠水平,对公交方式间的换乘加以鼓励;政府以购买服务的形式对企业进行补贴,增加客流量和提高服务质量是提高补贴的两个重点,以提升服务水平与质量为核心来对考评价值加以制定。

3.4.5 提高交通管理效率

一是加强精细化交通管理,推行机动车交替行驶呈现拉链式的通行方式。机动车通过车道减少的路口与路段,遇前方机动车停车等待或慢速移动时,应自觉选择自汇流点开始,按"先右后左"方式交替驶入车道,缓解该路段交通拥堵,降低事故发生率。在试运行阶段,交管部门应该重点对引导交替通行的工作进行加强,以防因为对通行方式的不熟悉,市民做出违规的行为;实施一个阶段以后,利用科技监控设备,交管部门可对其进行监管,对于违反此规则的车辆,将进行一定程度的罚款。各行政企事业单位,基于各自单位的方位,合理规定单位时间的工作范围,实行错峰上下班措施,并且实行灵活的弹性工作机制,从而提前或者推迟城市交通的早晚高峰,保证交通不堵塞。二是加强智能化交通管理。通过构建智能交通信号控制系统、交通诱导系统、高清电子警察系统以及停车场管理系统等,建设智能交通系统ITS,加快推进城市交通拥堵治理工作。三是加强快速化交通执法。提高道路交警执法频率,增加交通警察出警率;通过视频监控等技术手段加大道路执法力度,规范道路行驶行为;加强城市交通电子执法,促进非现场执法系统试点建设,实现远程沟通与共享,预防与控制相结合。四是加强绿色化交通宣传。通过强化媒体宣传、学校教育等各种手段,使得群众越来越能够意识到绿色出行的重要性。对于驾驶员的教育不能被忽视,驾驶员应该牢记安全驾驶、文明驾驶并且在任何时候都应该遵守法规,对自己的驾驶行为负责。政府应对绿色出行实行激励机制,应提供资金支持绿色出行文化的宣传及公益活动。政府公职人员要以身作则,在保证工作正常开展的前提下,停驶一定比例的公务车,带头少开车、多选择公共交通出行,改善目前属于社会自发式的绿色出行现状。

第四章 城市慢行交通保障体系

4.1 国外城市慢行交通发展现状

4.1.1 国外城市慢行交通功能与作用

4.1.1.1 国外城市步行交通功能与作用

如图 4-1,我们对 18 个国家的步行交通分担率进行了统计分析及排序,其中,中国的行人交通比例较高,排名较前,位于第 4 位。

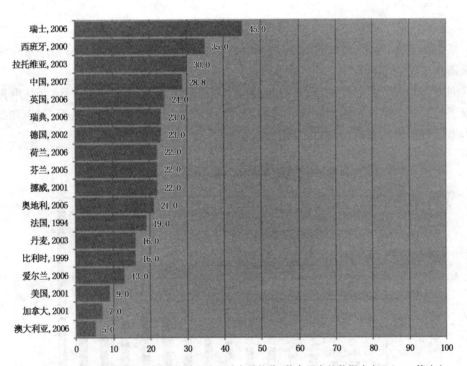

注释:图中我国的数据来源于统计的我国城市平均值,其余国家的数据来自 Bassett 等论文 *Walking, Cycling and Obesity Rates in Europe, North America and Australia*[205],参照论文中各个国家的数据年份,将我国的数据年份标示为 2007 年。

图 4-1 18 个国家的步行交通分担率

Bassett 等在对不同国家行人交通的比例进行比对研究后,对存在差异的地方进行探讨,得出使分担率高的主要原因有以下几点:①城市布局较为紧凑、混合,居民出行的出发地及目的地之间的距离较为相近,便于居民选择步行出行;②公共交通系统建设得较为高效便捷,能够很好地与步行衔接;③步行交通网络具有较高的质量及连通性;④国家在拥有、使用和停放机动车辆上投入更多;⑤行人较多的公共区域能够通过政策引导机动车的出行,更加便于步行出行。

4.1.1.2 国外城市自行车交通功能与作用

20世纪50年代后,爆发式增长的机动车数量和无序的城市蔓延带来了一系列"城市病",自行车的使用率急剧下降。90年代后,大多数城市意识到了这一点,开始限制机动车的数量、提高机动车使用费用,并推行公共交通、步行交通和自行车交通。SHT(Stichting Historie der Techniek)在1999年的研究报告中将欧洲城市的自行车发展模式归纳为三类:

1) 高水平自行车分担率(超过30%)的城市

包括阿姆斯特丹、埃因霍温、哥本哈根等。这些城市公共交通系统的发展没有阻碍自行车使用,并且将自行车作为交通政策的一个基本部分,保障骑行者作为交通参与者的公平权利。公众对自行车的出行意愿是积极和理智的。

2) 中等水平自行车分担率(大约20%)的城市

包括林堡和汉诺威。这些城市汽车的发展导致了更加明显地偏重于汽车的交通政策和面向于汽车的城市规划。

3) 低水平自行车分担率(大约10%或更少)的城市

包括安特卫普、曼彻斯特、巴塞尔。这些城市高度发展的公共交通系统和汽车导向型的交通政策严重影响了自行车交通的吸引力。

欧洲、北美与澳大利亚的自行车出行分担率具有较大差别,如图4-2所示。其中自行车出行率最低的三个国家是澳大利亚、美国及英国,仅占总出行量的1%。然而,丹麦和荷兰的自行车出行分担率则较高,分别占总出行量的18%和27%[206]。

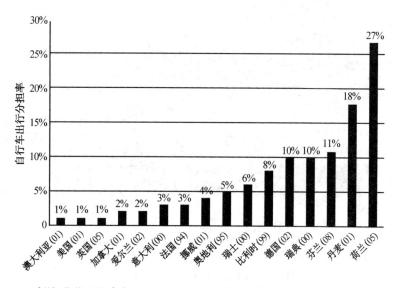

图4-2 欧洲、北美以及澳大利亚的自行车出行分担率(自行车占总出行次数百分比)

从图4-2中可以看出,自行车出行水平与国家的发展水平无关。与丹麦、荷兰和德国的自行车出行率相比,虽然澳大利亚、英国、美国以及加拿大的自行车技术遥遥领先,但是其出行率相对较低。其中,丹麦和荷兰的自行车出行率远远高于英国、美国及加拿大等国家。此外,德国的自行车出行率远高于法国、意大利等国家。

4.1.2 国外城市慢行交通立法保障现状

4.1.2.1 步行交通立法保障现状[207]

(1) 欧盟

在1998年,欧盟为了创造良好的行走环境,政府采用《行人权利法案》明确规定改善行走的道路条件。主要措施是合理规范城市规划和土地管制开发,然后是限制全部行驶车辆车速在30 km/h以下。欧盟在1998年生效的74/483/EEC指令中明确规定了对汽车前部行人安全性能进行检测的实验方法,该指令是迄今较为全面的保护出行者的法规,对新车定型试验也极为适用,且该指令在2001年10月开始对全部上路车辆均适用。此外,该指令所要求的行人安全性能实验方法需要对参与行人和车辆之间所有互相关联的零部件都进行检验。基于此可以看出,欧盟至少从改进行走环境、限制车速、车辆设计等方面的法律法规实现并保障步行者的合法权利。

(2) 美国

美国对于道路规划与设计,从联邦政府至各州都有明确的法律规定,必须积极听取各方建议和意见之后才能开始实施。目前,美国的道路设计理念已经开始慢慢转变,道路改造的设计核心理念从过去的车转为人,甚至某些州提出"完整道路"的概念,是指将道路进行重新设计与规划,设置自行车道和人行横道,用于构建以行人为优先的道路系统,实现人车共享。此外,美国部分州建立了类似"步行波士顿"的非营利性组织,提倡健康的步行出行模式,这些组织会建议并监督政府制定推行法令法规、政策来推进步行设施的建设。美国马里兰州交通运输部为了将马里兰州建设成良好的步行和骑行州,甚至制定并出台了步行和骑行通道的整体规划。

通过分析个别法律案例发现,电动车与油气混合车会造成一定的低噪音,这些噪音不利于失明或视力部分受损者的出行,为了避免因此产生的安全隐患,在2010年12月16日,美国签订了 *The Pedestrian Safety Enhancement Act*。该法案就是有针对性地为失明者、视力受损者在遇到电动车、油气混合车时提供安全技术保障,美国盲人协会(The American Council of the Blind)利用该法案对社会的发展起到了至关重要的作用。

(3) 德国

德国的克劳斯·乌利希和罗尔夫·蒙海穆教授于1970年初次提出"步行友好城市"和"人文城市"的设计理念。实施缓速交通政策起源于1970年代德国建设大量步行区域,并且受到绿党的影响,提出加大环境问题研究的力度,使用某种新型的交通与速度管理方案,创建出的城市环境更加利于人居住。这类交通政策提出了广阔的规划设计、交通与环境政策的目标:减少建筑密集地区的交通事故,降低其事故严重性,弱化道路危险性;降低空气污染与噪声污染;还原步行者与骑行者的活动空间以及其他非交通的活动场所;提高行人、骑行者以及其他非交通参与者的安全性;改进人类活动环境,推进城市经济发展等。

德国自1990年代起,在城市规划设计中融入了生态化与可持续发展理念,给城市中心的步行区设计转变为可持续发展的步行化城市,提供了新的发展模式、发展方向以及发展目标参考,使其城市规划设计更加明显地突出对步行者与骑行者权利的保护和关注。基于交通法规,1964年4月30日,德国颁布了用于规范行人过人行横道时驾驶员应遵守的法律条文:当人行横道上有行人行走这一情形时,驾驶员须采取适宜的车速,不得危害行人安全,必要时应当立即停车,严格禁止抢道行为。此外,所有驾驶员必须严格遵循该规定,人行横道上的行人享有局部的优先使用权,双方共同遵守规定来保障行人的交通安全。

（4）日本

日本为了保护步行者,出台的《道路交通法》明确规定行人优先和行人与车辆分道行驶以及失明者与儿童出行等基本交通法律法规。根据《日本第八次交通安全基本规划》中的统计数据可以得出,相比于欧美等国,行人死亡率占了所有交通事故死亡人数中最高比例;基于此,提出完善道路交通环境的管控对策。同时,应以人为本建设安全、舒适的步行空间,优化道路交通网络配置,合理使用危险性能低的高等级公路,大力推广交通安全基础设施配备工程,有效实行区域性道路交通管控措施,构建一体化的城市居民交通出行环境,采用有效的交通事故策略,加强交通事故中危险路段的治理,合理使用高科技的道路交通系统,构建一种具有舒适性、高安全、快便捷的道路交通环境。

（5）韩国

依据现执行的《交通法》第八条第二项规定,在车行道与人行道并道状况下,为了减少交通事故,保障行驶安全,行人不得不选择人行道的最边缘。即现有法律把优先通行权给予了车辆而非步行者。然而,《步行安全法》第二十三条第一项则明确规定,《交通法》第八条第二项的有关法律规定无效,并指出在尚未划分车行道与人行道的道路上,尽管道路上存在车辆或其他障碍物,步行者同样具有任意横穿或利用其余方式通过道路的权利。

（6）新加坡

新加坡作为面积仅有 719 km^2,常住人口（包含外来人口）只有 500 多万人的热带岛国,在建立国家 40 多年的发展过程中,创下了世界瞩目的现代化文明城市建设成果。此外,新加坡在行人优先权利的实施与保障上为我们提供了宝贵的学习与借鉴的经验。一方面,在《新加坡道路规则》中不仅明确规定了行人的优先权,而且还在此项规定中明确告诉行人相关的避险措施,用于提高行人安全指数（《新加坡道路规则》第七十七条到八十四条,都对机动车与行人相遇时的优先规则有所涉及）;另一方面,基于城市规划理念加强土地综合利用,降低"步行"距离,使住宅距离基础设施、公交站台更近,进而减少车辆出行,保证行人或非机动车驾驶员就近出行。

通过以上分析可知,大多数国家（地区）都对行人权利进行了相关法律保护,但是如何有效地实现依旧存在探索之处。根据经验可以看出,不同国家和地区主要从以下几个方面保障步行者权利：首先,通过立法确定了行人和车辆在道路上相遇时,行人拥有优先通行的权利,并且在道路基础设施的使用优先权上具体体现;其次,对于道路设计,在道路设计规划之前就对路权的合理分配进行考虑,尽可能保障不同道路使用者的权益,并向行人靠拢;再次,在交通设施上对步行者的权利进行保护,比如合理设计交通信号、交通标志以及适当安装减速装置;最后,在车辆生产标准方面,制定的车辆碰撞试验标准应该最大限度地保证行人安全。这些实践经验对保护行人权利起到良好的促进作用。

4.1.2.2 自行车交通立法保障现状

（1）美国

随着 90 年代的综合交通地面交通效率法案（1991 年）与 21 世纪的交通平等法案（1998年）的通过,国会首先开展针对以人为本、机动车次之的交通管控措施,呼吁建立步行化、宜居化、开放式的社区,将自行车和步行交通视为社区健康和幸福程度的"指标"。美国致力于将自行车和行人整合进入交通系统,要求每个交通部门能在规划、设计建设、运行以及维护活动中将自行车和步行交通作为常规部分协调发展。1994年《儿童安全保护法》和1998年颁布的《美国联邦行政法典》都规范了自行车头盔的强制性标准,提高自行车出行者的交通安全。

(2) 日本

日本《道路交通法》明确规定自行车的通行法律法规,包括普通自行车在人行道上的通行、并行、横穿道路、穿越交叉口的通行规则,并规定了带发动机自行车的执照要求。日本政府为了改善步行与自行车的交通行驶环境,于2007年修改了《道路交通法》,并明确规定在空间上步行交通与自行车交通实行隔离,并且自行车必须在行车道里通行。此外,日本在2012年针对自行车专门制定了道路交通法规《自行车使用宪章》,用于提升市民利用自行车通行的交通法律意识以及降低交通事故的发生。

(3) 德国

联邦德国在1979年对国内130多个城镇着手实行德国联邦环境发展策略,并将发展策略明确制定为适宜自行车的城镇,同时对自行车道网络做了重新规划。德国的所有在行的城市交通法规的整体结构中都将自行车交通法规考虑在内。2009年修订的《自行车交通设施指导建议》强调了自行车交通的系统性,并纳入新的交通标志。在自行车使用需求方面,更注重与上一级的城市道路法规的一致性,进一步明确了确保自行车交通质量的必要性,包括测量和质量保证。德国道路交通法和条例规定了各类自行车道路交通专用标识以及有关的交通管理措施,明确自行车、机动车交通和步行交通的关系。随后将这些法规中设立的标识进一步完善,增加了自行车与行人分离和混行的标识,更好地解决了自行车与行人的交通冲突,进一步在法律法规的层面上明确了不同出行的使用要求。德国政府重视自行车交通安全法规的建设,推动相关条例的立法工作,规定自行车驾驶者行驶途中不得手持手机与GPS导航设备,且必须佩戴安全头盔等要求提高自行车交通出行的安全性[208]。

(4) 英国

英国政府自1999年开始创立了鼓励骑自行车出行的机构"Cycling England"以来,便对自行车交通出行文化进行了改革,提出了许多针对自行车出行有效的法规、政策以及举措,从而积极推行、激励及引导自行车出行。采取公共、私营企业与个人税收抵免、行驶距离补助、免费技能培训和国家保险法、国家最低工资规定、年度投资补贴、消费信贷法规、商品税、合同法等优惠政策,让居民了解政府立志要推崇自行车出行的政治意愿,特此修订了一整套有关的制度法规:《自行车骑行》(1999)、《可持续出行试点》(2004)、《骑车去上班》(2005)、《爬出汽车、跨上单车》(2008)、《自行车出行计划》(2009)、《自行车革命》(2010)和《全民骑车计划与主动交通战略》(2011)。

英国为了保障自行车骑行者的交通安全,对自行车制定了一系列的出行交通法律法规,其中认为自行车也属于高速行驶的车辆,在出行过程中机动车需要礼让自行车,若与之产生交通碰撞,机动车承担全责。此外,一部分市区道路对机动车进行了限速。同时,对单行道法规进行了修改,规定除"自行车以外"的交通标志牌之外,自行车可以在其余的单行道逆向行驶。根据自行车平均骑行车速设置交通信号灯变换时长,保证自行车行驶车速并能够持续通行。在道路交叉口设立了单独的自行车等候区,一些交叉口设置了自行车优先的信号灯,使自行车优先通过特殊道路。同时,允许在公共交通工具(如公交车、火车、地铁、船只、飞机等)上运载自行车,以便将自行车换乘到公共交通工具上。英国这些法规的修改制定充分表达了英国政府对骑行者的重视程度,为自行车出行提供了道路、通行、换乘的优先权,尤其是在交通事故责任认定上给予了骑行者安全保障[209]。

(5) 丹麦

丹麦政府在制定交通发展策略时主要考虑了经济、交通增长与环境的关系,认为经济和交通的增长应该以环保为基础,保护自然环境、减少噪声污染,更好地应对环境气候变暖。同时,Copenhagen立志要在2025年建成世界上首个零碳排放城市,为了达到这一伟大目标,积极推广自行车出行,引领绿色交通,倡导出行者积极利用自行车和公共交通等交通工具出行。此外,道路建设法规明确指出,城市道路中的主要通道必须设置自行车专用车道。哥本哈根的自行车专用道具有两种设置方式:①单独设置并铺有蓝色塑胶,无机动车与交通信号灯的干扰;②设置在机动车道旁,以此从低到高设置机动车道、自行车道与人行横道,保证车道间相互独立。

哥本哈根自行车平均速度为15 km/h,而机动车平均速度为27 km/h。对于自行车的绿色通道,丹麦交通管理局进行了特殊设计,以保持平均车速为20 km/h,不受交通信号灯影响。此外,在十字路口,自行车停放线距离停车场线靠前5 m,在车辆右转之前,自行车可以通过十字路口。在相对拥挤的交通中,为了缓解交通压力,自行车专用道已经被加宽为双车道。同时,丹麦交通法也遵循"行人和自行车优先"的原则。同样,交通规则也指出机动车驾驶员必须尊重骑车人,并明确规定在十字路口若只存在斑马线,机动车必须礼让骑行者,转弯同样如此[210]。

通过以上分析可知,大多数国家(地区)都对步行者权利法律保护给予重视,不同国家保障步行者权利主要从以下几个方面:首先在立法上,明确了自行车在道路上的通行原则,并致力于将自行车和行人整合进入交通系统,要求每个交通部门能在他们的规划、设计、建设、运行以及维护活动中将自行车和步行交通作为常规部分协调发展;其次在道路设计上,重点考虑自行车道在道路系统中的配置,在进行规划设计之前就要先考虑路权的合理分配,平衡保障各方公路使用者的利益;最后,在对道路交通设施进行设计时,通过设计恰当的交通标志、交通信号以及减速装置来明确自行车头盔的强制性标准,提高自行车出行者的安全。

4.1.3 国外城市慢行交通技术规程体系

4.1.3.1 步行交通系统设计技术

学术界对于步行交通设计所开展的研究较为完善,如Fruin在《步行规划与设计》中从行人的空间特性及交通特性两方面开展了研究,对步行的服务水准的实践准则给出建议,着重对步行交通的规划、设计两要素进行探讨。另外,国外在步行交通设计方面制定了众多的导则,如美国交通工程研究所出版了《通过创新性的交通设计改善步行环境》和《步行交通设施设计与安全》;美国联邦公路局(FHWA)发表了《步行设施用户指南——提高安全性和机动性》和《步行交通设施规划、设计、运营指南》,这些导则在人行道、标志标线、安全岛、公交站台、社区交通控制政策等方面都展开了说明。佛罗里达州、华盛顿州、南加利福尼亚州、佐治亚州、加利福尼亚州、佛蒙特州等都有相应的步行交通设计规则。

在规划编制和工程建设方面,各类精细化的建设指南和导则手册也为慢行交通从业者提供了大量设计方法和规划工具。英国道路和交通协会(IHT)提出了步行审阅(发现关键问题同时优化行动区域)配合步行审计(保证新的规划可以改变当前交通出行方式,并且使其拥有行人友好性)的行人环境改善策略,当地公路主管部门与实践者已经全面且系统地接纳其策略并进行应用。美国无障碍委员会联邦机构制定了《美国残疾人法案无障碍指南》(ADAAG),在研究基础上对建筑环境提出了标准控制和设计准则。美国北卡罗来纳大学步行和自行车信息中心将实现步行提升目标的层次划分为个人、群体、政府、社区和公共政策五个水平,并指导了以下三个项目的推广:步行调查、综合性测步计项目及步行到学校安全路径项目。

4.1.3.2 自行车交通系统设计技术

美国联邦公路管理局颁布了《自行车设施规划、设计和运行指南》,该指南旨在通过改善和维护自行车设施来鼓励和引导安全、便捷的自行车出行。该指南从自行车规划方法、自行车运行和安全设施、道路设施设计、共享道路设计、自行车停车设施设计和设施维护及建设方面提出自行车规划、设计和运行的技术标准。

美国、新西兰和其他国家已经发布了技术指南来指导慢速交通规划的实践。如美国联邦公路(FHWA)和美国联邦运输局(FTA)都颁布了关于州和城市层面行人与自行车规划的技术指南,技术指南的要点包括:

(1) 规划需要涵盖目标、政策、特定的工程和项目等内容;

(2) 规划需要确定规划实施所需要的资金;

(3) 行人及自行车设施,不论是附属于道路或独立于道路之外,都应包括在工程及项目内,比如独立于道路外的行人设施也能起到一定的交通功能,应在规划中被考虑;

(4) 只有包含在大都市区的交通改善项目(TIP)中的项目才可以向FHWA和FTA寻求资金;

(5) 在对自行车、步行进行交通规划时应该涵盖:目标、目的和评价标准;现状情况和需求预测;确定实现目标和目的所需的行动;评估规划实施的效果;参与公众活动。

德国经过一系列的实践和理论归纳总结,从自行车交通法律法规、车道规划与管理,到促进自行车交通发展策略,逐渐形成一套系统且完善的体系。可持续发展的综合交通政策中,自行车作为载体的一部分,已经被提出作为国家战略,用于推进德国可持续发展。德国城市自行车交通规划指南如下:在城市道路上,由行人和自行车交通组成的非自动化交通系统与公共交通系统享有相同的地位,可与其他机动车辆共用道路。在考虑到目的地和目的地之间空间关系的基础上,必须尽可能紧密地封锁自行车网络;此外,必须充分考虑自行车交通需求。在此基础上,德国利用多层次交通规划设计指南,逐步完善和实现自行车交通网络。然而,在宏观层面,规划和设计必须以《城市道路设施准则》(RAST 06)为基础。根据不同的区域(如住宅区、工业区、商业区、郊区等)设置不同的区域间道路功能,如行人交通、自行车、停车场、货车停车场。根据机动车交通量,统一规划城市道路上各种交通方式(机动车、公共交通、自行车和步行交通)的布局。在此阶段首先要确定自行车是否要在该路段通行,若需要自行车交通,则需要选取哪种交通管理方式。为了使自行车交通网络更加完整和畅通,可以参照《自行车交通设施指导建议》(ERA 09),对城市主干道、隧道设施、十字路口、步行区和乡村道路上自行车交通进行进一步设计和规范。通过这种针对自行车交通的特殊设计规范,如《自行车停放说明》《自行车交通信号标志建议》等,可以更好地建设自行车交通运行体系[208]。

4.1.4 典型城市慢行交通发展案例借鉴

4.1.4.1 规划引领：打造友好步行城市——美国西雅图[211]

联合国多次授予西雅图世界上最适合居住的城市称号。同时，在选择 2011 年美国友好社区项目时，西雅图获得了唯一和最高的国家步行友好社区铂金奖。在该项目评估中，西雅图能获奖的主要原因为"一流的工程与规划，卓越的教育与延伸服务，强有力的执行与评价"。

尽管西雅图一直被世界当作全美步行最可达与最安全的城市，但依旧有很大的提升空间。例如，在城市的不同区域步行环境与步行网络的连通性具有较大的差异；在某些社区具有步行可达性，且如今已成为重要社区活动中心的商业核心区。然而，在另外某些社区尚不存在这种活动中心或者在街道上并未建设良好的步行基础设施。此外，从 2007 年至 2009 年，西雅图还制定了《西雅图步行交通规划》，协调并提出了多种内容，包括工程、教育、延伸服务、评价机制等。该规划对其步行城市的建设起到了十分重要的作用。

基于对步行交通现状问题的分析，以及考虑到居民对于步行交通规划的期望，西雅图政府在规划中涉及了很多内容（如任务、目的、目标、策略及行动）。

步行城市的规划要点如下：

(1) 城市内每条街道均具有充足的步行空间，从而令人心情愉悦；
(2) 城市内的步行设施具有便于使用的特性；
(3) 城市居民区域周边的步行可达范围里具有不同种类的公共服务设施；
(4) 城市里所有公交站点附近均具有方便、快捷的步行路径；
(5) 城市内具有足够休闲的社区公园或者街道。

该规划主要以活力、健康、公平以及安全为目的，同时，它深入分解为一个个单一的目标，便于按计划执行。每个目标都被视为支持一个或多个规划目标的实现，以及相应的行动和对策的匹配；最终，构成相应的对策与行动矩阵，达到可实际操作的理想效果。

4.1.4.2 技术保障：改善骑行环境——荷兰阿姆斯特丹

20 世纪 70 年代中期到 90 年代中期，荷兰为推广安全便捷的自行车作为交通出行方式，建立了很多自行车专用道以及路边自行车道。1990 年以后，荷兰的规划更加注重于改善自行车道设施的细节规划设计，用于提升其安全性。阿姆斯特丹建设了约 400 km 长完全隔离的路边自行车道和自行车专用道，同时为使用者推出一套标识系统，颜色的不同对应不同的自行车道类型（见图 4-3）。此外，对于长途线路，这一系统不仅适用于整个地区，而且也适用于整个州和整个国家。

图 4-3 荷兰独立的自行车道系统

荷兰通过实行交通净化措施提高了居民自行车交通出行率(见图4-4、4-5)。居民区域的大部分街道均通过交通净化处理,在限制车辆通行速度为30 km/h的同时,还限制交通净化处理过的街道上出现穿越性交通流。此外,政府还大量改造了街道,例如凸起式交叉口与人行横道、减小道路宽度、布置环形交叉口、设置减速丘和曲折式行进路线以及在街区内部设置封闭的人造断头路等。绝大多数经净化处理过的街道均满足自行车双向行驶的需求,尽管其中部分街道禁止汽车单向行驶。荷兰部分城市设置了"自行车(优先)街道",骑行者可以在自行车街道的任何位置骑行。汽车则与之相反,在这些街道上最大车速为30 km/h,并且必须礼让骑行者。

图4-4 荷兰单行道上的自行车道

图4-5 荷兰街道改造

荷兰不断改进并完善道路交叉口的规划,让骑行者可以安全通过(见图4-6):
(1) 延伸自行车车道到交叉口,并把自行车停止线前移至汽车停止线之前;
(2) 提前自行车绿灯信号,并且在自行车高峰期延长信号周期;
(3) 允许自行车在任何路口进行转向;
(4) 在交叉口设置色彩明亮、可见度高的自行车道;
(5) 布设自行车手动交通信号灯;
(6) 减小隔离墩与安全岛的转弯半径,使汽车减速进行右转;
(7) 在交叉口,增大平行道路和自行车专用道之间的距离。

图4-6 阿姆斯特丹交叉口处自行车道

4.1.4.3 政策指导:限制汽车,鼓励骑行——英国伦敦

为了防止城市交通拥堵,降低环境污染,英国一些城市准备向大排量车辆征收巨额"环

保税"。假如大排量车辆驶入市中心,车主一天必须支付最高 25 英镑(大约 50 美元)费用。环保税收取对象主要包括:四轮驱动车辆、大客车以及豪华轿车等。依据某些城市斟酌中的计划,行驶一公里 CO_2 排放量大于 225 g 的车辆驶入市中心,每天需支付 25 英镑费用;行驶一公里 CO_2 排放量小于 120 g 的环保型车辆则允许免费进入市中心,其他车辆每天收取 8 英镑(折合约 16 美元)费用。

伦敦交通办公处对通过泰晤士河的骑行者的数量进行了统计分析,得出从 2000 年至 2005 年,骑自行车的人数占比大约增加了 52%。通过该数据可知,骑行者在过去的 5 年中人数增长一倍,并且在事故中发生严重受伤或者死亡的人数比例下降了 40%。

为了鼓励居民使用自行车,自行车租赁行联合手机运营商共同推出一项租车业务,只需使用手机发送一条短信,用户就能够使用自行车。这项业务的用户通过发送短信给服务中心,则会获取开锁密码,用户完全可以在城市的不同租车停放点取车。此外,公司为了促使广大市民积极使用自行车,明确规定 30 min 以内归还自行车,租金可以全免。用户只需在目的地附近的租车点发送短信,便可获取密码进行还车。在还车完成后,系统将自动计时,进而从绑定的银行卡上自动收费[212]。

4.1.4.4 国外典型案例启示

1) 政策法规
➤ 注重非机动车交通政策、战略的研究。
➤ 一项政策和战略规划提出前,广泛征求非机动车使用者的意见。
➤ 积极发展和引导自行车+公共交通模式。

2) 规划设计
➤ 针对非机动车制定详细的设施标准和设计准则。
➤ 在进行投资建设时应充分利用现有机动车道的空间,掌控好投入的水平。针对出行量较大的城市主干路,应在沿线的学校、规划保留地等附近设置非机动车专用道路。
➤ 对现有的非机动车道的空间进行严格控制。
➤ 考虑到居民出行选用自行车与公共交通相结合的出行方式,为其提供便捷的换乘点及自行车租赁服务。
➤ 设置非机动车安全停放设施。
➤ 改进道路交叉口的信号控制,使出行的机动车与非机动车能够和谐共处。

3) 工程建设
➤ 改建或新建自行车道时,应优先考虑学校、公园、绿地等公共空间,图书馆、博物馆等公共文化场所,现有非机动车道、轨道、公交线的连接线,以及自行车事故多发地段。
➤ 非常完善的自行车道标识和指示系统。
➤ 鼓励在地铁等其他交通工具上设置非机动车设施。

4) 管理宣传
➤ 重视对于自行车系统的交通管理,并针对性地制定管理条例。
➤ 加强宣传,鼓励选择非机动车出行,对中小学生骑车者进行专门的安全教育。将自行车系统使用指南制作成小册子发放进行宣传。
> 高度重视和注意自行车交通的安全性,严格控制机动车在混行道路上的行驶速度,保障自行车交通的安全性。

4.2 我国城市慢行交通发展阶段特征

4.2.1 我国城市现阶段慢行交通发展水平

4.2.1.1 步行交通发展水平

过去 20 年内,虽然国内城市的行人交通比例在缓慢下降,但仍占很大比例。图 4-7 显示了近 10 年来国内 30 个城市的行人交通份额。扬州的行人占有率最低只有 16.4%,三亚最高为 47.5%,平均占有率为 28.8%。

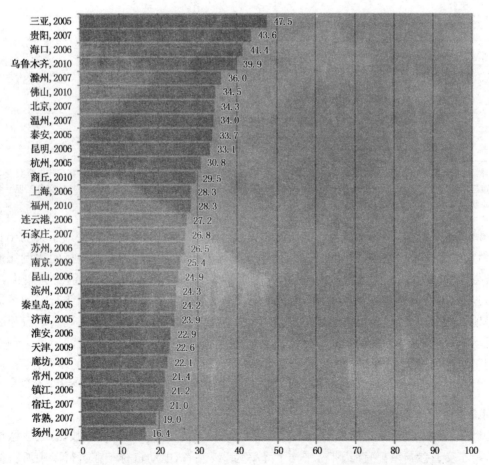

注释:数据来源于乌鲁木齐市、滁州市、商丘市、福州市、连云港市、石家庄市、苏州市、昆山市、秦皇岛市、宿迁市、常熟市、南京市、天津市、镇江市、扬州市城市综合交通规划,杭州市慢行交通规划,上海市中心步行交通规划,佛山市、泰安市道路交通安全规划,常州市、昆明市交通发展年报。

图 4-7 30 个国内城市近 10 年的步行交通分担率

表4-1显示了国内14个城市近20年平均行人交通占有率变化情况。通过计算这些城市的平均行人交通占有率可以发现,在过去的20年里,城市的平均行人交通占有率从41%下降到33%。

表4-1 国内14个城市平均行人交通占有率变化情况

城市	年份	占有率(%)	年份	占有率(%)
上海	1986	38.00	2006	28.30
天津	1981	42.63	2009	22.60
重庆	1985	69.20	2002	63.00
沈阳	1985	29.63	2004	29.70
南京	1987	33.11	2009	25.43
西安	1987	29.05	2005	26.80
郑州	1987	32.95	2000	30.60
杭州	1986	27.60	2005	30.80
合肥	1992	47.40	2000	31.44
贵阳	1987	69.74	2007	43.57
徐州	1986	52.20	2003	21.80
昆明	1994	33.22	2006	33.05
马鞍山	1993	38.17	2003	47.10
佛山	1994	27.00	2010	34.48

注释:数据来源于南京市、天津市、沈阳市、郑州市综合交通规划,杭州市慢行交通规划,上海市中心城步行交通规划,合肥市近期交通改善规划,徐州市公共交通发展规划,佛山市道路交通安全规划,昆明市交通发展年报,交通工程手册(中国公路学会),不同城市交通出行特征分析报告(清华大学交通研究所)。

值得注意的是,步行交通与其他交通相比较,是一种不需要借助任何交通工具的出行方式,但只适用于出行距离较短的时候。有部分国外的研究显示居民真正步行的比例比通过调查得出的结果要高,主要包括两种情况:一种是目前最受欢迎的多式联运。例如从A地到B地,需要步行到地铁站以及乘坐地铁,在下地铁后仍需要步行,其间的步行时间可能比乘坐地铁的时间还要长,也可能比单独步行的平均出行时间长。而传统的调查重点还是在于机动化交通出行,也就是关注了地铁的出行却没有记录到其间的步行时间。另一种是行走记录报告的丢失。国外的居民常常会忽视短距离的步行或者家里小孩的步行出行,但这些却占据着较大的比重,导致调查的数据并不完善。

4.2.1.2 自行车交通发展水平

近20年来,自行车交通处于下降趋势,通过比较不同城市的出行调查数据,大多数城市的自行车交通参与率都有所下降,平均下降率为2%左右,电动自行车在自行车中所占的比例显著上升。尽管有的城市自行车比例较高,但未来很有可能出现一定程度的下降,因为现在机动车交通发展越来越快。表4-2为国内部分城市近20年来的自行车出行分担率的变化情况。

表 4-2 国内部分城市自行车出行分担率变化情况

城市	年份	分担率	年份	分担率	变化
上海	1995	38.4%	2004	25.2%	−1.50%
北京	2000	38.5%	2009	18%	−2.28%
天津	1993	60.5%	2005	47.6%	−1.08%
南京	1997	57.9%	2006	42.65%	−2.74%
沈阳	1996	54.1%	2004	38.9%	−1.90%
郑州	1987	63.1%	2000	48.7%	−1.11%
西安	2000	33.6%	2008	11.5%	−2.76%
杭州	1997	60.8%	2000	42.8%	−1.38%
哈尔滨	1986	28.5%	2000	14.3%	−1.01%
苏州	2000	41.8%	2006	17.9%	−4.58%
无锡	1986	55.7%	2003	40.5%	−0.89%
常州	2005	52.4%	1986	34.2%	−0.96%
镇江	2006	58.1%	1993	26.4%	−2.44%
泰州	2003	56.2%	2000	41.5%	−4.90%
绍兴	2007	72.0%	1986	30.4%	−1.98%
常德	2007	27.1%	2001	14.0%	−2.18%

4.2.2 我国城市慢行交通出行特征

准确分析慢行交通的出行特征和交通流特征,对于制定"以人为本"的慢行交通保障措施具有重要的意义。

4.2.2.1 出行特征

1) 出行距离

(1) 特大城市、大城市

对于特大城市、大城市而言,步行出行的主要目的是接驳其他交通方式。不同区域的出行者所能接受的步行接驳距离是不同的:在城市中心区,出行者一般以上班上学等通勤出行为主,其性质决定了出行者对出行时间的要求更高,而步行是最慢的出行方式,因而所能承受的步行接驳距离较短;在一般区域,由于各类用地比例相当,居民住宅区域与办公区域占比均衡,因此出行者能够接纳较大的步行距离;在以交通用地为主的区域内,由于交通换乘方便,出行者接驳方式选择更多,使得对步行接驳有一定影响;对于城市新区居住区而言,其主要是以大型现代化小区为主,小区的全封闭管理以及较低的支路网密度使得出行者可选择的步行距离有限,所以居民可以接受较长的出行距离;在城市郊区等周围区域,各类交通站点间距较大,促使出行者承受更长的步行接驳距离。

(2) 中小城市

在中小城市,短距离出行中以人力为空间移动动力的慢行交通拥有无须换乘、不局限于道路条件、自主选择路径等优点,所以在很多情况下更省时省力,与机动交通相比更加具有时空优势以及良好的竞争性。

2) 出行目的与时耗

(1) 步行

居民可接受步行距离意愿调查结果见表4-3,通常生活(餐饮、逛街)性的步行距离应控制在500 m内,约6 min;交通(地铁、公交)性的步行距离控制在400 m内,约5 min;通勤(工作、上学)性的步行距离控制在800 m内,约10 min。由于出行目的的不同,市民最大可以忍受的出行时间消耗也具有显著差异,购物容忍时耗为35 min,工作仅为45 min,而休憩是85 min,如果居民步行时间大于最大时耗,则会对该交通系统表现出不满。

表4-3 居民可接受步行距离意愿调查结果　　　　　　　　　　　　%

	<100 m	100~<200 m	200~<400 m	400~<600 m	600~<800 m	800~<1 000 m	≥1 000 m
生活性	6	22	24	28	10	8	2
交通性	12	24	41	13	7	2	1
通勤性	2	8	15	32	35	7	1

(2) 自行车

自行车出行时间多在10 min以上30 min以内,虽然规模不同,但是自行车出行时耗小于10 min,所占比例都偏小,小于7%,如表4-4所示为苏州、扬州、启东的实际自行车出行时耗统计数据。随着城市规模的扩大,出行时间大于10 min的分布值先呈小幅上升,后逐渐降低;出行时间不超过20 min的平均为53%,出行时间小于30 min的平均为77%。苏州、扬州35 min以内的出行时耗占到绝大部分,而启东由于城市规模较小,自行车大部分出行时间均小于25 min。因此可以认为交通出行时间不超过30 min主要由自行车担负。

表4-4 自行车出行时耗分布　　　　　　　　　　　　%

时耗(min)		<10	11~15	16~20	21~25	26~30	31~35	36~40	41~45	46~50	51~55	56~60	>60	统计年份
苏州	分布值	5.7	18.8	20.4	15.9	4.5	21.8	1.5	3.1	2.2	1.2	0.2	4.2	2000
	累计值	5.7	24.6	45.1	61.0	65.5	87.3	88.9	92.1	94.3	95.5	95.8	100.0	
扬州	分布值	3.9	21.4	21.2	21.4	4.7	18.4	1.2	2.6	1.2	0.9	0.1	2.5	2003
	累计值	3.9	25.3	46.6	68.0	72.8	91.2	92.4	95.1	96.4	97.3	97.4	100.0	
启东	分布值	6.9	37.7	23.8	21.6	1.7	4.2	0.1	1.4	0.1	0.3	0.1	1.5	2004
	累计值	6.9	44.6	68.5	90.1	91.9	96.2	96.3	97.8	97.9	98.2	98.4	100.0	

大部分城市居民出行目的主要可划分为:上班、上学、公务、生活购物、文娱体育、探亲寻友、看病、回程等,如表4-5所示为沈阳、常德以及铜陵的自行车出行目的分布。除去回程,上班、上学使用自行车的频率相较于其他更高,文娱体育则相对较低。

表 4-5 自行车出行目的分布   %

城市（年份）	上班	上学	公务	生活购物	文娱体育	探亲访友	看病	回程	其他	均值
沈阳（2004）	53.5	41.54	27.29	24.32	13.22	28.82	13.81	39.27	34.23	38.88
常德（2007）	14.03	30.82	2.05	7.08	4.23	5.23	3.88	14.43	12.52	13.95
铜陵（2004）	14.81	9.68	5.33	6.28	2.43	8.7	4.42	10.88	9.32	10.76

4.2.2.2 交通流特征

1) 步行交通流特征

行人交通设施主要是根据群体行人的交通特性进行规划与设计。其步行交通流特性主要包括行人流量、人流密度、人流平均速度。

(1) 定义[213]

行人流量(P)：指单位时间里通过某固定点的行人数量，是十分重要的设计规划参数，单位为人/(h·m)、人/(min·m)或人/(s·m)。

人流密度(D)：单位步行空间内行人数量，单位为人/m^2。通常选取每个行人所拥有的交通面积表示。

人流平均速度(S)：所有行人在某一时刻的一段步行范围里的平均步行速度，单位为m/min 或 m/s。

(2) 行人流量、人流密度与人流平均速度间的关系

一般把行人交通流比拟为渠道里的水流，三者间的关系如式(4-1)所示：

$$行人流量 = 人流平均速度 \times 人流密度 \tag{4-1}$$

即

$$P = S \times D \tag{4-2}$$

HCM[214]构建了行人速度与流量、行人速度与密度关系模型，如图 4-8、4-9 所示。

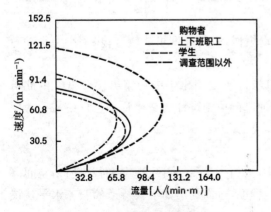

图 4-8 行人速度与流量的关系

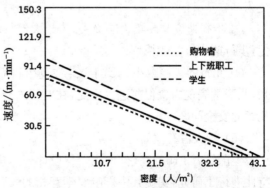

图 4-9 行人速度与密度的关系

（3）行人步行速度

行人步行速度一般表示为单位时间内行走的距离。当步行速度与人行道有关时，该速度是指所有位于人行道规划范围内的行人的平均速度。

根据数据统计，在没有人群拥堵或其他交通阻碍的时候，行人的步行速度范围变化相对较大，不同方式的步行速度的平均值变化范围一般在 0.5～2.16 m/s 之间，通常浮动在 1.0～1.3 m/s 上下。美国的 HCM2000[214]中把行人的步行速度设置为 1.2 m/s，并且又明确规定行人步行速度的选择需要考虑老年人（超过 65 岁）所占比确定，若老年人占比大于 20% 时，HCM 推荐行人的步行速度确定为 1.0 m/s。通过调查可知，与国内相比，国外行人的步行速度一般高 0.2 m/s。

① 水平路段步行速度

依据文献资料可知，各个国家的学者所研究的步行速度大致为 0.5～1.5 m/s，平均速度为 1.3 m/s，中国的规范中步行标准为 1.0～1.2 m/s[213]。

② 过街时斑马线上的行人步行速度

基于国内外的大量研究观测发现，相对于斑马线上的步行速度，行人过街的步行速度较高，主要是因为行人想用最短的时间穿过行车道的危险区域[213]。

③ 行人上下天桥、地道的步行速度

国外相关研究显示，经天桥、地道的下行速度相较于上行速度较快，尤其表现为妇女与老年人。此外，我国与日本观测到的行人步速值极为近似，平均步速的范围为 0.55～0.94 m/s，我国规范选取 0.5～0.8 m/s 作为步行速度[213]。

（4）步幅特性[215]

① 步幅的大小因为年龄和性别的不同表现出略微差异。男性步幅的大小一般为 0.5～0.8 m，占 95%。其中，中青年男性步幅大小为 0.7～0.8 m，人数所占比例远大于步幅大小为 0.5～0.6 m 的人数比例；然而，老年人则相反，大多数步幅大小的范围为 0.5～0.6 m；此外，女性步幅大小分布在 0.5～0.8 m 之间，所占比例为 94%，但人数主要集中分布在 0.5～0.6 m，分布在 0.7～0.8 m 的相对较少。

② 步幅大小不仅受性别与年龄的影响，而且因人行道的平整程度的不同而存在差异。人行横道路面平整，行人步幅整齐、自由度大；而不良路面，步幅散乱，步行速度受阻。

③ 步行速度与步幅大小无关，步幅大但行动缓慢，步行速度可能较慢；步幅小但行动急促，步行速度可能较快。

④ 儿童的步幅大小相比于老年人较高，而步行速度相比于中青年男性较低。由此可知，儿童常表现为急促前进。因此，在对行人交通基础设施设计与交通管理过程中需要考虑儿童的安全问题。

（5）行人占有空间

美国学者 Fruin 在《行人规划与设计》[216]中，对行人流量、密度、速度和行人所占空间等特性进行了研究，明确其中影响要素互相的关联程度，进而提出如下人行道的服务水平建议值，见表 4-6。

表 4-6 行人流量、行人占有空间与服务水平

服务水平	行人流量 [人/(min·m)]	行人占有空间 (m²/人)	行人交通情况
A	≤30	>2.3	自由流
B	>30~55	0.9~2.3	行人步行速度和超越行动受限；在有行人反向和横穿时严重感觉不便
C	>55~70	0.5~0.9	步行速度受限，需要不断调整步伐，有时只能跟着走
D	>70	<0.5	不稳定流动，偶尔向前移动；无法避免与行人相挤；反向和横穿动作不可能

2）自行车交通流特征

（1）流量

自行车交通的集群性习惯较为显著，尤其是在交叉口，由于交通信号灯的影响，集群性更为显著；同时，饱和通过的自行车流量因自行车进口道的宽度不同而存在差异。将自行车交通流量定义为单位时间内通过非机动车道某一断面的单位宽度上的非机动车当量值。自行车交通饱和流率是指在单位时间里，通过非机动车道某一断面的单位宽度的饱和释放的自行车数量。不同运行状态下，自行车饱和流率值趋于稳定，在没有具体测量值的前提下，可以认定自行车饱和流率为定值。

（2）速度

自行车的行驶速度的大小几乎不变，通常与骑车人的心理、年龄、性别以及道路条件和天气状况等因素有关。此外，交叉口的布局、交通信号灯配时和右转机动车也影响自行车的行驶速度。对于设置了物理隔离的机非路段，自行车行驶速度范围集中在 4~5 m/s 之间，平均速度约为 4.16 m/s，最高行驶速度可以达到 7.2 m/s，而电动自行车其平均行驶速度约 6 m/s。对于划线隔离路段，非机动车道和机动车道之间仅用白色实线隔离，机动车与非机动车之间存在较大冲突，相比于存在物理隔离的机非路段，自行车在换线隔离路段上的行驶速度较小。其中，自行车平均行驶速度大约是 3.83 m/s，电动自行车平均行驶速度大约是 5.5 m/s。对于人车混行路段，自行车行驶速度范围主要集中在 2.55~2.87 m/s 之间，其平均行驶速度大约是 2.7 m/s。此外，自行车行驶至交叉口的速度主要分布在 3~5 m/s 之间。

（3）密度

自行车道通常没有明确的划分，自行车交通流本质是指由平行单车道车流构成的复合交通流。所以可以将其定义为某一时刻单位面积上的车辆密度，即自行车交通流面密度作为研究自行车交通流密度的重要参数。阻塞密度是自行车交通流发生拥堵时的密度。自行车排队密度是指在红灯时，交叉口停止线后的自行车等候的密度大小。其数值通常为 0.42~0.65 bike/m²，平均排队密度大小一般取 0.54 bike/m²。

（4）流量、速度和密度关系

交通流的基本参数分别为交通流量、空间平均车速以及交通密度。当自行车处于自由流时，其基本参数的关系特征与机动车交通流存在差异；其中，自行车车速不受自行车道宽度影响，通常分布在 10~20 km/h 之间。然而，当道路上的交通流率较大时，车速并没有显

著减小的趋势,甚至部分调研路段出现自行车平均车速随着交通流率的增加而产生轻微的增长趋势。在交通密度较大时,骑车者依旧可以用近似期望车速的速度进行骑行,宏观上表明相比于机动车交通流,自行车交通流更加具有系统协调性。自由流状态下,自行车交通流主要分布于10~20 km/h之间,密度的增加并未导致交通流的平均车速降低,而是导致车速的离散性降低。密度的大小和自行车交通流的平均速度具有相关性。自行车行驶的自由度随着其密度的减小而增大,因此导致自行车平均速度离散性(速度标准差)增大。

4.2.3 我国典型城市慢行交通发展及保障现状

4.2.3.1 特大城市——上海

上海市作为国内慢行交通出行需求最为活跃,也是国内最先开展步行交通规划的主要城市之一。在经历20多年发展之后,其城市道路网络以及交通基础设施已经发生了本质性的变化,但是相比于机动车,对于使用城市街道基础设施的步行者和骑行者依旧没有对应的保障措施,在发展慢行交通系统的过程中展现出部分问题,比如面向交通弱势群体缺乏相应的保护规范、基础设施发展相对缓慢等。据统计,在2001年至2007年期间,上海市由于使用慢行交通模式而发生交通事故的受伤人数有4万人,远远大于机动车使用者。此外,因为上海市慢行交通出行需求远超过全球平均水平,所以造成其慢行交通系统内事故发生率较国外发达城市要更高。

2001年,上海市政府首次颁布《上海市城市交通发展白皮书》,该书明确传达着重关注城市慢行交通这一理念,还特别出台响应政策用于促进慢行交通系统发展,提议"完善步行交通保障系统,合理引导自行车出行,推动助动车转移为公交"的发展方向。上海市城乡建设以及交通委员会在2005年10月着手对课题《上海市慢行交通系统研究》进行探讨,明确要完善城市综合交通系统中的慢速交通系统,促进城市空间功能的提升,其实质是结合慢行交通这一理念系统规划三类城市魅力区:城市吸引力的核心是中央商务区和景区中心;城市活力的核心是高校、民办中学和中等职业学校;城市和谐的核心是大型居住社区和社区活动中心,计划为建造数十个用于发展慢行的安全岛提供资金。同时,根据2006年的科研成果,编制了《上海市中心城区非机动车交通系统规划》和《上海市中心城区行人交通系统规划》,总结了慢行岛与慢行核的基本内涵。此外,2007年,上海在《上海市慢行系统规划》中总结了上述规划,并制定了《上海市城市干道行人过街设施规划设计导则》[217]。

当前上海的城市交通正在向"低碳"与"低能耗"发展,针对短距离出行积极推动慢行交通系统的建设。同时,在上海2040年总体规划中明确提出,计划到2020年建成慢行交通高质量城市,到2040年可以成为全世界慢行交通标志性城市,形成具有一流的基础设施品质、法制意识、管理水平以及人文关怀的城市。

4.2.3.2 大城市——常州

苏南地区第一次提出"生态绿城"概念以及积极推动实施的城市是常州,其通勤系统的建设基础较好,其中自行车2009年出行比例达34%,自行车道总体良好,但路边停车问题较为严重,自行车租赁和公共自行车停车场较少。步行交通2009年出行比例达21%,步行的道路较好,只是过街设施还有管理方面还有待增强。休闲系统的建设尚处于起步阶段,在区域级、市级层面慢行休闲道缺乏系统性,休闲自行车道的构建一直在延迟,缺少单独的休闲自行车道;在社区层面,慢行休闲道路网开始有一定规模,可是受到铁路、围墙、桥梁等重要因素的影响,路网组织并不畅通;在微观层面,慢行休闲道的配套服务设施、引导标识设施、绿化景观设施、跨街跨河设施等有待改善。

为了提升城市品质,顺应城市交通低碳绿色发展的趋势,2013年常州市的《政府工作报告》中明确规定"要加速开展城市慢行系统的建设","让居民拥有安适的城市生活",并且将慢行系统工程列入民生实事的重点工程。常州市慢行系统建设步入理念传播和规划建设期。2013年编制的《常州市慢行系统规划》将市区作为规划设计范围,以常州市 380 km² 的主城区为设计重点,规划目标年到2020年,打造一类"出行便捷,行动安全,休闲自得,宜行宜憩"的慢行系统,提高城市居住品质,倡导绿色出行。规划中将自行车交通发展作为未来主要的中短距离出行方式之一,同时鼓励长距离出行向自行车+公交接驳方式转变;通过提升品质、保障安全,发展以休闲、健身为主的步行交通。

4.2.3.3 中小城市——常熟

现在国内中小城市的慢行交通系统建设大多数还在起步阶段,大部分以点、线建造为主,城市慢行交通通常作为辅助产物主要依赖于城市道路而存在,对于城市慢行交通的规划和研究以及系统构建普遍缺乏宏观性、整体性。

常熟具有深厚的历史文化积淀,其传统的城市空间机理和生活方式造就了适合步行的外出环境。在改革开放之后,其城市化进程不断推进,在传统的老城之外,大型居住区、行政中心以及开发区蓬勃发展,逐渐建成城市新中心与新区。尽管新城区街道宽度较大,使机动车交通需求得以满足,但是缺乏对步行交通者需求的关注。然而,老城中心虽然对宜人的城市空间以及适宜步行的环境进行了保留,但是随着城市结构、城市布局以及城市规模的不断变化,出现了新老城区间的出行需求依靠着城市机动化交通方式的情况,传统步行氛围也被不断增长的机动车交通打破。

国家住建部在2010年把常熟市列为全国首批"步行与自行车交通系统示范项目建设城市",为推动常熟成为"步行者的家园",全力倡导"健康的生活方式从走路开始"和慢游的生活理念。常熟根据城市道路路权分配使用的不同,其步行交通规划将城市道路网络分为五种类型,分别是机动车专用路、车行主导道路、人车平衡道路、步行优先道路、步行专用路。同时,根据道路交通需求特征与承担的功能差异,提出了各类等级道路的行人通行带宽度(指人行道的有效通行宽度)的建议值。同时《常熟市城市总体规划(2010—2030)综合交通专项规划》中提出,应该在常熟中心城区建设与城市土地利用规划相适应且具有连续性、便捷性、安全性的慢行交通系统。主城区形成"一环七带"的非交通性步行网络结构;结合规划拓展用地,打造中心城区分区自行车干道系统,营造短距离自行车出行氛围。同时合理配建自行车停车场,加强自行车交通管理,引导"自行车+公交"出行模式。

4.2.4 我国现阶段城市慢行交通发展问题

我国慢行交通所面临的一系列问题,主要是由于道路交通设计、规划以及管理中"以车为本"的设计思想所导致。在机动化进程中的中国城市,应以保护慢行出行者安全与便捷作为慢行交通出行的发展方向。

国内城市为了了解当下城市在慢行环境中出现的问题,对其展开一部分调查,包括居民对目前慢行交通环境和慢行设施设置情况的打分,通过研究总结当前慢行系统的成效与不足,对未来城市慢行交通规划的发展有很大的好处。

4.2.4.1 特大城市中心城区

1) 步行交通发展

2004年,李伟等对北京四环路内的25个路段开展调研,调查样本量共计653人。结果表明,认为步行环境有安全问题的行人占74%,觉得步行环境较差的行人占77%。其中行人反映的重点问题是:(1)人行道宽度不够。19%的受调查者觉得大多数道路太窄,57%的受调查者觉得某些道路太窄,仅有20%的受调查者认为适中。(2)人行道有障碍阻挡了步行,原因有以下几点:存在75%的汽车停放,60%为无照商贩,62%为自行车乱停,66%的步行道路面坑坑洼洼,夜晚无光线57%,电线杆和拉线54%,暴露的树坑44%,报刊亭27%,广告牌22%。(3)过街不便。接受调查者有57%认为过马路不便,38%认为普通,只有5%认为方便。导致过街麻烦的主要原因是:绕行34%,车辆不礼让33%,被迫使用立交或地下通道24%,道路过宽10%。

2) 自行车交通发展

上海市中心城的非机动车交通规划对其中心城部分路段进行机非矛盾调研。结果显示的重点问题如下:(1)中心城交叉口处机动车与非机动车的冲突相对集中,同向机动车和右转机动车受直行非机动车的干扰,直行机动车受左转非机动车的抢道干扰等三种情况表现最为明显。(2)共板道路上的矛盾。非机动车对机动车的占道干扰,非机动车流混杂造成机动车紊乱。(3)道路资源使用权的矛盾。上海市主干道路和交通性次干道多为双向4车道,缺少建设公交车专用道的必要空间——公交乘客追寻其专用道"高效、便捷"的权益和非机动车使用者追寻"方便、易到"的权益产生矛盾,最后转化为非机动车道与公交专用道的道路资源上的使用权矛盾。

4.2.4.2 大城市中心城区或老城区

1) 步行交通发展

根据无锡市中心慢速交通规划,对红线内人行道宽度进行统计。只有19%的人行道大于3 m,人行道宽度为1.5~3.0 m的道路占43%,17%的人行道宽度小于1.5 m,21%的道路无人行道。此外,该计划还开展了行人调查,总样本量为4 248人。调查中市民认为人行道的重点问题是:人非共板使步行受到干扰占56.5%,占道停车严重占48.2%,行人与非机动车间不隔离的占39.3%,人行道狭窄的占28.5%,摊档占26.3%,路面不平整的占24.8%,盲路不连续的占10.0%,无障碍设施不全的占8.8%。认为人行过街的重点问题如下:天桥和地下通道不够,不方便过马路占56.3%,缺少过街信号灯、等红绿灯时间长占38.5%,缺乏过街安全岛占37.4%,斑马线较少占33.8%,缺乏声音装置过街信号灯占27.2%,斑马线宽度不足占7.7%。

泰州市中心城区慢行交通系统规划中市民认为当下行人的交通问题有:缺少有关的管控占17%、没有秩序地过马路占25%,过马路有安全隐患占15%,受机动车干扰占13%,慢行设施被占用占19%,无障碍设施不完善占9%,骑车秩序乱占8%,缺少遮阳、座椅等占9%,步行设施不连续占2%。

在对张家港市杨舍市慢行交通规划中现有设施的调查中,统计了现有人行道的宽度与非机动车车道的隔离形式。人行道宽度为0.5~2.0 m占比35.7%,人行道宽度为2.0~3.5 m占比32.4%,人行道宽度为3.5~5.0 m占比7%。48.7%的道路人行道与非机动车道间有高差隔离,36.1%的道路人非共板,但采用不同的铺装区分道路,15.2%的道路人行道与非机动车道之间无高差、共板使用,但没有区分功能块。通过对交叉口设施的统计,发现主干路交叉口设施平均间距为 389 m,次干路交叉口设施平均间距为 331 m。通过对行人的调查反映出的主要问题如下:人行道和非机动车道没有分隔开来占 12%,人行道过于狭窄占 13%,大型交叉路口中间缺少了二次过街等待区占 4%,路口缺乏过街信号灯占 21%,过马路时间太短占 23%,非机动车道占用人行道占 20%。

对北京的调查显示,有较多市民并不满意步行环境。在行人交通设施方面,通过对无锡和张家港市的实地调查,发现人行道宽度明显不够,张家港市的实地调查也反映出人行横道间距太大。从北京、无锡、泰州、张家港等城市对行人的问询调查中得到总结,人们反映较多的是人行道宽度不够和人行横道间距的问题。此外还有一些设计中的问题,比如照明不够、无障碍设施、无过街安全岛等;一些管理中的问题,比如小汽车和非机动车不按照规定停放、摊点的占用道路经营等。

2) 自行车交通发展

(1) 拥有量持续增长

随着人类寿命的提高以及自行车类型、功能的简单化、多样化,自行车的适用年龄范围已经被扩大至 10~70 岁,平均每户拥有 2~3 辆自行车,自行车在家庭出行中成为至关重要的交通工具。

(2) 安全隐患突出

现有的道路规划设计对协调车辆交通非常重视,但却经常忽略为慢行交通出行者提供安全便捷的交通通道。过街基础设施布局不规范,人车产生严重冲突;缺乏过街安全设施,交通信号管控不当;道路慢行交通系统与之衔接不足;缺少慢行方式和公共交通换乘衔接等,易发生慢行安全问题。

➤ 当前驾驶员的整体素养相对较差,且道路安全相关法规缺少对车辆礼让行人的引导,礼让意识淡薄。

➤ 交叉口信号相位及配时未充分考虑慢行交通出行特征,慢行交通与机动车交通的冲突无法有效解决。

4.2.4.3 中小城市[218]

(1) 系统连续性

自行车或步行交通具有安全舒适性、环境友好性,是每次交通出行均不可缺少的,但是步行和自行车交通设施不连贯、步行和自行车交通设施被占用以及安全设备不足,经常造成步行或骑行期间产生阻碍或者安全隐患,集中表现在:

➤ 在旧城区,停车场严重缺乏车位,人行道及自行车道被别的车辆占用,严重影响了步行及骑行的舒适度和安全度。

➤ 摊点占用人行横道,严重影响交通流畅性。

➤ 缺乏单独的自行车道及道路规划,导致自行车出行不方便。

➤ 行人和骑行过街的安全性较低,应在较大的路口为行人二次过街布置行人过街安全岛,用于提供安全等待区域。

➤ 城市主干道缺乏绿化隔离带导致机动车与自行车等车辆产生混乱,严重影响交通路况并且存在安全隐患。

在道路上标明各自的车道名称以及划分车标线,使机动车道与自行车道隔离开来。

(2) 慢行交通在交通守法方面遵循度较低

我国对于步行以及骑自行车的行为缺乏明确规范以及理论上的培训,加上教育程度、交通安全宣传等方面的影响,使得慢行交通出行者理论知识匮乏、行为不规范,主要表现在以下几个方面:

➢ 不遵循交通信号灯、交通标线等指示通行。
➢ 使用慢行交通的人在道路口不遵守交通法规。
➢ 自行车不按照规定方向行驶,妨碍了本来顺行道路上的车辆及行人。
➢ 行人不走斑马线随意横穿马路。
➢ 行人与自行车位于同一道路,人车混行、机非混行,互相严重干扰。
➢ 电动车违规载客谋取利益。
➢ 在人力车上非法加装动力装置。

(3) 交通环境恶化,机非冲突严重

交通环境即为人、车、路互相影响、互相作用的环境,并具有静态性与动态性。城市交通机动化水平随着城市经济的增长而增加,同时也使交通拥挤问题变得日益突出。交通环境恶化主要体现在两方面:不同类型的交通工具功能差异较大,例如人车、机非混行抢道,导致道路使用效率减小;交通管理思想缺乏明确指导,城市交通整体发展策略有待进一步完善。

4.3 我国慢行交通保障体系框架

4.3.1 慢行交通系统构成

4.3.1.1 步行系统构成

步行系统是指采用步行方式能够连接各地点的网络或路径,在网络或路径上分布的各类交通设施以及环境。

(1) 步行网络与路径(见图 4-10)

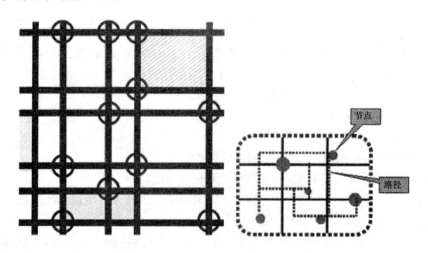

图 4-10 步行网络与路径

基于步行方式能够连接各地点的网络或路径。城市里的步行网络或路径大多数是以道路上构成的人行道为基础,仅有少部分的步行网络或路径是单独有的,是在相邻区域间以及用地区域内,并包含商业区和绿地内的步行路径。

(2)步行设施与环境(见图4-11、图4-12)

在步行网络或路径上分布或环绕的各类交通设施与环境。一方面为便于步行者的首要物质要素出现在步行网络和路径上;另一方面为围绕在步行空间周边的城市空间因素,即相关因素。

> 步行设施:人行道与步行道、特殊的连接地区——街角、交叉口和过街设施(平面过街、人行天桥、地下通道)等;
> 步行相关要素:道路与沿街界面、机动车道、绿化、沿街建筑、停车等;
> 步行环境:公共艺术品、人行道地面铺装、交通基础设施、夜间照明系统等。

图4-11 依托道路的人行道

图4-12 步行街

4.3.1.2 非机动车系统构成

非机动车交通系统主要包括非机动车、非机动车道路网以及非机动车停车设施。

(1)非机动车

非机动车主要包括:自行车、电动自行车、残疾人车、人力三轮车等。

(2)非机动车道路网

非机动车道路网主要是由独立设置的非机动车专用路(见图4-13)、城市道路两侧的非机动车道以及人非混行道路的三种道路共同构成的一个可以保障非机动车持续不断的交通网络。

> 非机动车通行的路保持与机动车道路严格隔离,除行人、骑自行车者外,其余使用者不得进入。在城市的繁华地区,通常没有专门的道路,主要用于为旅游区域和休闲区域服务。
> 路侧非机动车道是通过分隔或施划标线,在道路上为非机动车规定专用通行区域的设施。路侧非机动车道通常设置在非机动车流量较大,满足设置机非分隔条件的城市道路上,通常设置在道路左右两侧,单向通行。

- 人非混行路与非机动车专用路一样,是与机动车道路严格分离的路外设施。然而,人非混行路是对所有非机动化出行方式开放的,包括行人、滑板、轮椅、溜冰者等。与非机动车专用路类似,人非混行路是为区域服务以及为人们提供休闲出行的场所,在居住区、大学校园等限制机动车交通和停车的区域较为常见。

图 4-13 非机动车专用路

(3) 非机动车停车设施

非机动车停车设施的组成部分主要为配套的非机动车公共停车场(库)和沿街非机动车停车带(见图 4-14)。

图 4-14 非机动车停车带

4.3.2 慢行交通发展目标与评价指标体系

4.3.2.1 城市慢行交通系统服务职能

城市慢行交通系统的服务职能从广义上可分为四个层次:
- 为广大居民提供基础的交通出行服务;
- 为节能减排和节约型社会提供服务;
- 为城市交通系统提供服务;
- 为城市规划建设提供服务。

从狭义上来说,主要是给予广大居民交通出行基础服务,这也是慢行交通系统的核心任务。慢行交通系统的主要特点为全人群、全过程、全天候、全地域等。全人群是指全体市民，为慢行交通系统的服务对象，慢行交通系统应覆盖各个社会阶层、各个年龄段的城市居民，考虑到便捷性、舒适性、安全性、公平性等各个方面。全过程，即包括了独立的慢行出行方式和与其他交通方式的接驳服务。全天候，即要求无论是在日常出行的高峰期还是非高峰期，无论是正常通勤日还是节假日，无论是晴天还是雨雪天或是紧急状态等，城市的慢行交通系统都能为市民提供日常的交通出行服务。全地域，要求无论是在中心商务区、居住区，还是工业区，城市慢行交通系统都要保证提供达到基本服务水平的慢行交通设施。

4.3.2.2 我国城市慢行交通发展定位

1）特大城市、大城市慢行交通发展定位

城市交通发展的根本目的是为了解决现存的交通和环境有关的问题，有效降低因交通导致的环境污染，积极发展符合环境保护、健康、安全和效率的交通系统。以大城市和高机动化条件下的大城市为主体，以慢行交通为补充，建立多层次、多元化的综合交通体系。同时，有效地引导了"慢行＋公交"的出行方式，拓宽了公交服务范围，满足了日益增长的居民对健身、自行车、娱乐的需求。

特大城市、大城市的慢行交通系统的定位是辅助机动化交通，其主要功能为：(1)有效利用慢行交通的短距离优势，进行短距离直达服务，限制其长距离出行，调整相对合理的城市交通运输结构；(2)公共交通作为轨道交通等的接驳工具，对其覆盖面积进行扩大；(3)使居民健身和休闲需求得以满足，增加城市的活力，提高城市居民的生活品质。

2）中小城市慢行交通发展定位

中小城市作为国内城市体系的重要构成部分，其数量占建制市的80%以上，并且其城市面积用于推动慢行交通和公共交通出行发展具有积极意义。如今经济增长越来越快，居民的生活也越来越好，购买小汽车的能力及需求也越来越大，所以慢行交通或混合型交通的发展就显得尤为重要。

我国中小型城市与一线城市相比较，各方面都存在着很大的差异，交通系统的发展模式当然也不同。慢行交通作为国内大多中小型城市的普遍交通出行方式，其占比在有些城市可以达到80%以上。从地形上看，相比于丘陵与山地型，平原型慢行交通出行占比较高，步行与自行车出行相对平稳（如眉山、蚌埠），然而山地型慢行交通出行占比稍低，占比约50%。因此，慢行交通出行具有至关重要的地位，主要还是以步行为主要出行方式。

4.3.2.3 慢行交通发展目标

打造安全畅达、转换便捷、品质宜人的慢行交通系统，逐步建立以公交与慢行为主体的绿色出行模式，倡导低碳环保、活力健康的城市生活理念。

1）不同规模城市的慢行交通发展原则[213]

对于规模尺度较大的城市，尤其是已经完成轨道交通系统建设的城市而言，市民交通出行距离普遍较长，所以慢行交通极为重要，将成为解决公共交通接驳的"最后一公里"的重点目标；然而相对于中小城市，慢行交通特别是自行车交通往往与公共交通是竞争关系，若自行车出行距离在能够接受里程内，则可以仿照阿姆斯特丹交通出行模式，把自行车设置为主导型的出行方式；而对于具有自然环境和生态的城市而言，可以积极推动慢行交通发展，促使其成为休闲和健身等活动的重要载体。差异化的功能定位将直接影响到不同城市慢行交通发展战略目标的制定。

(1) 公平

每个居民在生活中都或多或少使用过慢行交通,所以,为了交通道路的通畅,需保证慢行者有他们该有的路权,特别是住宅区还有学校周边等区域,这样才能保障交通的可持续发展。另外,慢行交通的公正平等是慢行者安全的重要保障。

(2) 安全

行人、骑行者通常在交通事故中处于弱势地位,所以需要重点保护。保证步行和自行车交通路权不受挤压、侵占,增强居民交通安全意识,加强道路安全建设,通过车辆性能提升可有效减轻交通事故的严重性,从而保护出行者的人身安全。

(3) 可达

慢行交通的空间应该保持连续性,使市民的通勤通学、生活娱乐、购物休憩、文化旅游等休闲娱乐功能需求得以满足。

(4) 友好

为自行车出行与步行出行提供优良的路面、照明、遮阳以及配套服务等基础设施,促进骑行和步行的人文环境的改善。避免汽车尾气和噪音干扰,努力改善骑行与步行的周边环境,优化交通结构,落实低碳生态理念,营造出健康优美的出行环境。

(5) 便捷

步行道与自行车道网络应该与居住、工作、商业、休憩、教学、社会保障、客运枢纽等日常生活空间节点相联系,缩短绕行距离和停车后步行距离,减少出行时耗,方便居民到达目的地。同时,步行交通设施与自行车交通设施应该方便市民使用,降低其时间与体力消耗以及减少出行交通费用。

2) 慢行交通保障体系构建目标

(1) 健全的政策法规体系

全面梳理现行交通法规政策体系,增添保障慢行交通的相关内容,对无法满足或者忽略慢行交通发展的应该进行必要的调整与修订。加快满足地方特点的实施细则与地方性法律法规的制定,同时出台对应的配套策略与规范性行业制度,加强各项法律法规的实施性和操作性。通过对慢行交通法律法规体系的不断完善,为促进国家慢行交通的发展创造合理性和规范性的法制环境。

(2) 科学的规划技术体系

在我国城市规划体系框架下,为推进和落实慢行交通发展,各层次、各类规划的编制都应树立"慢行友好"的规划理念,明确各规划中应完成的慢行交通相关的内容,协调各规划阶段慢行交通相关内容的落地和实施。制定科学的技术规范和标准体系,为各地落实慢行交通发展提供完备的技术指引。

(3) 完善的安全保障体系

慢行交通的出行安全是慢行交通出行者最为关注的内容,也是城市慢行交通出行比例的一个重要影响因素。切实保障慢行交通出行安全应从慢行空间的保障、慢行设施的设计、交叉口冲突管理等多个方面入手,涉及政策法规、规划技术、服务管理等多方面内容。因此,应将保障慢行交通安全作为保障体系构建的一个核心理念,指导各项工作内容的开展。

（4）人性化的管理服务体系

管理服务体系的构建是为了在更大程度上发挥已建成的人行道、停车场等慢行交通硬件设施的作用，规范设施使用方法的同时提升设施利用效率。慢行交通的管理服务体系主要包括对出行者、出行工具、出行设施等基本内容的管理和组织。城市慢行交通系统的软环境建设应当围绕如何更好地吸引城市居民使用慢行交通方式出行，并以提供合理可靠的慢行交通出行服务为核心要求。

4.3.2.4 慢行交通发展评价指标体系

慢行系统发展指标的选择与确定一方面要遵照国家部委、省市相关规范标准的要求，另一方面必须协调城市总体规划、综合交通规划等上位规划所明确的城市交通发展目标、战略部署与步行出行、自行车出行的交通发展需求相适应。具体慢行交通发展指标如表4-7所示。

表4-7　慢行交通发展指标

类型	相关指标	大城市指标要求	中小城市指标要求	指标类型
出行方式	慢行交通出行分担率	≥50%	≥60%	分区引导
慢行网络	日常性自行车道网密度	≥7 km/km²	自行车主通道网络密度≥2 km/km²，自行车集散道密度≥5 km/km²	控制
	步行道网密度	分类控制	分类控制	分区引导
交通设施	公共自行车150 m覆盖率			分区引导
	无障碍设施	主次干道无障碍设施设置率≥90%	—	控制
安全	路段机动车道与自行车道之间物理隔离设施设置率	自行车主通道≥100%红线不小于24 m自行车集散道≥70%	主干道100%，次干道≥70%	控制
环境	自行车主通道的遮阳率	≥85%	≥80%	控制
	城市道路绿地达标率	≥80%	≥80%	控制
	标识设置率	自行车通道标识设置率100%	核心区自行车通道标识设置率100%	控制

➤ 指标1：慢行交通出行分担率(%)

指标内涵：即为步行和自行车交通出行的总人次与城市出行总人次的比值。为了对慢行交通出行的差异性进行进一步体现，可将慢行交通出行比例进行区域细致划分。

计算方法：慢行交通出行分担率＝[步行交通出行人次＋自行车交通出行人次(万人)]÷城市出行总人次(万人)×100%

➤ 指标2：日常性自行车道网密度、步行道网密度(km/km²)

指标内涵：指日常性自行车道、步行道的网络密度。日常性自行车道网主要类型包括支路以上道路、自行车专用路及由街巷、小区内部形成的公共自行车道；步行道网包括各级城市道路、步行街及由街巷、小区内部形成的公共步行路径。

计算方法：日常性自行车道网密度＝建成区内日常性自行车道长度(km)÷建成区面积(km^2)

步行道网密度＝建成区内日常性步行道长度(km)÷建成区面积(km^2)

分布在道路两侧的人行道和自行车道的长度按照所在道路的中心线长度进行计算；其他步行和自行车专用道路按实际里程计算。

➢ 指标3：公共自行车租赁点服务覆盖率

指标内涵：即为已建成区域内的公共自行车服务范围与建成区总面积之比。服务的范围是以公共自行车起始点为圆心、取特定长度为半径的圆，相交部分仅计算一次。

计算方法：公共自行车覆盖率＝建成区内公共交通站点服务面积(hm^2)÷建成区面积(hm^2)×100%

➢ 指标4：无障碍设施

指标内涵：无障碍设施出发点是以人为本，是衡量一个地方慢行出行品质的重要组成部分。

➢ 指标5：路段机动车道与自行车道之间物理隔离设施设置率(%)

指标内涵：指设置物理隔离设施的道路路段占道路总路段的百分比。机动车道和自行车道之间物理隔离设施包括护栏隔离、绿化隔离、立桩隔离、高差隔离。

计算方法：路段机动车道与自行车道之间物理隔离设施设置率＝规划范围内设置物理隔离设施的道路路段长度(km)÷道路路段总长度(km)，因沿线单位出入口、路段过街等必须开放的道路路段不计入统计范围。

➢ 指标6：林荫路推广率(%)

指标内涵：即为城市达到林荫路标准的人行道、自行车道长度与人行道、自行车道总长度的比例。林荫路是指绿化覆盖率大于90%的人行道和自行车道。

计算方法：林荫路推广率＝达到林荫路标准的人行道、自行车道长度(km)÷人行道、自行车道总长度(km)×100%。

➢ 指标7：城市道路绿地达标率(%)

指标内涵：即为绿地率达标的城市道路长度与城市道路总长度的比例。城市道路绿地达标率是指园林景观路绿地率达到40%以上；红线宽度超过50 m的道路绿地率达到30%以上；红线宽度在40～50 m间的道路绿地率达到25%以上；红线宽度小于40 m的道路绿地率达到20%以上。

计算方法：城市道路绿地达标率＝绿地率达标的城市道路长度(km)÷城市道路总长度(km)×100%。

4.3.3 慢行交通保障体系系统框架

4.3.3.1 慢行交通发展效果影响机理

1) 政策法规[213]

目前我国城市交通政策的制定，主体大多还是机动车和公交，只有少数政策是专门为慢行交通制定的。机动车的发展是越来越快，但对慢行交通出行权益的保障却远远不足。城市发展规划基本都以车为本，为了使机动车更加快捷方便，道路宽度一再扩大，人行车道的宽度严重受到挤压,这严重忽略了使用慢行交通的人应有的权益,所以出现了非机动车行驶在机动车道等问题。

  2) 技术支持

  目前,我国城市建设的慢行交通系统通常都具有系统性差以及连续性差等缺点,无法和其他交通系统进行完美衔接,其必要的缓冲功能缺乏,主要体现为:公共交通与慢行交通之间的衔接与换乘不流畅的问题;交通换乘站点周围存在较大的人群流动,对其疏散难以进行;缺少基本的停车设施;步行、非机动车以及机动车等交通互相干扰。

  3) 工程建设

  慢行交通的路权被分配的量很少,虽然仅有部分人开车但使用了大部分的道路资源,然而骑车与步行的居民占绝大部分但只占据了少部分道路资源,不管是城市干路或者是其支路,一旦慢行交通出行者和机动车产生冲突,往往是前者做出让步与牺牲。

  工程师想出解决道路拥堵的方法对机动车更为有利,并没有保障使用慢行交通的人的权益。比如交通信号灯的调整、交叉口进口扩大、支路开口封闭等,这些都是对机动车有利的办法,长此以往容易增加行人的麻烦,导致一些违规行为最终演变为交通事故增多。

  我国慢行交通系统只看重局部节点建设,未对慢行交通的连贯性以及与附近建筑物的全方位关系进行充分考虑,比如风景旅游区、城市中心商业区以及有关的慢行基础设施(地下通道、行人天桥)等;立体的慢行过街设施大大增加了行人过街的麻烦。大部分城市道路只修建车行道,即使部分城市道路修建人行道,但是道路质量相对较差。此外,由于人行道经常挖掘,养护也不到位等种种原因,导致人行道的功能越来越差并且存在严重的安全隐患。

  4) 资金投入

  大力发展城市慢行交通系统离不开人力、财力等方面的共同支撑,同时也是促进社会服务事业产业化的必要基础。

  针对非营利性组织,在财税金融方面可以选取的重点政策措施包括:开展专项基金保证银行贷款的实行;设立其他基金用于补助;建设政策性银行,专为事业发展提供服务;拓展长期无息、低息贷款渠道;为建设主体提供免税债券;推动地方政府发行公债;推行购买彩票。另外,非营利性组织要想独立运作少不了慈善捐助和志愿者。同时,广泛的绿色出行公益宣传能够帮助全体公民树立良好的意识和建立道德理念。一方面,不仅需要结合《公民道德建设实施纲要》,培养公民正确的意识与良好的习惯;另一方面,需要完善有鼓励性质和捐助类的政策。建设城市慢行交通系统是必要的改革和发展,也是建设社会主义生态系统的必要条件。

  5) 管理服务

  由于缺乏管理导致了人行道、自行车道上的车辆滞留造成一定混乱,不仅影响城市美观也阻碍了道路的畅通。如今,有的机动车道与非机动车道只用标线隔离,所以时常会出现人车混行或者自行车与汽车混行等情况。有的小区还没有建设专门的自行车存放处,居民使用完自行车都放在自家门口楼道附近,影响了楼道的步行空间。商业街区对机动车停车场一再扩建,但缩小的是自行车的摆放位置,有的甚至禁止自行车停放。由于自行车的停车区不断减小,造成自行车乱停乱放现象屡禁不止,也间接增大了失窃概率。

4.3.3.2 慢行交通保障体系框架

慢行交通发展具有全面性和系统性,主要涉及规划设计、建设、运营、管理等方方面面,政府、企业、公众都有各自的责任和义务。如何完善而平衡地确定各方在保障慢行交通的过程中所承担的角色和任务,确保各方通力协作共同发展,是慢行交通保障体系构建过程中最为重要也是亟待解决的关键问题。研究应从慢行交通系统规划建设到管理服务的保障体系和技术政策体系,其成果可以全面地为政府决策提供依据,为地方推进慢行交通的完善与发展提供有力保障[213]。

目前国内各城市的慢行交通发展多停留在实践经验借鉴和探索阶段,完善的保障体系及社会共识尚未建立。实践工程中有许多优秀示范项目,但经验未得到大规模推广。我国应结合城市与交通发展现状,切实完善相应政策特别是法律法规,为各项保障措施打好基础,着力关注基础慢行设施的建设和慢行权益的保障。在资金筹措测算、管理制度上都应进行系统研究,确保工程建设前期的顺利进行和后期的维护管理。应在整体上构建体系完备、内容翔实的慢行交通保障体系,协同全社会的力量共同发展我国慢行交通事业[213]。

我国的基本方针是依法治国,构建慢行交通保障体系应首先构筑完善的法规保障;在明确上层法规的保障后,应制定在规划、建设及管理各阶段对应的、具体能够落实的相关政策,确定城市交通系统中的慢行交通的作用与地位,促进慢行交通和谐、健康发展;各类保障措施之间的关系如图 4-15 所示。

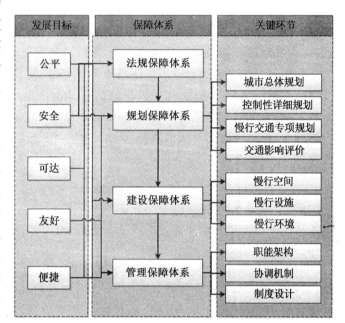

图 4-15 慢行交通保障体系框架

4.4 不同层面的慢行交通保障体系

4.4.1 法规保障体系

4.4.1.1 保障慢行交通基本权益的交通法规体系

1) 法规保障目的

在我国,慢行交通的发展在 21 世纪初才逐渐得到重视和重新认识。实践表明,当前我国慢行交通不仅存在思想或理念层面相对落后的问题,而且存在投入能力不足和行动效率缓慢的缺点。慢行交通的发展涉及广泛的具体问题,不仅涉及基础设施建设的投资,也涉及体制机制的优化和创新,在这个过程当中,人为的促进并不能取代法规政策的保障。因此,要从法律法规上保障慢行交通的发展,使发展慢行交通的相关具体要求得到良好的落实。

2) 法规保障原则

保障慢行交通这是一项对所有人都有益的工作,在起草相关法律条文时,宗旨的实现直接取决于所追求的目的的性质和执行的精神。为确保慢行交通朝着正确的方向发展,慢行交通法规保障应坚持以下原则:

(1) 协调统一原则

鉴于我国的法律规范具有多个层次且有不同的效力层次,要注重法律法规的统筹统一,而不仅仅是上下级法律法规的统筹统一,各立法机关也要迅速精准地把握由于客观条件变化造成的立法滞后,及时有效地进行立法、改变和废除对应的法律规范,使之与客观情况相适应。

(2) 社会公平原则

保障公民的基本出行权,为全社会各阶层、存在收入差距的人群提供公平的出行机会,是慢行交通事业的基本宗旨。因此,慢行交通发展保障的相关法律法规应把社会公平原则凸显出来。两个方面能够体现其内涵:①代内公平。要兼顾不同地区、不同阶层的需求,特别是要照顾弱势群体的出行需求,确保每个合法居民享有公平的出行权利。谋求共同发展是慢行交通的发展要求,而且不仅仅满足于此还应该反对单一化、推崇多样化发展。②代际公平。通过强调慢行交通的发展进程,推动绿色出行,保护自然环境,维护环境质量,让未来的世代能享受与现在世代相当的地球品质[213]。

(3) 公众参与原则

为了使"以人为本""为百姓服务"能在慢行交通发展中得到真正实现,遵循公众参与的原则是慢行交通发展的相关法律法规必须遵循的要求,而且需保持法律法规的民主性。广泛采纳公众参与的内容,从而形成一个综合的、相互协调的、连续的项目规划过程,吸引充足的民众眼球使之和相关利益部门共同参与。

3) 制定法规时应考虑的因素

如何平衡考虑道路交通系统各部分的使用者,特别是维护弱势道路使用者的出行权利,是当今执政者和公众在城市汽车化场景下应面临的问题。慢行交通能改善如今的污染环境、提高出行可靠性、增加区域关联度、强化国民健康水平、增强就业率等,这些均是机动车交通无法拥有的优势。根据世界卫生组织的数据统计记录,慢行出行者在道路交通中遭遇危险事件主要存在几个方面原因:第一,与道路设计规划相关的危险因素,例如,道路经过居民区,学校周围道路上车水马龙,慢行者与车辆之间的冲突就会加剧、慢行交通和快速交通之间无隔离等;第二,道路设计过程中缺乏醒目的设施,如缺少标志与信号直接影响慢行出行者的权利;第三,车辆设计不规范,间接导致行人的受害风险增加,如车轮轴距设计不当就会导致行人或骑行者被撞后卷入车辆底部受伤;第四,慢行者自己的原因,如喝酒、过马路前不顾路况等因素[219]。这些统计,为今后相关法律条例的修缮起到重要的参考作用。

基于有可能致使这些行人权利受损的情况分析,本课题在设计保障慢行出行权益的法律法规体系时考虑到下列因素:

(1) 提高公众参与度

尽管规划法律和条例可能会限制地方规划的变化,但公众参与也是一个重要的联系。为了确保平衡地看待不同的利益群体,并使面临风险的弱势道路使用者能够得到更多的照顾,参与听证的群体应当多样化。在城市规划中分配道路使用权需要充分考虑慢行乘客的利益。只有在规划和立法时充分考虑慢行乘客的利益,才能使随后的城市建设更好地保护慢行乘客的权利[207]。

(2) 明确慢行出行者权利优先原则

应保障慢行出行者权利优先的原则,尤其在慢行出行者的权利与车辆的权利发生冲突时。这点在我国的《道路交通安全法》中已经明确,然而在实践中,为了取得更好的结果,不同制度之间的协调必不可少。例如,1995年初,国家标准《城市道路交通规划设计规范》(GB 50220—95)对人行道的设计规格提出了明确要求。然而,在建设城市的过程中,人行道的建造要求没有得到严格遵守,为了给汽车的发展腾出空间,人行道第一个受到挤压[207]。

(3) 保障弱势群体的出行权利

步行者大致分为普通的步行者、残疾人和年老体弱者。法律在对步行者提供保护的同时也应当充分考虑到步行者的类型,为残疾人士,例如有视觉、听觉及行动障碍的人士,提供无障碍设施,包括道路设计上的考虑、公共交通设计上的考虑[207]。

(4) 规范车辆设计标准

行人的权利必须在车辆设计规格中加以考虑,必须按照上文提到的欧盟关于车辆设计的明确指令和要求规范设计,以确保车辆内人员和车辆外人员的安全。但交通事故的现实情况是,车外的人,特别是行人,比车内的人更容易受伤。这一结论源于世界卫生组织的统计数据。在我国,机动车驾驶员与交通弱者(行人、乘客、骑自行车人)的死亡之比是1:3[220],比欧美国家还要高,因而在车辆设计规范中必须强调保障步行者安全,明确车辆上路应达到车人碰撞防护的强制标准。然而,根据相关科学家[220]对中国与欧洲国家行人碰撞防护标准的比较,不难发现,欧洲保护标准(草案)要求远远高于我国行人碰撞防护标准。

4.4.1.2 保障行人交通安全

1) 严格遵照相关法规进行步行系统安全设施的建设

改善慢行交通安全设施是确保行人交通安全的第一步,其中主要包括行人过街安全设施。通过道路交通警示灯、道路交通标志等设施能够明确指示行人在规定的慢行空间行走,与此同时,车辆被禁止进入慢车道,或者车辆的速度受到限制,从而保障行人的安全。目前城市建设中并未严格遵照相关规定执行对人行道安全设施的建设,如缺乏明确的标志或信号等。应当在法律法规上保障慢行交通基础安全性设施的落地,要求相关部门遵照法规进行慢行系统安全设施的建设[213]。

2) 出台专门针对行人的慢行交通专门保护措施的法律规定

在大多数交通事故中,行人属于风险相对较高的群体,没有安全保护设施,受伤风险也较高。应颁布关于对行人慢行交通采取特别保护措施的法律和条例,同时加强对挤占行人空间行为的处罚力度,以此保障步行者的出行权利及安全。建立一个慢行交通管理系统,以更好地进行城市慢行交通的执行工作。建议城市管理部门采用传统的"以罚代管"方法,并根据具体情况建立违规者的信用记录。在交通管理方法方面有许多创新,同时也可以与其他发展中国家的管理战略相结合,以顾及其中的实质内容[213]。

3)加大对弱势出行群体的保护力度

在我国,交通弱势群体大约占据全国总人数的11%~14%,而目前行人中弱势群体在交通出行时面对的问题困难重重,主要因为无论是在交通法律法规中,还是交通基础设施的建设与规划、交通工具的设计制造等方面,都没有重视他们的需求。在《道路交通安全法》中有明确提出"以人为本、公平便民"的交通管理原则,强调对老幼病残等弱势群体在步行交通中的特殊关照,然而它并不系统,仅是立法层面,缺乏足够的支持。由于缺乏专门的无障碍建设法律法规,其环境建设受到严重阻碍。只有从法律层面,按照立法程序,制定出具有针对性的无障碍建设法规,以此满足交通弱势群体的特殊需求。因此,有必要对违法行为进行法律规制和调查,以确保无障碍环境建设的有效实施[213]。

4)加大教育宣传力度,规范行人出行行为

行人的不安全行为是引发慢行交通事故的原因之一,行人引发的交通事故主要是由于行人的不让行、乱闯红灯、违反交通规则等原因造成的。必须从强有力的政治宣传、发布安全指南、引导群众遵守交通规则出发,同时引导群众走上健康的出行道路,为行人提供真正安全的空间。为公民提供终生安全教育的理念是下一个发展方向。根据我国国情,制定相应的交通安全教育发展计划。高等安全教育部的外国经验是一个参考模式。应特别关注中小学学生的基本安全教育,以确保国民持续接受安全教育,这将提高我国道路安全质量,促进交通文明的发展[221]。

4.4.1.3 规范非机动车出行行为[213]

1)加强对非机动车出行群体的法规保护

需要尽早颁发关于非机动车人群的保护措施。美国、丹麦、瑞典、新西兰、加拿大等国家制定了强制性法规,明确规定青少年骑行时必须佩戴适当的头盔。在《美国公路安全保险研究的报告》中明确指出:1999年,因未佩戴头盔死亡人数占据骑行死亡总人数的98%,在车祸中戴头盔的人头部严重受伤的风险降低了85%。

2)建立健全电动自行车的市场准入制度

国家质量高新技术产品监督管理部门在不断加强对消费性产品和企业市场监管执法力度的需要的同时,还迫切需要与地方公共安全机构、商业管理机构、环境保护机构和其他有关当局合作,编制和出版一份经国家批准的与电动三轮汽车有关的产品目录,以便在管辖行政区内进行工商登记。逐一审查选择一批进入当地汽车市场的电动公共自行车生产品牌,严格管控,提高这些合格汽车品牌的市场公众度和认知度,优胜劣汰,驱逐不合格品牌,让广大群众在选择和购买电动自行车时能够有确切的市场参考点和依据。没有列入自行车目录的品牌不能通过当地交通管制处的注册。如果在路上行驶,则为非法,要认真检查处理,严格监控管理,不断减少超标车辆的栖息地,有效促进在路上行驶的电动自行车整体安全质量管理水平。

3)实行非机动车驾驶准驾培训管理制度

非机动车辆的大多数消费者都是中低收入群体,文化素质较低,安全意识较差,缺乏对交通法规的了解,法制观念较弱,他们中的一些人甚至不知道红绿灯的基本含义。此外,不同年龄段的用户对电动自行车的驾驭能力也不同,在骑行中,应急能力有限。建议参考机动车驾驶员管理程序,并为非机动车辆驾驶员实施驾驶培训管理系统,每一位非机动车驾驶人需经过法律知识培训学习和专业技术人员必要的操作技能的培训,确保每位上路的非机动车驾驶人不但具备对应的驾驶技能,还应掌握基本的相关常识性的公共交通安全的法律法规和安全防护知识,这有助于改善所有交通参与者的交通总的法律概念,并提高城市文明驾驶能力和交通安全意识。为正确预防和有效减少电动自行车发生交通安全违法行为,可通过违法记分制度,增加日常出行中非机动车驾驶人的交通违法成本。

4) 加大对非机动车违法行为的查处力度

交管部门需通过强而有力的管理措施规范和管理非机动车的行车秩序。因为一方面,频繁发生的非机动车交通违法行为会降低通行效率,道路通行秩序也会因此而受到破坏。另一方面,公共交通安全也会受到影响。在交叉口,随意横穿道路、占用机动车道、逆向行驶等非机动车违法行为不仅范围分布分散而且数量惊人。而民警单独进行交通执法,很难发挥明显成效,所以建议交管部门通过多种措施扭转非机动车辆秩序,并建立对应的长效管理机制来管理非机动车交通违法行为。一是开展交通专项整治行动,集中当地优势警力部队,加强主要道路上的执法,提高违法纠正率;二是运用先进的交通科技管控管理手段,非现场查处,通过路面视频监控技术,摄像取证非机动车违法行为,扩大道路管理和控制范围,以确保有效调查和惩罚交通违规行为。

4.4.1.4 配套政策

1) 政策体系框架[213]

根据政策目标的不同,执行水平、角色、政策的有效性和其他因素,将发展慢行交通的政策分为三类:强制性政策、激励性政策和鼓励性政策,如图 4-16 所示。各类政策对应的慢行交通发展的具体要求可进一步细化分项,从而形成慢行交通发展的政策体系框架。

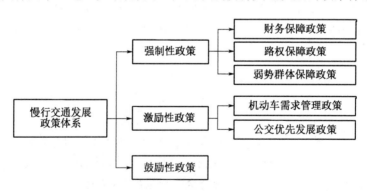

图 4-16 慢行交通发展政策体系框架

(1) 强制性政策

强制性政策包括两个方面:一是法律政策规定,以保护在法律层面确定的慢行交通发展;二是发展慢行交通不可或缺的基础性政策措施。对于不落实甚至违背强制性政策的相关责任主体,应从法律或行政层面追究其责任。

① 财务保障政策

慢行交通作为政府公共事业的一部分,离不开政府在财政资金上的投入。作为慢行交通设施的规划、建设和管理的主体部门,政府应在财政预算制定和审批的过程中,通过法规政策等方式保障慢行交通的发展。

② 路权保障政策

路权保障是在城市道路资源分配中对慢行交通出行权益最直观的保障,体现了慢行交通在公共资源分配中的重要地位,以及道路交通管理中"以人为本"的价值取向。慢行交通路权保障是在基础设施层面给予慢行交通发展最基本的保障,因此也应作为强制性政策之一。

③ 弱势群体保障政策

慢行交通的发展成果应实现全民共享,体现其公益性和全民性。在当前我国慢行交通发展水平参差不齐、社会贫富差距客观存在的国情下,具有重要的现实意义。弱势群体的保障政策是慢行交通公益性的集中体现,应充分给予重视,以凸显慢行交通的本质和服务宗旨。

(2) 激励性政策

激励性政策主要从慢行交通发展的内部机制和外部因素入手,构建有利于慢行交通发展的良性环境。激励性政策作用明显,是当前我国慢行交通发展中应积极实施和主动探索的,是实现慢行交通发展目标极其重要的动力之一。

① 机动车需求管理政策

交通系统包含了多个子系统,慢行交通只是其中的一个组成部分。根据国内外各大城市的交通规律和多年累积的经验,要实现慢行交通的良性发展,必须系统整合城市交通的各种方式,对城市居民出行结构进行调整和优化。作为方式转移链上重要的环节,尤其应在小汽车交通的需求管理上予以重视,采取务实高效的交通需求管理政策,限制小汽车的无限扩张和自由使用,创造慢行交通的良好出行环境,吸引更多慢行出行。

② 公交优先发展政策

优先发展公共交通已成为我国全社会的共识,每个城市都将公交优先作为发展城市交通的一项基本战略。慢行作为良好的公共交通接驳方式,特别是在大城市、特大城市,能够协助发挥公共交通缓解拥堵、促进居民健康出行的作用。因此应以公交优先战略和政策为依托,来制定慢行交通相关的激励性政策。

(3) 鼓励性政策

鼓励性政策具有较大的灵活性,同时涵盖的内容也更广,应将慢行交通发展的众多相关要素或条件纳入政策保障的范畴,促进政策保障的多样化,形成慢行交通发展合力。鼓励性政策是应积极倡导的发展慢行交通的措施或方法。这些措施或方法可与不同城市、不同区域和不同阶段发展慢行交通的要求相结合,以便做出有针对性的选择,合理地通过和有条不紊地执行这些选择。

2) 机动车需求管理政策

机动车需求管理(Transportation Demand Management,简称 TDM)作为提高运输系统业务效率的一种方法,1970年代在一些资源相对有限的国家或地区进行了研究和应用。这些国家或地区的试点效果比较显著,如新加坡和中国香港,它们采取了一些具体措施。许多发达国家对大规模降低道路交通收费进行了研究,并正在采用这些措施。然而,拥有大量土地和资源的富国和发达国家一般都期望政府通过建立大量运输基础设施来满足当地人口的运输需求。因此,关于机动车辆需求的研究被推迟。很长一段时间以来,机动车辆需求和相关管理政策一直没有得到政府和相关部门的重视。直到20世纪80年代末,可持续发展理论才得到广泛认可,人们认识到现有资源无法满足人类的无限需求,并建立了机动车辆需求管理模式。在接受了"道路建设不能完全解决交通堵塞"的观点之后,美国交通工程师对车辆需求管理战略和法律进行了研究,同时在多个国家进行了实验。20世纪90年代,机动车需求管理开始成为美国运输专家的主流思想。在同一时期,日本和澳大利亚等发达国家也开始积极研究城市机动车总需求管理问题。这两个国家的研究主要是为了减少交通拥堵和改善环境质量[222]。

(1) 机动车需求管理机制[223]

依据机动车需求管理,机动车需求管理大概分为四个层次。

① 城市总体战略规划层

城市总体战略规划的总体目标是解决交通问题,属于最高级别。实施城市发展规划,明确功能定位,准确评价交通需求结构和数量,对此进行正确的引导,精准把握,有效处理运输与城市发展之间的关系,并制定一项满足未来发展需要的运输发展战略计划。

② 城市总体规划层

城市总体规划层属于基础层次,包括土地使用方式、功能区划分、人口分布、工作分配、交通规划、吸引、分配、积累强度、城市交通流量和主要交通流量。

③ 城市综合交通规划层

城市综合交通规划层属于关键层次,主要是专业规划和实施,包括城市道路网络、交通枢纽场站、港口的规划安排以及对外交通干线规划等,建设符合城市发展,满足居民需求的客运枢纽和物流中心,让居民出行选取更合适的出行方式,通过基础设施增强公共交通吸引力。作为平衡实现需求与供给的主力军,解决城市交通问题重要的一个阶段是综合交通规划层。

④ 交通监控、组织管理层

交通监控、组织管理层作为机动车需求管理的终端层次,是交通安全畅通的最终保障。通过车辆使用管理、指导公共交通出行、统一交通流的时间分布,在调整交通发生的时间和空间的基础上建立现有布局改善秩序,提高交通运行质量和道路容量,从而实现人员和车辆的分流。

(2) 机动车需求管理的政策分区策略

① 区域差别化出行控制

A. (货车)区域禁行

区域禁行是指对某一车辆进入的限制,可以表现为在一定时间内限制某一车辆进入中心区域或拥堵路段。通过对货运汽车进行主城区入城管制,可以限制货车进入城市的时间和区域范围。一般原则是:执行夜间货物运输原则;利用内环路为货运站预订通道;遵守特殊车辆路线和固定时间原则。白天严格控制主要城市地区的总货运量,以使交通流量达到平衡并减少交通堵塞[221]。

B. 区域差别控制

主城核心区存在土地面积短缺、道路可承受的容量小、工作密度高、交通需求大等特点,所以通过车牌政策严格限量管控私家车拥有量,鼓励市民采用公共交通出行,这样可以有效缓解交通压力；与之对应的核心区周边区域，具有外围地区用地空间大、道路设施较为完善等特点，可适当鼓励私家车的使用。一旦外围区的交通趋于饱和，也执行同样的政策，限制私家车的使用。

② 差别化停车需求政策[224]

A. 差别化停车供给

通过对停车供给的调控可以有效缓解城市交通压力。部分城市新开发的楼宇的最高泊位分配标准将会限制泊位供应，而先前的最低泊位分配标准则会被调低或取消。还有一些城市正在减少地铁，并根据公共交通覆盖率等指标合并周围的公交站点和停车场。例如，蒙哥马利市将轨道交通站周围建筑物的最低建筑标准降低了20%。新加坡对不同地区的商业设施和办公楼以及不同级别的公共交通进行了不同的标准测试。CBD写字楼的停车位配建标准仅为0.2泊位/100 m^2。

B. 差别化停车收费

停车需求控制适用于不同的停车收费，停车收费因地点、时间、公路、路况和停车时间而异。东京和香港中央商务区的停车费要比居民区高得多，而新加坡和伦敦高峰时段的停车费要高于其他时段。在法国的斯特拉斯堡，在市中心的道路上停车是最昂贵的。欧洲城市如苏黎世、安特卫普等城市采取渐进收费计划，以限制长时停车。

C. 差别化停车管理

路内停车的四种管理方式分别是：限制停车对象和停车时间、限制停车时长、禁止在路上停车、计时收费。许多城市都加强了公路停车执法管理。例如，日本和中国香港将实行高额罚款、记分和拖车，并对超时、违规停车等违法行为进行严厉处罚；阿姆斯特丹等城市在停车管理和执法中使用车牌识别技术和移动执法车辆，提高了违法检查的效率。

3) 公交优先发展政策

维护公共交通优先权有助于缓解道路交通压力，建立以公共交通为基础的运输模式为发展慢行交通提供了有利环境，体现了交通出行的社会公平性。因此公交优先政策是实现慢行交通发展目标极其重要的动力之一。

公共交通优先发展是指一个城市的客运主要依赖于一个大规模、快速和以其他交通方式补充的公共交通系统的交通运输方式。广义而言，公共交通优先发展政策可指有助于发展公共交通的所有政策和措施，涵盖城市规划、投资力度、税收政策、交通管理和技术进步等许多方面，预期将为公民提供一个快速、舒适、经济和安全的交通环境。其含义一般包括三个方面：①公共交通发展在总体交通政策中被列为优先地位，提供政策支持和经济支持；②在城市规划和建设中，制定公共交通的优先次序；③在交通资源的应用和管理中，确立公共交通的优先次序[225]。其体现了公共交通优先在保障城市可持续发展中的重要性，体现了社会公平、经济合理性、节约道路资源、节约能源、公共交通导向城市土地利用和开发等。

（1）规划优先[226]

公交优先政策下的城市公共交通发展规划原则强调指导紧凑集约发展，提高土地利用效率；公交应适应土地用途的性质和密度。以公交为引导保护生态环境、节约资源、节能减排。

根据规划原则，强调城市发展与支持公共交通密不可分；指导公共交通空间规划和土地开发；适应不同的公共交通区域；适应混合土地使用功能并减少交通拥堵。

在规划中,我们应当着重研究城市公共交通建设给城市功能分类和规模扩张带来的影响,研究公共交通枢纽场站布局、车辆投放量、车辆运行线路等的变化与城市空间功能调整的关系,以及加强对公共交通走廊建设的相关研究等。

城市空间规划应反映城市空间布局、公共交通系统的总体规划、城市公交枢纽场站的分布、公共交通运营线路安排等,以确保规划的总体协调、规划的合理性和实施的可行性。

(2) 政策优先

① 完善公交优先的法律体系

根据我国目前的城市公共交通状况,充分了解城市公共交通状况,学习国外城市公共交通立法的经验,加快和改善城市公共交通系统,并明确城市公共交通在城市交通中的状况。

② 建立科学的财政补贴和投资政策

向公共交通方向投资倾斜。投资分为两类:生产性投资和补贴性投资。补贴性投资必须以法律和法规的形式为政策损失确定一定数量的支持;生产性投资是为了确保公共交通机构的基本运行条件,改善交通和运输服务,加快城市公共交通的发展。

扩大政府投融资渠道,增加政府投资,在城市公共交通建设方面,重点是在建设城市公共交通场站和购买车辆等方面加大银行信贷投放力度。在项目推进方面,银行必须优先考虑有利于加大公共交通车辆投放和运行类项目的信贷安排,并确保资金的及时到位。

③ 采取扶持性的政策

A. 推进建立以公交为导向(TOD)的城市空间形态结构

TOD开发模式使用大容量公共汽车线路支持城市的中心发展,并通过混合开发和有效使用公共汽车站周围的土地,实现了土地大规模、高效的扩张,以及绿色和公平的居住出行模式。

a. 强化各阶段规划审查制度,确保公共交通指引城市发展战略的实施。

b. 通过"容积率奖励"政策,增加公共交通站点直接服务人口和就业数量。鼓励开发商通过容积率激励投资公共设施,让商业住宅与基础设施协调发展,井然有序地高密度开发,为大众建立一个舒适的公共空间。

c. 建立土地开发增值收益分配机制。加深对土地产权、土地经济效益的认识,建立健全土地增值收益分配机制。

B. 推动交通需求管理政策的实施

引导和限制对私家车进行购买、使用和通行,降低市中心车流,改善市中心交通堵塞的现象。

a. 优化就业居住比例,提升基础设施性能,注重土地利用的混合使用。

b. 采用区域差异化的停车标准,增加市中心停车成本。

c. 合理调控私家车的使用频率,倡导消费者理性消费。

C. 促进慢行交通与公共交通结合

重视慢行交通的合理地位与作用,并发挥慢行交通方便、绿色、可达性高的特点,对城市交通的长远发展至关重要。慢行交通可作为公共交通的补充,以弥补公共汽车覆盖面不足的问题,并改善交通区域内或附近地区的交通。在公共交通有限的城市,建筑面积很小,建议骑自行车出行,以此作为公共交通的普遍模式。

a. 促进步行系统与公交的结合。

b. 开辟独立的自行车专用路。
c. 建立"轨道＋自行车"的换乘模式。
d. 推广实施自行车租赁制度。
④ 加强公共交通优先宣传
加强宣传教育，使社会各部门和各群体充分认识到公共交通的重要作用，为促进公共交通优先发展创造良好的社会环境。

(3) 建设优先

根据"统一规划、统一管理、政府领导和市场运作"的原则，加强城市公共交通基础设施建设，发展大型公共交通系统，进一步发展城市公共交通场站和其他基础设施。

① 港湾式停靠站的建设
在该市新建的次干道以上道路，必须保留港口式的停靠站；在旧城的道路重建过程中，将在原来的道路上增加港口式的停靠站。

② 公交场站
利用公共交通发车站和终点站的建设作为大型建筑项目同时设计、同时建造和同时完工的辅助设施；在许多公共交通线路和城市中心区周围的汇集的路口，建立一个公共汽车和其他基础设施与停车场的综合交换枢纽。

③ 公交专用道的建设
根据实际需要在城市主要交通走廊设置公交专用道，形成公交专用道网络，并配置完善的标志、标线等标识系统。

(4) 管理优先

① 控制非公交车辆
根据优先使用公交道路的原则，其他容量小、效率低、占用更多道路资源的车辆将受到限制。

对自行车道和停车场进行合理的规划和安排；提高市中心的私人停车费用；控制进入市中心地区的车辆数量；严格控制摩托车和其他车辆，同时降低安全和严重污染程度。

② 公交优先路权
建立优先的公共交通道路网，开辟专用公共汽车线路，借用非机动车辆线路，并建立港湾式停靠站。在城市地区的单向行驶道路和经常发生交通事故的路段上建立公共汽车专用线路。

4.4.2 规划保障体系

4.4.2.1 慢行交通规划技术架构与城市规划体系的协调性

《中华人民共和国城乡规划法》是我国城乡规划领域的主干法，其中规定城市总体规划、规范性和建设性详细规划均具有法律效力。详细规划需符合并落实总体规划中制定的规划理念和思路。然而，从综合交通系统规划到各交通专项规划、区域交通状况改良规划，都不是法定规划，没有强制性的内容使得各交通规划难以落实，城市交通的各项规划都难以在其中起到引导作用。要有效改善和避免这样的情况，需将重要规划方案和控制内容纳入相应的法定规划。例如，大多数地区倾向于同时制定综合交通系统规划和城市总体规划。综合交通系统规划核心内容中的规划方案，如骨架路网、轨道交通网、重要枢纽站等主要交通基础设施都应纳入城市总体规划中,形成强制性内容以期更好地落实[227]。

慢行交通规划是城市交通规划中的一个不可缺少的组成部分,严格地说,城市交通系统规划是城市交通系统总体规划的一部分。慢行交通规划涉及城市总体规划体系下的建设性详细规划和控制性详细规划,不同的只是层面不同,侧重点不同。例如,不是法定规划的城市设计,更重视的是人的体验,因此城市设计方法体现在我国法定规划体系的各个层面。各级规划都要贯彻慢行系统规划理念,从根本上改变城市交通发展模式,从而实现"公交优先、慢行友好"的绿色出行结构[213]。

值得注意的是,步行者和骑行者虽同被归为慢行交通,但在出行特征上还是有所区别的,例如骑行者的出行速度明显快于步行者,但步行者可以迅速改变方向,实现更多的出行目标;自行车设施可以与机动车设施并排部署,而步行设施需要单独的空间。这两种的不同导致了与其他特殊规划和实施计划的协调不一致,规划者需要了解每个阶段慢行交通规划的重点。一般来说,步行环境的提升在设施层面较为明显,常以学校、居住区、商业区和高密度地区为规划中心。而自行车出行较步行来说距离更长,需要在做慢行系统规划时构建一个更高效的地区性自行车道路网络以满足其出行需求。

1) 城市总体规划阶段慢行交通规划内容及要求

以城市总体规划阶段的交通规划为重点,对城市综合交通系统进行规划,确定城市综合交通系统的发展方向、发展目标、功能组织、规划原则和建设原则。对于慢行交通,必须明确以下三个方面:

(1) 明确慢行交通在城市综合交通体系中的地位和作用

在城市综合交通系统规划这样的战略规划中,最重要的任务就是确定每一种交通方式的发展位置和目标,从而合理配置和使用城市有限的交通资源。然而,由于步行和自行车出行的不同特点以及对交通设施的不同需求,简单的固有数量方法的分担率不足以支持和指导发展战略规划。结合具体城市的规模和特点,阐明了不同类型慢交通的功能定位。

对于大城市而言,尤其是已经建立了轨道交通系统的大城市,城市占地面积广,人们出游的距离长,因此出行"一公里"问题就是重点问题,这就意味着,发展行人、非机动车辆和其他交通工具必须注重与公共交通的衔接。对于中小城市来说,慢行交通特别是自行车通常与公共交通有竞争关系。在自行车容易到达的范围内,则可仿照阿姆斯特丹模式推崇自行车出行作为主要的交通方式;如果城市的生态环境较为良好、自然环境优美,就可以大力发展慢行交通,使该城市的居民可以将慢行交通视为健身、休闲的活动载体。职能分工和定位的差异将直接影响不同城市慢行设施的组织,对相关设施规划和总体规划中的空间预留产生重大影响。

(2) 明确慢行交通分区

分区的目的还在于反映不同的发展战略以及不同地区的规划和设计要求。在总体规划阶段建立较为详细的交通需求预测模型,在深入了解土地利用空间规划的基础上,对规划阶段交通慢行的空间组织进行分类。

(3) 明确建立独立于机动车道路分级系统的慢行道路系统

在现有的规划体系中,以"以车为本"为指导思想,以车辆的交通状况为主要标准,制定红线宽度,应用在机动车道系统上,导致慢行交通的规划完全附属于机动车,脱离实际需求。一些高速路的慢行空间很宽,但实际使用效率不高,有的低等级道路的慢行空间狭小,行驶速度慢,不符合人们的生活功能需求。因此,在综合交通系统规划时,必须建立一个独立于道路车辆分类系统的慢行系统,以慢行交通的实际需求为基础,并和总体规划中的红线宽度控制有相互反馈[213]。

基于总体规划阶段这三项慢行交通规划应完成的基本任务,在这一阶段,慢行交通规划需要慢行交通发展战略规划、慢行空间规划和慢行交通系统规划,以便为编制详细的城市组织规划奠定基础。战略规划注重战略性和方向性,它为城市总体规划和城市交通综合规划提供信息,并指导专项规划和设施建设;慢行空间规划和慢行交通系统规划注重系统性和综合性,在慢行交通发展战略的指导下进行,确定城市空间中用于慢行的功能区域和慢行交通系统的网络、节点布局。

城市慢行交通发展战略规划应结合城市现状及特色,通过交通出行发展趋势和慢行交通出行特点,分析慢行交通系统现状,根据慢行交通在城市交通发展中的功能、作用,确定慢行交通发展目标,提出未来发展的政策和策略。为了提升慢行交通系统的整体水平,使其系统化、舒适化、有序化,为城市居民创造绿色、健康和可持续的生活环境。

在慢行空间规划中,需要明确城市慢行区的规模和功能,从而指导城市未来交通结构的发展方向。在落实到慢行核节点和走廊之前,在区块实处制定宏观的战略规划,逐步形成交通网络。另外,慢行空间规划还涉及民众的各种慢行活动,为人们提供逛街、娱乐、健身场所。因此,为了创造一个更加舒适和有利的环境,还应建议为慢行空间的地区建立组织安排。慢行空间规划是慢行交通发展战略规划的深化和细化,与战略规划相比,其成果更具宏观指导意义。

慢行交通系统规划以慢行空间规划成果为依据,优化、整合区域内步行和自行车网络,构建分级分类的步行和自行车交通系统,提出网络控制指标;同时确定慢行交通关键节点(自行车停车设施、步行过街设施等)选址和布局,为进一步的设施规划提供建设指引。

2) 控制性详细规划阶段慢行交通规划内容及要求

控制性详细规划阶段是确定城市用地性质和开发强度,与城市控制性详细规划相对应,主要内容是需要完善交通系统规划,反映交通设施的网络布局和系统衔接配置,实现城市土地合理利用与交通系统的一体化发展。因此,该阶段应着力于慢行交通衔接设施、慢行环境等方面的规划和设计。

慢行交通设施的规划和设计是指新的建设和重建计划中各种节点设施、通道的缓慢的交通设施和网络设施布局规划,如缓慢的过街设施、慢车道(体育园林路、自行车道等),缓慢的交通网络可访问性。在城市的繁华地段如市中心、商业步行街区、滨河地区等,通过慢行交通设施规划和设计来塑造高品质的慢行空间,与周围的建筑相协调。慢行交通更注重人的感受,完善慢行的配套设施。

3) 慢行交通规划体系梳理

综上,慢行交通规划的任务就是在构建合理有序的慢行空间基础上,规划便捷通畅的慢行交通系统并合理配置设施,构造友好和谐的慢行环境,可以说是一个从面到线再到点的逐层细化体系。

(1) 面要素由慢行区域和步行单元组成,其中步行单元是步行系统中慢行区域的细化。在面层面慢行交通规划着重强调空间布置,对城市慢行交通系统发展进行了概念性的规划和空间组织。

（2）线要素由自行车道路网络、步行道路网络以及连接慢行系统与其他运输模式的节点布局规划组成，该阶段以规划方案为主。

（3）点要素由慢行系统的各过街设施、服务系统等组成，相对前两个层面有了更深入、更细致的规划和设计，结果以规划方案或设计指南的形式显示。

完整的慢行交通规划体系梳理如图4-17所示。

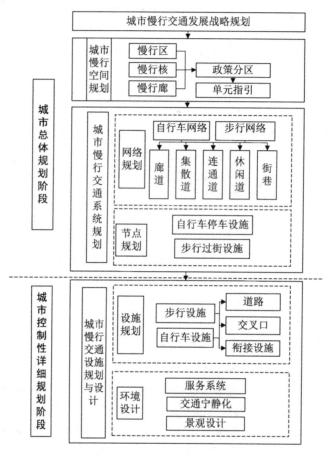

图4-17　城市慢行交通规划体系

4.4.2.2　慢行交通规划与其他交通专项规划间的协调

在综合交通系统规划下，各种类型的交通规划的内容与慢速交通系统有着直接或间接的关系。因此，在其他交通专项规划的编制中，也应与慢行交通规划的相关内容相协调，具体内容见表4-8。

表4-8　慢行交通规划与其他交通专项规划间的协调

专项规划名称	与慢行交通规划的协调点
道路系统规划	应根据不同交通方式（机动车、步行、自行车等）的实际交通需求，进一步细化道路功能、等级与布局，并因地制宜地提出典型道路横断面形式
轨道交通线网规划	重点考虑线网线位的布局与人流密集地区的匹配程度，以营造良好的慢行换乘环境

续表 4-8

专项规划名称	与慢行交通规划的协调点
枢纽布局规划	根据地区规模和特征对枢纽分级分类,并在此基础上提出差异化的慢行接驳要求
公共交通规划	重视慢行交通的接驳功能,对公交重点换乘站、接驳站及首末站等节点提出明确的自行车停车场、租赁点等换乘设施配置要求,设置公交港湾停靠站时也应考虑不对自行车通行空间造成过多影响
停车系统规划	明确停车设施的设置需以不影响慢行交通为前提,并且应为自行车的停车场、租赁点预留应有的空间
旅游交通规划	结合当地特色打造连续、完善、绿色的慢行休闲网络

1) 市政道路系统[213]

根据不同交通方式(机动车、步行、自行车等)的实际交通需求,进一步细化道路功能、等级、布局,并结合实际情况等提出典型的道路横截面形式。如上所述,在结合所有因素考量慢速交通特点和需求的基础上,增加横截面形式。

在慢行交通需求不断增加的地区,应贯彻"密路网、窄断面"的规划理念。人流聚集的市中心、公共场所(如大型医院、剧场等)周边、主要交通枢纽、城市核心功能区(如核心商业区、中心商务区和政务区)、市民活动聚集区等地区都是慢行活动密集程度和出行强度较高的地区。在相同的路网面积比下,窄断面路网可以提高路网密度;在相同的道路面积比下,窄断面路网可以提高路网密度,并有效地降低机动车的车速,实现交通宁静化。因为在总体规划阶段还没有制定出等级低于次干道的路网方案,所以对道路系统进行专项规划是实现这一理念的有效途径。

2) 公共交通系统衔接

城市轨道交通线网规划一般侧重于轨道交通线路布局、换乘站等重要节点,不包括具体的轨道交通站点设计。因此,在交通线网规划中,要注意线网线路分布与人集中区的适配,为慢行换乘创造良好的环境。铁路作为直接连接城市中心和副中心的客流走廊,在规划铁路网时,不能仅从轨道铺设工程条件出发,简单地设置在宽红线区域内。这样不仅增大了乘客进出站到相邻地块的距离,降低了慢行交通接驳的便捷性和有效性,还会造成机动车流和人流间的严重干扰,为周边土地开发带来负面影响[213]。

对于地面公交系统,要解决"最后一公里"的出行问题,必须注重慢行交通的接驳功能。对在主要公共汽车换乘站、接驳站、首末站等地建立自行车停车场、租赁点和其他换乘设施提出了明确的要求,有公共自行车建设要求的则应将租赁点与车站协调一体化布局。在设置公交港湾停靠站时也应考虑不对自行车通行空间造成过多影响,明确接驳设施的无障碍设计准则。

3) 集散交通系统

目前的规划理念针对机场、车站等大型区域交通枢纽站都提出了"快进快出"的规划思路,缺乏对慢行交通接驳的考虑。在进行枢纽布局规划时应根据地区规模和特征对枢纽分级分类,并在此基础上提出差异化的慢行接驳要求。在概念性的布局方案中心应在平面图上明确慢行接驳设施,特别是自行车停车场、租赁点、步行道等设施,为详细设计提供基础和参考。

4）静态交通系统

目前的停车系统规划往往以机动车为主,大力进行停车泊位挖潜,占用自行车道和步行道进行路内停车,为机动车的停放争取空间,而鲜少考虑这样是否侵害了慢行交通的通行权益。在停车规划时应明确停车设施的设置需以不影响慢行交通为前提,并且应为自行车的停车场、租赁点保留适当的空间。确实需要占用的,应进行充分的评估说明,因地制宜地合理设置泊位,将其对慢行交通的影响降低到最小。

4.4.3 建设保障体系

慢行交通建设保障体系包括了支撑慢行交通设施建设中达成相应目标的关键路径、方法等内容,涉及路权、衔接、交通稳静化、公共自行车和绿道等工程建设中的相关技术。

4.4.3.1 慢行交通保障技术指标

1）自行车发展技术指标

（1）自行车路网密度[228]

通常四级自行车道有三种,即自行车专用道、实物分隔自行车道、划线分隔自行车道。因此,对四级自行车道密度的研究需要参照以上三种自行车道的密度指标。

在道路中设置自行车专用道是为了有效分离主干道、次干道,保障道路的有序使用,基于机非分离的目的,需要根据机动车与非机动车分离的三个层次对非机动车专用道路的流量进行考量:

自行车专用道密度 ≥ 主干道(含快速路)密度 + 次干道密度 × λ, $\lambda \in [0, 1]$。

《城市道路交通规划设计规范》对各级道路的自行车道的密度与间距指标进行了规划(详见表 4-9)。

表 4-9 各级自行车道密度与间距建议值

自行车道路类别	密度指标(km/km²)	道路间距(m)
市级自行车通道	1.1～1.8	800～1 500
区级自行车干道	2.6～3.7	400～600
区域内自行车集散道	12～17	100～150
绿色自行车休闲道	—	—

注:"—"表示不做具体要求。

（2）自行车道宽度

根据现实情况,自行车道宽度的设计通常需要对三个因素进行考量:自行车本身的宽度、骑行中自行车产生的横摆幅度、道路侧的路缘带。首先,根据《交通工程手册》规定,自行车的最大宽度为 0.6 m。其次,在现实骑行中,自行车产生的左右横摆通常不超过 0.4 m,因此,一条自行车道的宽度应为自行车本身宽度和自行车的横摆幅度之和,即 1 m。最后,在道路有路缘带的情况下,两侧的 0.25 m 路缘带将成为预留空间,因此在设计自行车道时,其宽度应加上 0.5 m。综上所述,一条自行车道应为 1.5 m,两条自行车道应为 2.5 m,以此类推。自行车道宽度范围如表 4-10 所示。

表 4-10 自行车道宽度范围　　　　　　　　　　　　　　　　单位：m

道路等级	机非物理分隔自行车道宽度	机非标线分隔自行车道宽度	人非混行道的宽度	机非混行道路宽度
市级自行车通道	5~8	—	5~10	—
区级自行车干道	4~6	3~5	4~8	—
区域内自行车集散道	—	2.5~4	3~6	5~9
绿色自行车休闲道	5~10	—	6~12	—

注："—"表示该类型的道路断面形式不作用于对应的自行车道，因此，不做界定。

(3) 设计车速

出于交通安全层面的考虑，独立自行车专用道、以实体分隔的自行车道的最高限速为 20 km/h，以划线形式分隔的自行车道的最高限速为 18 km/h，机非混行的自行车道的最高限速为 15 km/h。

(4) 通行能力[229]

① 路段可能通行能力(不计平交影响)推荐值：有分隔设施时为 2 100 辆/(h·m)(包括独立自行车专用道)，无分隔设施时为 1 800 辆/(h·m)。

② 路段设计通行能力(不计平交影响)

$$N_b = KN_{pb} \tag{4-3}$$

式中：N_b——自行车道的设计容量[辆/(h·m)]；

　　　K——自行车道的道路类型系数，独立自行车专用道和有分隔的自行车道为 0.90，用划线分隔的自行车道为 0.85，混行的自行车道为 0.80；

　　　N_{pb}——路段可能通行能力。

③ 受十字路口影响的自行车道设计容量建议采用以下推荐值(自行车交通量大的城市采用大值)：有分隔设施时为 1 000~1 200 辆/(h·m)；以路面标线划分时为 800~1 000 辆/(h·m)。

④ 在一个十字路口的入口处，自行车道的推荐设计容量为 1 000 辆/(h·m)。

2) 步行发展技术指标

(1) 人行道服务水平的分级

按《交通工程手册》规定，我国人行道服务水平五个技术等级如表 4-11 所示。

表 4-11 人行道行人交通服务水平标准

一级	1. 行人占用面积>3 m²/人，纵向间距约为 3 m，横向间距约为 1 m，行人速度 $v=1.2$ m/s 2. 通行能力 $c = \dfrac{3\,600 \times 1.2}{3 \times 1.0} = 1\,440$ 人/(h·m)[360 人/15(min·m)] 3. 有足够的空间供行人自由选择速度、超越他人，还可以横向交叉选择步行路线 4. 运行状态：可以完全自由行动
二级	1. 行人占用面积约为 2~3 m²/人，纵向间距为 2.4 m，横向间距约为 0.9 m，行人速度 $v=1.1$ m/s 2. 通行能力 $c = \dfrac{3\,600 \times 1.1}{2.4 \times 0.9} = 1\,830$ 人/(h·m)[460 人/15(min·m)] 3. 步行速度可自由选择，超越他人。在反向和交叉行走时，应适当降低步行速度 4. 运行状态：处于准自由状态(偶有降速要求)

续表 4-11

三级	1. 行人占用面积约为 1.2～2 m^2/人，纵向间距约为 1.8 m，横向间距约为 0.8 m，行人速度 $v=1.0$ m/s 2. 通行能力 $c=\dfrac{3\,600\times1.0}{1.8\times0.8}=2\,500$ 人/(h·m)[625 人/15(min·m)] 3. 步行速度的选择与超越他人都有一定的限制，反向行走与交叉行走经常发生冲突，为了避免碰撞，有时需要改变行走速度和行走路线的位置 4. 运行状态：大部分行人尚舒适，少部分行人行动受约束
四级	1. 行人占用面积约为 0.5～1.2 m^2/人，纵向间距约为 1.4 m，横向间距约为 0.7 m，行人速度 $v=0.8$ m/s 2. 通行能力 $c=\dfrac{3\,600\times0.8}{1.4\times0.7}=2\,940$ 人/(h·m)[735 人/15(min·m)] 3. 正常步速受到限制，有时需要调整步幅、速度与线路，超越、反向与横穿十分困难，有时产生阻塞或中断 4. 运行状态：行走不便，大部分处于受约束状态
五级	1. 行人占用面积在 0.5 m^2/人以下，纵向间距约为 1.0 m，横向间距约为 0.6 m，行人速度 $v=0.6$ m/s 2. 通行能力 $c=\dfrac{3\,600\times0.6}{1.0\times0.6}=3\,600$ 人/(h·m)[900 人/15(min·m)] 3. 所有步行速度、方向均受限制，只能"跟着"人流前进，经常发生阻塞、中断，反向与横穿绝不可能 4. 运行状态：完全处于排队前进，"跟着走"，个人无行动自由

(2) 人行设施通行能力

按《交通工程手册》[230]规定，人行道、人行过街道、人行天桥(地道)及车站码头的人行天桥(地道)等步行设施设计通行能力计算步骤是按：确定采用的速度；步行带采用宽度(横向间距)；正常情况下，根据通行能力的基本原理计算前后行人的距离。

① 行人步行速度的确定

A. 人行道步行速度的确定

行人在人行道上的速度平均值一般为 0.55～1.7 m/s，多数行人平均为 0.9～1.2 m/s，规范采用 1.0 m/s。

B. 人行横道步行速度的确定

通常情况下，行人在过街时的速度为 0.9～1.4 m/s，规范采用 1～1.2 m/s。

C. 行人通过天桥(地道)台阶时步行速度的确定

据调查，上台阶的步行速度(以水平距离计算)的平均值为 0.54～0.94 m/s，下台阶的步行速度为 0.54～0.90 m/s，规范采用 0.52～0.8 m/s。

② 基本通行能力的确定

A. 人行道

$$N_{bw}=\dfrac{3\,600V_p}{S_p b_p} \tag{4-4}$$

式中：N_{bw}——1 m 宽人行道基本通行能力，其单位为 p/(h·m)；

V_p——人行道行人步行速度,采用 1 m/s;
S_p——行人间纵向距离,采用 1 m;
b_p——每位行人(一条步行带)被占用的横向宽度,采用 0.75 m。
将上列数值代入式(4-4)得:$N_{bw} = 4\ 800$ p/(h·m)。

B. 人行横道

$$N_{bc} = \frac{3\ 600 V_{pc}}{S_p b_p} \tag{4-5}$$

式中:N_{bc}——人行横道单位宽度的基本通行能力 p/(h·m);
V_{pc}——行人过街步行速度,采用 1~1.2 m/s;
t_{gh}——允许行人过街的信号绿灯小时。
将上列数值代入式(4-5)得:$N_{bc} = 4\ 800 \sim 5\ 700$ p/(h·m),平均值为 5 300 p/(h·m)。

C. 人行天桥、人行地道

由于行人上、下台阶的步行速度相差不大,故采用同一数值:$N_{bg} = \frac{3\ 600 V_{bg}}{S_p b_p} = 3\ 800 \sim 2\ 000$ p/(h·m),平均值为 3 120 p/(h·m)。

D. 车站码头人行天桥、人行地下通道

$$N_{bs} = \frac{3\ 600 V_{ps}}{S_p b_t} \tag{4-6}$$

式中:N_{bs}——车站、码头、人行天桥与人行地道的基本通行能力[p/(h·m)];
V_{ps}——车站、码头、行人步行速度,采用 0.5~0.8 m/s;
b_t——车站、码头、人行天桥或地道上行人上、下台阶的横向宽度,采用 0.9 m。
将上列数值代入式(4-6)得:$N_{bs} = 2\ 000 \sim 3\ 200$ p/(h·m),平均值为 2 600 p/(h·m)。

③ 人行道、人行横道、人行天桥、人行地道的实际通行能力

事实上,人行道上的横向干扰不同,老年人、中年人和残疾人的速度都不同,所带物品的质量和被身边事物吸引都是不一样的,因每个地区存在季节性差异导致所处周边的环境和风景也不一样,因此,采用综合折减系数 0.5~0.7。车站、码头、人行立交桥和人行地下通道受外界干扰因素较小,采用 0.7,其余采用 0.5。该值乘以相应的综合减损系数以获得可能的容量值。

④ 人行道、人行横道、人行地道的设计通行能力的确定

介于步行设备的现状与服务水平不同的要求,规范又做如下规定:

A. 人行道、人行横道、人行天桥、人行地面、城市车站、码头、购物中心、剧院、体育场、公园、展览馆、城市道路的设计容量折减系数为 0.75。

B. 商场、商店、公共文化中心及区中心等行人较多的人行道、人行天桥、人行地下通道等设计容量折减系数为 0.80。

C. 区域性文化商业中心地带行人多的人行道、人行横道、人行天桥、人行地道等设计容量折减系数为 0.85。

D. 居住区周边道路人行道、人行横道设计容量折减系数为 0.90。

将上述人行道、人行横道、人行天桥(地道)的可能通行能力乘上述相应折减系数得出其设计通行能力,见表 4-12。

表 4-12 人行道、人行横道、人行天桥、人行地道设计通行能力

折减系数	0.75	0.8	0.85	0.9
人行道[人/(h·m)]	1 800	1 900	2 000	2 100
人行横道[人/(h·m)]	2 000	2 100	2 300	2 400
人行天桥[人/(h·m)]	1 440	1 540	1 640	
人行地道[人/(h·m)]	1 800	1 900	2 100	
车站、码头的人行天桥、地道[人/(h·m)]	1 400			

注：车站、码头的人行天桥、地道一条步行带宽度采用 0.9 m，其余均为 0.75 m。

4.4.3.2 慢行交通路权保障技术

1）道路空间布局

道路是城市的重要基础设施，属于公民最常使用的公共物品之一，其公共性要求道路的设计和运行需要满足所有公众能够正常、高效地使用。因此，道路的设计需要考虑交通安全、健康要求、低碳环保等诸多影响因素。通常来说，目前道路的设计有三个方面的目标：

（1）安全街道。对道路进行合理的规划，提高出行者在使用道路时的安全性。

（2）绿色街道。减少硬化路面的面积；提倡低碳出行，为自行车、公共交通等绿色出行模式提供便利。

（3）活力街道。通过合理的布局，增加道路两侧的公共活动空间，提高街道对社会公众的吸引力，从而使街道两侧的土地发挥出最大价值。

道路横断面规划设计的三级交通控制原则是：强制性原则、建议性原则、调控性原则。强制性原则是横断面规划应遵循和反映的内容；调控性原则是一种内容，在行政管理层发表意见后可以适度放宽，不受建议性原则的控制，而应积极地在规划中得到有效体现，并加以比较道路横断面规划方案的选择（见表 4-13）。

表 4-13 道路空间布局中的交通控制原则

项目		强制性原则	控制性原则	建议性原则
空间范畴	完整空间	道路红线、绿线范围	办公、商业建筑至建筑退线	所有临街建筑至建筑退线
	交通空间	机动车道在道路红线内	人行道、自行车道在道路绿线内	人行道与建筑前区协同
	活动空间	建筑退线前 3 m 内	绿带与建筑前区协同	人行道、绿带、建筑前区协同
公交专用车道	公交专用车道	双向 6 车道及以上道路	双向 4 车道及以上道路	支路满足公交通行
	公交专用车道允许车辆	公共汽车、定制公交、班车、校车	旅游巴士、紧急车辆	HOV、出租汽车
	公交车站	同时设计过街设施	紧邻交叉口	紧邻交叉口或立体过街设施

续表 4-13

项目		强制性原则	控制性原则	建议性原则
自行车道	路权保障	双向6车道及以上道路	双向4车道及以上道路	所有道路
	自行车与机动车隔离	双向6车道及以上道路	所有道路划线隔离	所有道路绿化隔离
	自行车与人行道隔离	合计宽度6m以下高差分离	所有道路高差分离	所有道路绿化隔离
人行道	路侧人行道	有效宽度2.5m以上	利用道路绿带	与道路绿带、建筑前区协同
	步行空间连续	建筑前区与人行道连接	建筑前区与人行道连续	建筑前区与人行道完整
	无障碍设施	盲道安全连续	缘石坡道设计满足轮椅出行	满足视力、听力、肢体障碍者出行
紧急车道	路权保障	其他车辆避让应急车辆	双向6车道及以上道路明确标注	双向4车道及以上道路明确标注
	允许车辆	消防车、救护车	警车、抢险工程车	
机动车道	车道宽度	3.5m以内	3.25m以内	3.0m以内
	交叉口拓宽	非交通干路不拓宽	所有道路不拓宽	交叉口缩窄
	交叉口转弯半径	采用规范要求低值	半径10m	半径6m
路侧停车	机动车道停车	根据拥堵情况明确划线	配套管理措施	严格停车管理措施
	建筑前区停车	保障人行道、建筑前区步行连续	建筑前区停车与红线空间置换	建筑地下停车代替

2) 慢行空间保障

(1) 慢行空间的设计原则及要素

道路空间设计应保证慢行交通需求，因此，在进行慢行空间的规划设计时应符合以下原则：人行道应该对所有社会公众开放，且能保障任何人使用时的安全；使用者能快速地理解其所处环境的使用方法和使用规则；体现高效原则，从人性化的角度对步行空间进行设计，将每个出行者和其各自的目的地无缝连接；保障充足的无障碍设施和人行过街设施。基于以上原则，人行空间的设计应包括：路侧人行道、人行横道、无障碍设施以及交叉口缩窄设施和中央安全岛等。

自行车空间的设计原则包括：确保骑行者的安全，在安全的前提下满足通道的舒适性；保证道路空间的非排他性，即所有出行者都能正常使用道路空间；保障自行车骑行者权益，在机动车道路车辆少的情况下，自行车可与机动车共享部分低速道路；自行车道路网格化，根据骑行距离短的特点设计合理的自行车道路网络。自行车道的设计包括：自行车道、标线自行车道、隔离自行车道，以及自行车停车设施和社区绿道等。

(2) 主次干路慢行路权保障

自行车作为一种绿色低碳的交通工具,同时兼具了高效、经济等优势,是现代交通的重要组成部分。因此,科学合理地规划自行车道体现着城市交通的可持续发展方向,对于城市未来的发展至关重要。在对道路的规划中,应用以下方式分离机非,从而保障自行车的权益:在四条以上机动车道的道路应设置隔离的自行车道,从而减少自行车出行者绕路骑行的可能;确保自行车在双向双车道支路的通行权,在该类型道路中最低应设置划线分离自行车道;在机动车辆和非机动车辆的隔离区设置自行车停放位置;根据现实情况在公交站台附近设置自行车停放点,解决公众"最后一公里"的问题。

为方便公众活动,确保市民活动空间,必须以相同形式布置人行道和建筑退线空间,其中建筑前区应设置不低于 3 cm 的活动范围。开敞区域主干路完整道路横断面规划建议方案如图 4-18 所示。

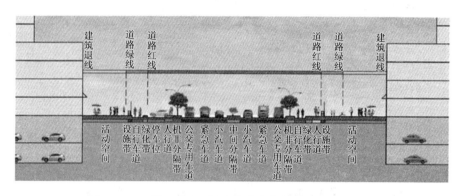

图 4-18 开敞区域主干路完整道路横断面规划建议方案

次干路的道路规划应基于与主干道相同的原则,实际允许的情况下应设置公交专用道和紧急车道。考虑到现实情况,次干路上通常有较少的绿化线和建筑退线,可以适当调整建筑前区停车与人行道的相对位置。

(3) 支路慢行路权保障

支路道路断面较窄,流量较小,然而从整体网络结构性能来看,高密度的支路网具有较高的交通集散能力和可达性,在提供交通功能的同时,还包括各种娱乐和休闲功能。保障支路网络的慢行路权对于提高城市慢行交通的安全性,增加城市活力具有重要的意义。保障慢行路权的支路横断面空间的要求包括:普遍的情况下在道路空间范畴是没有道路绿线,建筑前区的停车位与步行范围位置互换后活动范围变小,要确保人们的活动范围至少有 3 cm,严格控制停车位设置。应加强对自行车道的管理力度,以绿化带的方式将自行车道与机动车道相分离,在条件不允许的情况下应以划线的方式进行分离。开敞区域支路完整道路横断面规划建议方案如图 4-19 所示。

(4) 人车共存道路

分布于社区内的支路系统,占地面积在 25~100 hm² 区间内的社区内道路,由于其地处居住用地周围,且交通量不大、临近干道,因此,需要通过设置人车共存道路系统尽量减少机动车的通行,同时在社区内也应根据车让人的原则,优先考虑行人和非机动车辆,以确保居民的正常生活。基于人车共存的道路设计的最终目标是通过降低行车速度,控制交通流,改善交通环境,使人车交通和交往空间更加协调[231]。

图 4-19 开敞区域支路完整道路横断面规划建议方案

① 行车速度限制

控制行车速度的方法措施,如表 4-14 所示,大致分为采用蛇行减速的方式对高速司机产生冲击、利用视碍限速的方式以及设置限速标志的方式等,降低行车速度。

表 4-14 控制行车速度的方法措施

目标	方法措施	具体措施
控制行车速度	蛇行	锯齿状路面
		弯道路面
		散置植栽
		槽化岛(花坛)
		小型圆环
	震撼效果	驼峰
		十字路口驼峰
		跳动路面
		路面凹凸不平
	视野效果	狭路面
		车道狭路面
		印象驼峰
		印象花坛
		铺设驼峰
		铺彩色地砖、组合砖
		变换十字路口的地面
		减速条纹
		闪灯式警告讯号
		生活道路标志
	限制	最高速度

115

② 交通流量控制

社区邻里生活娱乐广场是人们交流、聚会、休憩的场所。道路的宽度、车辆数量、车速大小以及是否有专用人行道等是直接影响居民和游客道路使用体验的因素。因此，有必要采取适当措施，有效控制社区和街区的道路交通量[231]。

控制交通流量通常采用两种措施：一是通过强制措施使驾驶者在进入该道路后不得不调头返回；二是通过设置阻碍降低驾驶者使用该道路的意愿，具体措施见表4-15。

表 4-15 控制交通流量的方法措施

目标	方法措施		具体措施
交通量的控制	控制行车速度		
	门槛		驼峰
			印象驼峰
			狭路
	路障		斜障碍
			前进障碍
			通行障碍
	路网改变		遮断区
			街道关闭
	视觉效果		彩色路面、组合砖路面
			散置盆栽
	限制	指定方向	单行道管制
			十字路口指定方向
		限制通行	大型车通行车止
			限时通行时间

③ 路边停车管制

在现实情况中，车辆违规乱停的现象时有发生，从而占据了道路的正常行车空间和居民的活动空间。为杜绝此类现象，应减少道路中的车辆可停空间。同时，在不影响道路正常通行的前提下，局部合理规划停车空间，以供自行车和访客车辆停放。具体措施如表4-16所示[231]。

表 4-16 控制路边停车的方法措施

目标	方法措施	具体措施
路边停车的控制	消除停车空间	狭路车道
		车止
	限定停车空间	路边交叉停车
		不完整停车空间
	促进道路以外停车场的使用	道路外停车
		停车场
	管制	禁止停车、放置车辆

3) 步行与自行车交通的断面协同[232]

对于行人和自行车混合通行的城市干道,在保证其自身交通空间的前提下,进行独立的空间规划合作设计。

(1) 连通链横断面布局(见图4-20)

设置有独立道路权,明确划分人行道和非机动车道。在非机动车车道和机动车车道之间设置绿色隔离带,并在非机动车车道旁边设置公交停靠站和自行车停车场,以加强与公交的联系。人行道空间按照建筑前区、步行区、设施带、缘石边界予以区分。

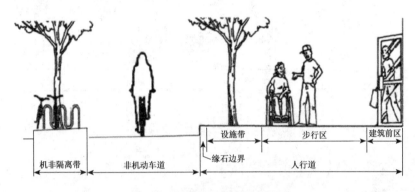

图4-20 连通链横断面示意图

(2) 保护链横断面布局(见图4-21)

首先,必须通过配置道路空间资源和交通权,保障机动化交通服务链的功能。其次,要考虑到土地开发对沿线交通的日常需求,保护沿线土地,保障行人和自行车沿街道通行权,平衡交通服务功能。重点加强机动车车道与非机动车车道之间的隔离设施建设,发展更宽阔的绿化带。一方面,它可以屏蔽部分交通污染;另一方面,它创造了一个愉快的空间,步行和自行车不同于拥挤的交通。为保证交通服务功能,建立了满足过街间距要求的平面或立体交叉口设施,使行人和自行车可以安全舒适地穿过街道。

在行人和自行车交通一体化断面目前大规模运作的过程中,自行车交通往往侵犯行人的道路通行权,造成安全问题。因此,建议将间歇性的"软"绝缘材料,如花盆、艺术品和椅子,与沿途的环境景观结合起来。

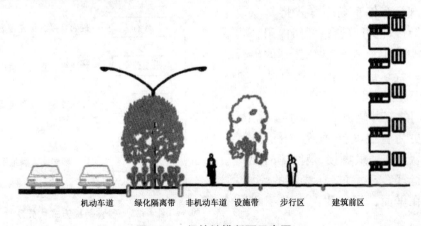

图4-21 保护链横断面示意图

(3) 步行交通优先于自行车交通的空间布局(见图 4-22)

在步行与自行车交通冲突点,划分步行和自行车交通空间,确保行人交通享有最高优先级。

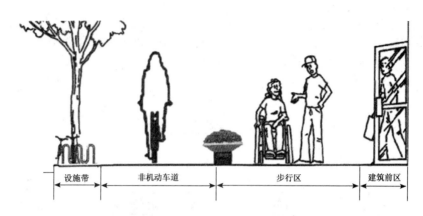

图 4-22　步行与自行车空间细分

4.4.3.3　慢行交通与公共交通衔接技术

1) 轨道交通衔接

作为各种交通方式的换乘点,轨道交通站台通常设置在开发使用率较高的地带,伴随而来的是较大的集散人流量。因此,慢行交通的组织和衔接对于交通网络的整体衔接至关重要。

(1) 功能与定位

一般来说,根据轨道交通不同衔接方式可以将轨道站点周围分为三层交通衔接服务圈,其中内层衔接服务圈(以轨道站点为中心 500~800 m)及中层衔接服务圈(以轨道站点为中心 3 km)对应于慢行交通中的步行及自行车方式。

通常人们通过各种方式前往轨道交通站附近,都需要通过一定距离的步行进入轨道交通站内,因此轨道交通站周边的步行设施也需合理规划。其中,规划过街天桥和地下通道两种方式较为常见。

基于自行车体积较小的特点,其停放场所占地面积较小,因此,轨道交通站的周边可以通过规划自行车停车场的方式将其与轨道交通相衔接,也可以通过枢纽内组合式衔接等方式将"自行车-轨道交通"的出行方式有机结合。自行车停车场可结合机动车停车场进行建设。

在常用的五种轨道交通衔接方式中,慢行接驳更为直接,应当优先进行考虑。其中进入轨道交通最直接、最便捷的方式是采用步行,随着轨道交通线网的完善,连接方式在里面占据的比例也在不断增加(见图 4-23)。

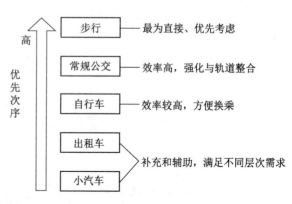

图 4-23　各种衔接方式优先次序

（2）轨道站点分级分类

轨道交通站点的两个基本特征是节点性和场所性,节点代表了枢纽的交通功能,而场所则代表了其城市功能。国外轨道交通站点分类指标通常是依据站点交通特征或空地特征的位置来选择,例如客流量大小、车站标高形式、车站服务的主要功能面积等,相比之下对区位、用地情况考虑不足。

国内主要有场所导向以及节点导向两类方法。节点导向下的分级分类的主要依据包括与轨道交通相衔接的交通方式种类、相衔接的轨道交通线路数等指标,北京、上海、广州等城市采用的分类方式如表4-17所示。这种分类方式判断标准较明确,分类比较清晰,但缺少对车站区位因素的考虑。以场所导向对站点分类的主要依据是站点在城市中所处的位置和具有的功能,如站点区位、站点周边土地利用性质、开发规模和强度等指标,结合站点功能定性或定量分析而得。

表4-17 国内部分城市轨道站点分级情况

国内城市	分级指标	分级情况
北京	衔接的交通方式种类,衔接的轨道交通线路数	一级枢纽、二级枢纽、三级枢纽
上海	衔接的轨道交通线路数	大型换乘枢纽、换乘车站、一般车站
广州	衔接的交通方式种类,站点所在区域区位特征	客运枢纽站、公交枢纽站、公交换乘站、一般换乘站
深圳	衔接的交通方式种类,站点所在区域土地开发类型	综合换乘枢纽、大型换乘枢纽、一般换乘枢纽

（3）慢行交通与轨道交通衔接的基本理念[233]

① 分层次规划思想

区域以及时期的差异是影响慢行交通衔接的重要变量。轨道交通线的密度会随着区域和时间段两个因素不断变化,从而对车站的吸引范围产生影响。同时,慢行衔接方式的适用性存在差异性是由于交通供给水平和交通政策往往存在着不同程度的差异影响,因此,我们必须区别对待连接规划。城市中心区城市轨道交通线网密度大,土地利用率高,车站主要以直接吸引作为主要方法,连接设施用地相对紧张,步行衔接具有较高的适用性。因此,应该着重对该区域的步行系统加以完善。反之,城市外围的衔接距离较大,可供衔接设施利用的土地较多,因此借用自行车等交通工具的衔接方式由内至外适用性则不断增强,因此需要分近、远期考虑。

② 人性化思想

对慢行交通衔接方式细节上的关注是人性化的重要体现。但是,目前该方式在实践中还存在着诸多问题,如各类主体对步行道的侵占、过街人行横道和出入口设置不合理、人行道设置与人流方向不匹配等。与机动车驾驶者相比,非机动车的骑乘者属于弱势群体,在土地空间有限的情况下,可供自行车停放的空间往往被不断压缩,从而破坏了非机动车的使用体验,降低了居民对非机动车的适用意愿。在该问题上,香港地铁通过科学合理的布局,在地上和地下规划了安全高效的立体步行空间,是非常人性化的设计。

此外,人性化理念的构成要素包括:完善指引标识、增添换乘信息、优化出入口设置、就近设置停车场(停靠站)。

(4) 慢行交通衔接规划原则

在规划设计慢行交通与轨道交通换乘体系时应遵从以下几个原则：

① 积极调整和发展城市的空间结构；

② 合理布局轨道交通车站终端设施(自行车停车场、停车场等)，引导居民出行选择，并利用相关的交通辅助设施(道口设施、指引设施等)优化出行结构；

③ 充分体现"以人为本"的交通理念，以轨道车站为核心，整合慢行交通换乘设施，在车站合理步行区内设置独立的人行通道，结合建筑设施，保证人车分离，提供安全、协调的步行环境；

④ 完善车站周边道路横断面设计，建立合理的行人过街横道线、中央安全岛和交通信号系统；

⑤ 设置清晰可见的导向标志，提高车站附近人行通道的通达性，保障通道的通畅、安全；

⑥ 通过改善自行车道和停车设施，引导居民向轨道交通过渡，降低出行距离；

⑦ 结合土地供应条件，尽可能满足自行车停车需求；建议根据自行车需求方向和路线，采取分散布局，合理安排空间布局。

(5) 慢行交通衔接方式

① 步行与轨道交通衔接方式

A. 与轨道交通衔接的步行设施应采用直接连接的方式与人流密集区域、其他交通站台相连接；

B. 已经或即将成为交通枢纽点的轨道交通站，应保证独立、完善的步行系统，合理引导乘客进行出行方式的转换，满足乘客的换乘需要；

C. 规划地上、地下立体过街设施，实现人车分离，方便行人乘坐轨道交通；

D. 轨道交通的出入口在设置时应承担行人过街通道的功能，与周边重要的、人流量较大的公共场所相衔接，降低乘客换乘的时间、距离成本；

E. 完善行人的引导系统，同时做好宣传教育工作，提高行人对交通信息的警惕性；

F. 在人口流动量大的繁华中心、运动场所以及交通枢纽站应建立一定规模的人流集散广场和步行系统；

G. 对行人路线进行合理规划，保障人行通道设施的安全性和便捷性，满足轨道交通乘客换乘和集散的需要。

② 自行车与轨道交通衔接方式

城市边缘地区、在城市郊区生活道路附近的轨道交通车站附近，应当设置自行车停车场，以实现"门对门"出行。

A. 通常情况下，通过自行车换乘轨道交通的乘客，其始发点一般在距离车站 0.5~2 km 的范围内，在设计自行车网络时应着重为近距离骑乘者提供便利。

B. 靠近自行车交通主干道的枢纽站、换乘总站设置自行车停车场，位于交通敏感干道上的轨道交通站和接驳对外交通枢纽的轨道交通站，不宜设置停车场。

C. 在郊区的枢纽站和换乘站应建自行车停车场。同时，建议在车辆通行率低、周边道路换乘需求大的综合枢纽站周边设置自行车停放点。合理布局，防止道路上机动车与自行车彼此干扰。

D. 存车换乘。在高峰时段客流小于200人/h时,可临时安排自行车停车场与地铁出入口相结合,也可与周边停车场相结合使用;高峰时段客流为200~300人/h时,应该设置200~250 m²的自行车停车场;高峰时段客流为300~500人/h时,应该设置300~350 m²的自行车堆场作为停车场;当车辆储运高峰期客流为500~800人/h时,应该设置500~600 m²的自行车停车场;当车辆储运高峰时段客流超过800人/h时,应该设置800~1 000 m²的自行车停车场。在停车面积不足的情况下,可以建设立体停车场。

2) 地面公交衔接

公共交通系统与慢行系统的相互衔接、配合能有效分散聚集地的人流量,缓解交通压力。对于慢行交通与地面公交网的良好接驳,有如下建议:

(1) 慢行路网与地面公共交通路网相协调

保证城市主干道上具备公交专用车道,按需在主干道上设置公交站台,同时加强慢行路网对城市主干道的支持,以慢行路的方式将各公交站与周边城市组团之间进行连接,使慢行交通有效地与公交网络接轨。

重新规划与城市公交路网脱节的慢行路网,使地面公交网络能够覆盖这些区域,使慢行路网与地面公交网络在街区层面可以更好地衔接和契合,从而改变人们私家车出行的惯性思维,引导人们通过慢行系统使用公共交通。

倡导人们选择自行车日常出行,发展公共自行车,通过将自行车交通与地面公交相衔接的方式发展区域间的"自行车+公交"模式。

(2) 慢行节点与公交车站紧密结合

公交车站周边的慢行活动具有集中性和多样性特点,车站周边慢行交通网络通过整合地上地下人行道、地面步行街、广场、景观节点等元素,不仅可以延伸到车站周边的建筑中,还可以延伸到车站周边的公交网络中。

(3) 强化慢行接驳指引标志

设置简单、清晰的标志系统,如过街天桥、地下通道、公交站台、停车场、服务设施、周边建筑等的引导标识,让使用者能够在引导标识的帮助下,以最短的时间和距离在公交和慢行网络之间进行转换。

(4) 合理建设非机动车停车场

合理规划和设计非机动车停车场,在不影响交通站点正常秩序的前提下,将停车场与公交站台之间的距离尽可能缩短,从而促进"自行车+公交"模式的推广。其中,对未建成的主要公交站点的规划应该提前预留非机动车停车场所需场地,对已建成的公交站点,应该根据现实条件进行改善,在站点周边腾出空间,设置为非机动车停车场,并在停车场和站点之间建立通道。

为使停车场的容量最大化,并方便人们停取车辆,停车场内应配备诸如自行车架等现代化的停车设备。对于人流集中的区域和居住区,机动车停车场应设置在区域外围,区域内部应按一定密度设置非机动车停车场,同时区域内只允许公交车进入,从而将公共交通和慢行交通在街区范围内进行融合。

4.4.3.4 交通稳静化技术

交通稳静化技术指通过系统的硬设施(如物理设施等)及软设施(如政策、立法、技术标准等)来减少机动车对人类居住区和自然环境的负面影响。主要通过规制鲁莽驾驶行为、倡导人道主义驾驶行为,改善现今行人及非机动车的出行现状,从而提高行人与非机动车的安全性。

其核心思想是让人车能够共享道路资源,在此前提下改善道路结构,实现街道慢行、观光等功能。交通稳静化技术的作用主要体现在以下几个方面:

(1) 减少机动车带来的负面效应,调整行车速度和城市扩张带来的社会负面影响,以及降低机动车在污染、能源损耗等方面产生的环境负效应。

(2) 规制机动车驾驶者的行为,减少机动车侵害行人和非机动车的权益。

(3) 提高行人及非机动车的用路体验,激励市民采用非机动车出行,可在提高道路安全性的同时起到美化道路环境的作用。

交通稳静化措施主要包括工程性以及非工程性措施。工程性措施指通过设置减速带等工程手段来降低车辆的车速或者控制交通量,达到交通稳静化的目的;非工程性措施是指教育、执法等方式的应用。

一般稳静化设计应用于居住街区等慢行交通比例较高的地区,旨在打造一个宜人的交通环境。在稳静化措施的规划设计过程中,应当结合各城市道路空间的状况以及居民出行的习惯,选择适当的稳静化措施。

1) 工程性措施[227]

包括流量控制措施、速度控制措施及其组合控制措施,其主要目的是降低速度和控制交通量。

设置路障是流量控制措施中较为常见的方式,路障可以有效地阻碍驾驶者在特定路段的行驶,从而降低该道路的交通流量;速度控制措施包括水平式、垂直式以及路宽缩减式。其中,垂直式是通过设置垂直于路边的设备(如减速带等)规制机动车行驶速度;水平式是通过在道路水平方向添加设备或者预留空间(如隔离岛等)的方式规制机动车的行驶速度;路宽缩减式可以改变驾驶者的驾驶心态,增加心理的紧张感,从而使驾驶者减速行驶。

(1) 流量控制措施

流量控制可以有效减少机动车的流量。其主要措施包括:①对交通流向进行控制;②对某些特定的交通流进行控制。但是,流量控制的适用范围较窄,仅适用于居民区和学校,加上紧急车辆的通行需求,在选择稳静化措施的过程中,其优先级较低。另外,在进行流量控制之前,必须先对现实情况进行细致的调查和分析,确保紧急车辆能够正常通行,同时防止其对周围交通道路造成过大压力。

(2) 速度控制措施

① 水平式

它是指通过改变传统的直线行驶模式来降低车速。

典型措施:交通花坛、交通环岛、曲折车行道、变形交叉口等。

交通花坛是十字路口中心的一个环岛,车辆逆时针绕岛行驶。交通花坛适合设置在交通量不大、有降低车速需求的社区内部道路(见图4-24)。

交通环岛的占地面积大于交通花坛,车辆逆时针绕岛行驶。交通环岛具有分配路权的功能,通常设置在交通量大且车速较高的交叉路口,各个进口处都需配备导流岛(见图4-24)。

表 4-18 交通稳静化流量控制措施

名称	内涵	优点	缺点	使用范围	示意图
街道全封闭	通过在道路上设置栅栏、立柱、绿化岛等设施，完全阻断穿越性机动车辆，以达到降低行车速度、减少交通流量的目的	保证行人和自行车流通畅；显著减少交通流量	本地车辆和急救车辆需绕道而行；投资较大，对经济发展有一定程度的影响；需要通过法律程序或有关部门同意才能实施；增加机动车绕行距离，给紧急救援车辆通过带来不便；造价较高；限制社区内部的商业活动	穿越交通量较大，周边路网发达，且车辆易于绕行的地区	
街道半封闭	在双向通行的街道局部位置设置某一方向上的障碍物，如隔离护栏、绿化带等，以阻断这个方向的机动车流	能够保证自行车双向通行；有效减少交通量；增加过街行人的安全性	本地车辆和急救车辆需绕道而行；对经济发展有一定程度的影响	存在很多交通问题，且其他控制措施没有成效的区域	
对角分流岛	将隔离护栏、绿化带设置在交叉口对角线上，以阻断直行交通流，引导居住区内的车辆选择迂回道路行驶	只需要改变现有街道的方向，不需要封闭街道；保证行人和自行车通行；改善居民区生活质量	封闭车道，增加部分车辆的绕行距离；增加紧急救援车辆的救援时间；可能会导致机动车与障碍物相撞的事故；需要重新改造拐角处的路缘；实施费用高	不存在内部交通量问题的社区街道交叉口	
中央隔离岛	设置在交叉口处，并沿主路中线延伸的交通岛，其长度大于支路进口的宽度，以阻断来自支路的直行车流	通过禁止危险的转弯行为提高了支路和主路的交通安全；可减少支路上的直行交通量	要求主路有足够的宽度；限制转弯使得毗邻社区内的车辆和救护车辆行驶不便	支路与主路相交且支路直行车流不安全的交叉口和主路左转车流不安全的交叉口	

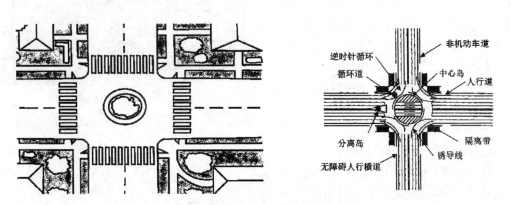

图 4-24 交通花坛与交通环岛

曲折车行道指设计蜿蜒曲折的道路，通过使车辆不断变向的方式控制机动车的行驶速度（见图4-25）。

变形交叉口通常设置在T型交叉口，通过一系列球状物，改变T型交叉口的进入角度，使直道车流从直道转入转弯。

② 垂直式

垂直式速度控制措施是通过抬高的方式改变局部道路的形状。其典型措施有：纹理铺装、减速坡、减速台、减速垄、凸起交叉口等。

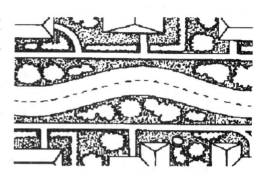

图4-25　曲折车行道示意图

纹理路面是在路边上刻绘、压印图案，或者采用不同材料交替铺设道路（见图4-26）。该措施主要用于行人走廊、整个十字路口或社区的所有道路，适用于行人活动频繁、不受噪音干扰的道路。

减速丘是穿越巷道的一种凸起的条状拱形设备，可以通过降低道路的平摊程度，有效降低机动车的行驶速度。减速丘具有造价低、非机动车易通行等优势（见图4-27）。

图4-26　纹理路面

图4-27　减速丘示意图

减速台可以理解为是纵向延长的减速丘，其材质一般为砖或者表面具有纹理的石料。其顶部采用平顶设计，宽度约等同于一辆客车。减速台通常布置在有减速需求，且大型客车需要正常行驶的地点。

减速坡是铺设在路面上由橡胶减速坡单元组成的条形凸形障碍物。

减速垄在人行密集的区域、急弯、桥头、厂区道路和低等洞口等危险路段较为常见。

凸起交叉口是指用砖块等材料铺设在整个道路交叉口，提高交叉口的纵向高度，让驾

图4-28　凸起交叉口

驶者能够清楚地看到人行横道，给予驾驶者减速的预警。凸起交叉口通常布置在没有信号灯控制的路口（见图4-28）。

③ 路宽缩减式

车道断面窄化是利用某些建筑或者设备降低路面宽度,从而达到降低车速的目的。其中,比较有代表性的有交叉口瓶颈化、中心岛窄化、路面窄化等。

交叉口瓶颈化主要是利用一系列的方法将交叉口附近的路缘拓宽,使交叉口的入口处变窄。该方式可以有效提高驾驶者对行人的注意程度,因此适用于人行流量较大,且对噪音影响较为敏感的区域。

路面窄化通常在人行横道处设置,通过铺设绿化带拓宽路缘或者拉宽人行横道的宽度,进而窄化行车道路。路面窄化可以根据实际情况决定在单车道窄化或是双向车道同时窄化。该方式适用于停车位较为宽裕的区域(见图4-29)。

中心岛窄化是通过在双向行车道中心铺设交通岛的方式使道路的行车区域变窄。其优势在于可以通过绿化来美化道路,适用于社区出入口和较宽的街道(见图4-30)。

图4-29 路面窄化

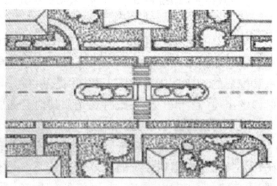

图4-30 中心岛窄化

(3) 组合控制措施

不同稳静化设施各有其优缺点,通常为了降低车速和减少交通量,有必要综合运用多种稳静化措施。其组合的应用方式包括:

① 将垂直设施和水平设施结合使用于同一路段,同时可以将景观工程搭配设置于该路段。

② 设施的设置应与其所属区域相匹配,在净化区出口区域应设置效果较弱的设施,防止车辆在该区域内因瞬间减速而引发连续追尾,在净化区中心地带反之。

③ 速度控制措施与交通控制措施相结合的方式有多种:中心岛与减速台相结合、凸起交叉口和交叉口瓶颈化相结合。

2) 非工程性措施

非工程性措施主要是通过立法、执法、培训等方式改变公众的交通意识,从而达到交通稳静化的效果。

(1) 立法与执法

法律是交通稳静化必不可少的保障。通过公共权利的实行,可以采用强制限速措施来维护道路交通秩序。强制限速措施主要包括雷达限速牌、道路标志、交通标志和增加交警数量。强制限速措施需要通过制定交通管理条例、交通管理法律法规来实现。

(2) 公众意识及公众参与

交通稳静化的顺利实施需要得到绝大多数居民的有力支持及政府的认同。

① 贯彻落实"人本"的思想理念,将交通稳静化纳入城市规划之中。

② 引导居民逐渐转变传统的以小汽车为主导的理念。在一些住宅区、学校周边、观光景点区域设置稳静化设施时需要考虑居民的接受程度,并提醒驾驶员注意交通标识,然后根据执行效果逐渐拓展交通稳静化措施的类型和执行的范围。

③ 建立健全公众参与机制。交通稳静化的推进与发展需要社会公众的广泛参与,公众参与的实现需要通过培训、教育等方式改变公众参与的意识,并且在稳静化落实的全过程向公众提供参与途径。例如:稳静化设计阶段通过宣讲会、交通调查等方式,向受众宣传交通稳静化理念,同时收集居民、专家、学者等的意见与建议,并最终确定最佳方案。

4.4.3.5 特色工程

1) 公共自行车工程

公共自行车系统(Public Bicycle System,PBS)是一种不同于公共交通系统和传统自行车交通系统的新型的城市公共客运系统,由政府主导,依靠公司或有关部门,基于"即用即借,公众使用"的基本理念。公共自行车租车站设置在城市枢纽中心、住宅区、工商业区、学校、医院、旅游景点等客流集聚区域,为不同人群提供符合安全标准的公共自行车,以服务体系和配套的城市自行车网络为载体,提供自行车共享租借服务,为城市居民提供短途、环保、健康的出行、自行车交通、旅游观光和其他交通服务。

(1) 公共自行车系统组成

公共自行车系统由系统硬件设施和管理信息系统组成,如图 4-31 所示,两者有机结合,确保公共自行车租赁系统的良好运转。系统硬件设施包括停保基地、租赁点、自行车、锁车器、服务终端、租车卡或 IC 卡、网络通信设备、后台控制中心、后台数据库;管理信息系统包括车辆管理子系统、用户管理子系统、信息处理子系统、调配管理子系统、实时查询子系统、信息发布子系统[213]。

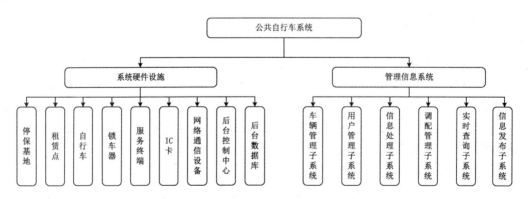

图 4-31 公共自行车系统总体结构图

(2) 公共自行车系统规划内容[213]

公共自行车系统规划主要分为四个方面的内容:明确城市公共自行车系统的定位和发展目标,制定合理的城市公共自行车系统发展策略;确定公共自行车系统总宏观规模;公共自行车站点布局选址方案,确定中心站、一般服务站的位置和站点车辆规模,以及停保基地的位置和规模;选择城市公共自行车系统的建设运营模式。公共自行车系统规划涉及城市发展、土地利用以及交通系统等多方面的因素,因此,需要明确规划研究的基本思路,合理制定规划分析框架与流程。

公共自行车系统规划应遵循以下规划理念开展：分析城市性质和功能定位，掌握城市未来发展趋势；开展道路交通调查，根据城市规模与自然条件、公交站点覆盖率情况、居民与游客出行特征、城市经济能力等，论证了发展公共自行车系统的必要性和可行性，制定了公共自行车系统的发展战略；以城市人口、出行结构等为基础，进行公共自行车系统规模分析；依据用地性质、强度、空间结构，制定公共自行车站点布局规划方案；城市根据实际选择适宜的建设运营模式，制定近期建设规划。

（3）公共自行车系统建设运营模式[213]

目前，公共自行车系统建设与运营模式并不完全一致，主要有以下三种运营模式：政府投资、企业运作的半市场化模式；政府投资的服务外包模式；政府主导、企业投资的完全市场化模式。

① 半市场化模式

运作方式：由政府主导，市控股的国有企业（如公交集团、地铁公司等）实施，或由此类企业新组建的公司负责规划管理公共自行车系统；政府在购置硬件设施、开发智能系统方面投入资金，并且需要为公共自行车系统提供土地支持；同时，将公共自行车系统的资产划拨给指定公司，并给予企业其他商业资源；运营公司具体负责运营、维护、调度等，在后续的运营过程中，公司自负盈亏。

优点：有利于系统快速建设，推动国有企业发展，确保系统的公益性；由于政府的参与，该系统可以减少烦琐的审批程序的规划和执行过程。

缺点：首先，该模式由政府单方面出资，资金压力大，制约了自行车网点的规模，加大了公共自行车的推广难度；其次，政府部门的专业化程度较低，政府与运营企业信息不对等会造成运营效率的降低。

适应性：区域发展水平存在较大差异；政府可提供商业资源补偿。

典型城市：杭州。

② 服务外包模式

运作方式：政府通过招标方式，筛选具有运营资质的企业，政府采购企业的服务，通过合同明确双方的责任和义务，在这种模式下，运营企业者对系统的建设、运营、维护等负有全部职责。

优点：实施专业化分工，租赁企业在政府政策、财政等方面的支持下可以更加快速地形成规模，同时，政府部门对租赁企业进行一定程度的管理和引导，通过租赁企业之间的桥梁匹配，可以有效提高企业运行的效率，确保系统的公益性。

缺点：过多的财政支持会导致企业对政府产生依赖，制约租赁企业自身能动性的发挥。

适应性：政府有稳定的财政投入保障。

典型城市：上海、苏州、镇江、巴塞罗那。

③ 完全市场化模式

运作方式：政府通过招标，选择优质企业。企业在政府的倡导下，投资进行自行车项目的建设，政府一次性将商业、土地等资源交付企业，在该模式下，自行车系统的建设、运营、维护都由企业负责，企业自负盈亏。

优点：市场运作具有专业化优势，且容易形成链条经济，例如北京朝阳区的便民自行车，从生产到运营都由北京永久自行车公司负责。

缺点：公共自行车的公共性是无法避免的属性，当私营部门提供公共服务时，它们的缺点是不可避免的：首先，由于市场运作模式，企业自负盈亏，会导致公共自行车的收费偏高，降低公众的使用意愿；其次，如果一个企业负责整个城市的公共自行车系统，那么会大幅增加公司的资金和人力成本，在企业所拥有的资源既定的情况下，公共自行车的服务密度便会降低，从而降低居民使用自行车的便利程度；再次，当多个企业负责整个城市的公共自行车系统时，各企业相互竞争会降低合作的紧密性，各公司自成一体，各租赁点无法实现联网互通，无法为自行车的租借提供更多的便利，同时，还可能造成企业间相互扯皮、恶性竞争的现象；最后，完全市场化的模式意味着企业在自行车系统的运营中必须获利，然而从现实情况看，公共自行车的收入来源主要是广告费用，这些费用并不足以弥补企业的支出，事实上许多城市的公共自行车租赁企业都是因为运营问题而最终倒闭的。

适应性：地区发展水平高；政府能够提供商业资源补偿。

典型城市：武汉、巴黎。

城市公共自行车系统规划应根据城市实际确定适宜的建设、运营模式。在比较国内外公共自行车系统运行状况的基础上，从公共自行车系统融入城市公共交通系统，提供公共福利服务的角度，建议采用半市场化模式或服务外包模式，尽量避免采用完全市场化模式。

（4）公共自行车运营方案[213]

① 经营权授予

公共自行车通常采用特许经营的方式运营，特许经营权授予方式有：直接授权和公开招标两种。两者的区别在于经营权的获取方式不同，前者是指政府根据相关的法律、法规和规章制度，赋予合格的公共自行车系统的经营权。后者是指通过市场竞争机制直接授予合格的公共自行车运营商经营公共自行车系统的权利。在现实中，以杭州为代表的城市采用直接授权的方式将经营权交予杭州市公共自行车服务发展有限公司，以上海为代表的城市通过公开招标确定经营公共自行车的企业。

② 经营期限

对于外包业务而言，如果企业获得的经营周期较短，那么营利的周期相应较短，导致经济效益不高，甚至成本难以回收，从而导致企业缺乏参与的动力。反之，如果企业获得较长的经营周期，那么政府监管的难度就会相应加大，而且较长的合同会增强企业的稳定性，导致企业产生惰性。综上所述，根据公共物品供给的特点，加上目前已有的实践经验，5~10年是公共自行车系统最合理的经营期限。

③ 经营方式

公共自行车系统有两种经营方式：分区经营和分点打包经营，对比见表4-19。

表4-19 经营方式对比分析

经营方式	企业数量	优点	缺点
分区经营	1~2家	便于分区管理	财政投入较大
		便于自行车调度	
分点打包经营	3~5家	可同时保障滞后区公共自行车建设，实现互补	区域分块较多，高峰期自行车调配困难
		减轻政府财政支出	不利于主管部门监管

分区经营是指将特定区域划分为若干个小区域,企业在分配的小区域内从事经营活动。该经营方式的优点是便于统筹分区的管理,缺点是对财政投入的需求量较高。分点打包经营是指根据每个租赁点的规模和条件,将租赁点的"肥瘦"组合打包在一起,由企业负责经营。其优缺点与分区经营正好相反。

④ 政府和运营企业职责

三种建设运营模式下,政府和企业的工作职责存在差异,如表4-20所示。

表4-20　公共自行车系统建设运营模式中政企职责划分表

工作分项		半市场化模式		服务外包模式		完全市场化模式	
		政府	企业	政府	企业	政府	企业
建设标准、监督考核办法制定		是	参与	是	参与	是	参与
操作规范、应急预案制定		是	参与	是	参与	是	参与
服务点布设、停保基地规划		是	否	是	否	是	否
票价制定		否	是	是	否	是	否
基建建设	服务点建设	否	是	是	是	否	否
	停保基地建设	否	是	是	是	否	否
	标志、标线、设施建设	否	是	是	是	否	否
	车辆购置	否	是	是	是	否	否
	智能系统开发或引进	否	是	是	是	否	否
	运营	否	是	否	是	是	是
	维护	否	是	否	是	是	是

⑤ 服务时间

服务时间可以分为两大类:24 h服务和非24 h服务。目前,大部分城市提供24 h公共自行车服务,小部分城市未提供24 h服务。非24 h服务时间多种多样,如表4-21所示,可归纳为四种类型:普通、租还差异、月份差异、季节差异。为了给人们提供更方便、公益的用车环境,提倡开放24 h为人们服务。

表4-21　非24小时服务时间

类型	代表城市	服务时间
普通	里约热内卢、广州、西安、宝鸡、常德、佛山、九江、南昌、义乌、东莞	6点至21点、6点至22点、6点30至24点、7点至19点、7点至20点、7点至22点、7点至24点
租还差异	巴塞罗那、兰州	租车:5点至24点,还车:24 h;租车:7点至21点,还车:24 h
月份差异	北京朝阳区	4~10月:6点至21点;11~3月:6点半至20点
季节差异	呼和浩特、烟台	夏:6点至22点;冬:6点半至21点;夏:6点半至20点半

⑥ 免费使用时间

由于公共自行车作为公共资源具有公共性和有限性,为了提高公众对公共自行车的接受程度,杜绝过度浪费资源,应采取"短低长高"策略,即短时间、短距离出行免费或低收费,长时间、长距离高收费,因此存在免费使用时间,世界上各个城市的免费使用时间存在差异,如表 4-22 所示。国内一般在 1～2 h,有少数为 3.0 h 或 4.0 h,国外基本为 0.5 h。免费试用时间根据各城市的现实情况而各自确定。

表 4-22 城市免费使用时间

免费使用时间	城市
0.5 h	里昂、巴黎、巴塞罗那、华盛顿、伦敦
1.0 h	杭州、广州、镇江
1.5 h	重庆开县、苏州工业园区、珠海
2.0 h	常德、昌源、广安、柳州、洛阳、南京、遂宁、台州、新津
3.0 h	济宁、岳阳、株洲、邵阳
4.0 h	惠州、池州、南昌、武汉

⑦ 诚信积分制度和收费制度

目前上海、宜兴、苏州等城市采用诚信积分制度,该制度通过积分和保证金两个因素对自行车使用者产生约束力,如果使用超时,使用者便会被扣取一定的积分或者保证金。各地具体规定如表 4-23 所示。

表 4-23 诚信积分制度

城市	积分
武汉	超过 4 h,记不良记录 1 次,累计 3 次不良记录,取消租车资格。24 h 未还车者,取消租车资格。长期不还(超过 72 h 以上),将从账户中扣除保证金
池州	超过 4 h,记不良记录 1 次,累计 3 次不良记录,取消租车资格。24 h 未还车者,取消租车资格。长期不还(超过 72 h 以上),将从账户中扣除保证金
成都金牛区、都江堰	诚信卡内 100 分,2 h 内还车加 1 分,每天不超过 2 分。超过 2 h,扣 10 分,超过 4 h,扣 30 分,超过 12 h,扣 50 分,超过 24 h,扣 100 分。积分为 0 时不能再借车
上海、绵阳	诚信卡内 100 分,2 h 内还车加 1 分,每天不超过 2 分。超过 2 h,扣 10 分,超过 4 小时,扣 30 分,超过 12 h,扣 50 分,超过 24 h,扣 100 分。积分为 0 时不能再借车
洛阳	诚信卡内 100 分,2 h 免费,超过 2 h 每小时扣 10 分,每天扣分上限为 50 分,当天未还车扣 10 元/天
南昌	超过 4 h,记不良记录 1 次,累计 3 次不良记录,取消租车资格。24 h 未还车者,取消租车资格。长期不还(超过 72 h 以上),将从账户中扣除保证金
苏州工业园区	诚信卡内 100 分,1.5 h 内还车,超过 1.5 h,每次扣 20 分,积分为 0 时,不能借车
宜兴	诚信卡内 100 分,第 1 小时不扣分,第 2 小时扣 1 分,第 3 小时扣 2 分,第 4 小时扣 3 分,4 h 以上按一天计算,扣 20 分/天,扣完不能再借车

目前绝大多数城市采取收费制度对租车进行管理,该制度是将收费机制运用于自行车租借中,使用者在租车时交付一定押金,最终根据租车时间进行付费。

A. 押金

押金可以在一定程度上保障自行车的完好,另外可以弥补自行车被人为破坏、遗失对租赁企业所造成的损失。

B. 租赁费用

对免费使用时长之外的使用时间进行收费,可以有效避免自行车使用者长时间无效租车。收费标准分为统一标价和分时段标价,还可以设定每天收费的上限,国内城市收费标准见表4-24。

表4-24 超时收费标准

城市	超时收费
杭州、广州	1 h免费,1~2 h 1元,2~3 h 2元,3 h以上,3元/h
兰州	1 h免费;1~3 h,1元/h;3~12 h,3元/h;12~48 h,5元/h;大于48 h,10元/h
沈阳	1 h免费,第2小时1元,大于2 h后,2元/h,最高1天30元
南宁	1 h免费,超过1 h,2元/h,24 h最高收费46元
拉萨	1 h免费,1~2 h 1元,2~3 h 2元,3 h以上,3元/h,24 h最高收费66元
昆山、徐州、镇江	1元/h

租赁卡有三种类型:年卡、月卡、日卡和临时卡。年卡和月卡主要适用于长期使用公共自行车系统的用户,而日卡和临时卡则用于临时使用公共自行车系统的用户。

租赁IC卡和公交卡是两种支付方式。在自行车管理系统的选择方面,直接运用现有系统的技术难度较大,主要体现在自行车IC卡与本地公交卡不兼容。因此,需要研究开发一种新的操作系统,可用于直接扩展本地公交卡的功能,使之与出租系统兼容。

IC卡根据用途主要分为临时卡和固定卡。临时卡一般用于公共自行车临时、短期的租借,主要针对临时租用者和旅游者;固定卡用于公共自行车长期、高频的租借,主要针对城市常住居民。

国内外城市租赁卡种类和支付手段如表4-25所示。

表4-25 国内外城市租赁卡种类和支付手段

城市	租赁卡种类	支付手段
巴黎	日卡、月卡、年卡	自行车IC卡
巴塞罗那	临时卡、年卡	自行车IC卡
杭州	临时卡、年卡	自行车IC卡、公交卡
上海	年卡	自行车IC卡、诚信卡

(5) 智能服务系统建设

目前,国内外实践中采用的是第三代公共自行车系统。系统可实现控制中心、客户服务网、租赁网、服务终端、停车场的多端口互联,具有租还、会员登记、数据更新等多项新功能。在我国建立公共自行车系统,可以根据各地现实情况进行考虑,在直接引进系统和自行开发系统两种方式中做出选择。两种方式的对比分析见表4-26。

表 4-26　智能服务系统建设开发

方式	优点	缺点
委托本地高科技企业自行开发	根据市民需要,全面设计适合实际情况的智能系统	系统设计、建设、调试耗时较长,稳定性有待检验
	促进本地企业发展,创造自主品牌系统,方便及时更新换代	
直接引进系统	系统已在多地成功运行,较成熟,稳定性好,建设周期短	投资较大,系统维护不便

(6) 公共自行车系统推广保障机制[234]

① 规划与管理机制

A. 优化城市总体规划

城市总体规划是一个城市综合方面的发展蓝图,城市交通的合理程度与其息息相关。总体规划应该更多地考虑未来交通的发展,因地制宜为道路建设、土地利用等方面留出余地。如在交通密度高、土地供应有限的城市中心区,尽可能腾出空间配置自行车专用道,鼓励 B+R;在次中心区域自行车出行需求较高的地段设置自行车专用道;在城市边缘地区,加强非机动车与公交车的接洽程度,在公车站附近设置非机动车停放点;在风景区,适当为骑车观光的游客设置专用道路。

B. 自行车专用道规划

应保障好自行车的路权,根据实际情况设置自行车专用道。自行车道规划应遵循以下原则:a.在区域内规划完整的自行车道网络,保障自行车与区域内各地点的连通性;b.根据居民的出行需求,整改或者新建道路;c.注重自行车和公交车的系统衔接,建设 B+R 换乘系统;d.改善自行车道的环境,如采用特殊色和专用标志、更新照明设施、定期检查浇灌绿化设施等。支路改造成自行车道会给部分机动车的出行造成影响,相关部门可以对应发放限定车辆通行证,减少道路改造带来的不便。

C. 加强社会团体与政府的协同

PBS 涉及规划、自行车生产商、PBS 配套设施厂商等多个部门,只有在这些部门相互协作,利益达到协调的时候,系统才能够顺利运作。但目前系统中存在着各自为政的倾向,政府部门必须重视系统的协同,在各部门间牵线搭桥,制定互利共赢的公共政策。

② 公众参与与宣传机制

A. 提高认可度

交通政策的可持续发展,不仅仅是通过政府自身的强制力去限制老、旧、高污染的交通工具,鼓励清洁能源交通工具,更需要通过宣传和教育等方式,将交通环境可持续的理念推广给社会公众,使社会公众能够自发地选择绿色的出行方式,并形成一种相互监督的状态。自行车集交通、娱乐、运动等多功能于一体,是人们最方便选择的绿色出行方式,而且近些年自行车又开始成为一种出行的风尚,政府可以加大自行车的推广力度,大力营造自行车出行的潮流,使更多的人认可自行车,自发地选择骑车出行。

B. 加大媒体宣传

PBS 的使用人群主要有:短距离出行人群、使用 B+R 方式出行的人群、旅游或健身等非常规目的的人群。针对上述人群,媒体应该加强其传播和舆论的作用,有针对性地对上述人群进行自行车出行的宣传。

③ 经营与运作机制

A. 合理调度公共自行车

不同地点的 PBS 租车站的用户需求存在一定的差异。地铁站附近,自行车与地铁都具有双向需求,自行车的存量和取量不会存在太大的差异。在居住区附近的租车站更趋于单向需求,因此需要更多的专业人员对车辆的存取情况、剩余车辆进行实时监控,并且根据需求合理调度自行车,确保各租车点及时、有效地保障出行者的出行需求。

B. 合理确定押金和使用费用

对于 PBS 的顺利运行而言,根据实际情况收取合理押金和使用费用,以保障系统的顺利运行是必不可少的。首先,过低的收费可能使系统入不敷出,导致系统难以正常运行;其次,出行者在面对过高的收费时,会选择其他的交通工具作为出行的替代品,这样会大大降低系统的收入,也会导致系统无法正常运营。因此,政府部门应该综合考量,在确定收费机制时组织工商、交通等部门以及运营企业加以研讨。在系统运行初期可以先进行试运营,根据试运营的情况举行价格听证会,听取专家意见并且广纳民意,对收费机制做出最终调整。

C. 平衡成本与收益

上文已经阐述 PBS 分为政府运作和企业运作两类。对于政府运作的 PBS,政府需要在前期进行财政投入,在系统运行较为成熟或是城市交通有所好转之后,可以继续加大对 PBS 的投入,推动系统进一步普及;对于企业运作的 PBS,主要的收入来源于广告,可以参考巴黎和哥本哈根的广告置换模式进行设计,同时,也可以借鉴伦敦模式,自行车企业可以积极与手机运营商进行洽谈、合作。

2) 绿道工程

绿道概念起源于绿线概念、蓝线概念,是指沿着自然走廊(如山谷、海滨等),或由人工走廊(包括所有景观道路)建立的线性绿地开放空间,人工景观道路是行人和自行车者的入口。这是一个连接公园、自然保护区、风景名胜区、历史遗址等高密度住宅的开放空间。

(1) 绿道的功能

A. 生态功能

绿道的生态功能在强调可持续发展的今天为公众所认可和提倡,推动其不断发展。绿道主要有以下生态功能:a.故土防洪、净化水源、提高空气质量等环保功能;b.隔离外界干扰,保护室内环境,为野生动物提供栖息地;c.根据种群理论和岛屿地理理论,绿道可以用来减少景观的碎片化;d.为野生动物提供季节性迁移渠道,从而促进物种之间的基因交流,各物种在栖息地之间的迁移也可以使各自更加适应全球的环境、气候的变化[235]。

B. 休闲游憩功能

绿道可以提供接近自然的空间,是居民出行的清洁通道,非常适合人们进行跑步、骑自行车和野餐等户外运动。随着人们越来越重视休闲时间,越来越多的人将城市中的绿道作为周末休闲的去处,绿道的休闲功能日益凸显[235]。

C. 社会文化和美学功能

绿道可以将城市社区与历史建筑、古村落和文化古迹连接起来,为人们提供交流的空间,保护和利用文化遗产,促进人与人之间的沟通。绿道的社会文化功能越来越受到学者的关注。与任何其他形式的开放空间相比,绿道具有更多的社会交往功能和人际交往功能,其历史遗迹大多集中在自然廊道的两侧,因此绿色可以激发人们的爱国热情,具有更大的纪念价值。

D. 经济发展功能

绿道的经济发展功能主要表现在以下几点:a.有效实施绿道建设,可以积极促进旅游业及相关产业的发展,增加旅游收入;b.旅游业的发展为公民提供了相关的就业机会;c.作为一种公共环境资源,绿道可以改善环境,同时给公众带来更多的吸引力,大大提高周边土地的价值。

(2) 绿道的构成

绿道系统通常包含绿廊和慢行道两部分,由自然因素、节点系统和满足绿色道路休闲功能的人工系统组成,如图4-32所示。

图4-32 绿道的构成

① 绿廊系统

绿廊系统主要由地带性植物群落、水体、土壤等具有一定宽度的绿化缓冲区构成,是绿道控制范围的主体。

② 节点系统

包括游憩空间和绿道与其他公共设施、自然实体的交叉点。游憩空间主要指区域里有某些自然、人文因素的地带。空间内含有具有保护性的地质遗址、考古遗迹、历史古迹以及稀有、濒危物种分布区,对科学研究具有重大意义的区域等。绿道与外界的交叉点主要包括与公路、轨道、水路的交叉点。

③ 人工系统[236]

人工系统包括交通衔接系统、服务设施系统、慢行系统和标识系统等,可以提供休闲、交通等功能。

交通衔接系统包括绿道周边的停车点以及绿道与其他交通方式的衔接设施。

服务设施系统包括管理设施、商业服务设施、娱乐设施、健身设施、科普教育设施、安保设施、环境卫生设施等。

慢行系统包括人行道、自行车道等。

标识系统包括信息标识、引导标志、规则标志、警告标志等。

（3）绿道规划原则

绿道的建设必须符合人与自然协调发展、可持续发展价值取向，并以自然环境为基础，配合现代化的施工，形成合力的布局。在绿道的建设中，既要体现出各地区的风俗人情，又要满足人们不断提高的物质、精神生活需求，确保绿道推动经济发展的同时，实现其生态、民生等多方面的价值。

① 以人为本原则

突出以人为本，围绕不同人群的出行与游憩需求展开规划布局，绿道选线串联居住区与商业区，连接滨水空间与郊野公园等开放空间，构建系统、完善的游憩活动空间。

② 生态优先原则

与生态保护、生态安全、生态建设相结合，绿道选线与区域生态条件相吻合；在优化城乡生态环境的基础上，充分结合地形、水系、植被等自然资源特点，防止这些资源被过度开发利用，维护和恢复绿道和绿道沿线地区的生态功能，改善和提升重要生态廊道及周围的自然景观。

③ 文脉传承原则

充分发挥地方历史文化资源的特色，保护历史文化遗产、尊重地方民俗。以城市绿道串联起各类文化资源所在区域，以公园、风景名胜区、森林公园、人文遗迹等风景节点为依托，将代表本地风土人情的自然资源充分展现出来，最终实现保护和开发的有机结合。

④ 因地制宜原则

绿道建设应依托现有非干线公路，充分整合利用现有滨水风景道、山林小道、古道、乡村道、公园道路、防洪堤围等道路基础，将本来分散的生态板块连为一体，从而构建和维护完整、稳定的区域生态；绿道配套服务设施结合城市与村镇公共服务设施以及现状旅游景区设施建设；在规划的过程中，根据绿道的安全使用情况，减少拆迁、征地，并重新使用废弃铁路、乡村道路、田野道路、景区游道和其他道路，在绿道安全使用的基础上，集约利用土地，节约投入建设成本；新建设施应充分利用地方性的、反映绿色生活的高性价比材料[213]。

⑤ 安全优先原则

绿道选线避开洪涝与地质灾害易发地区，合理组织机动车交通与慢行游览观光线路，降低两者之间的交叉与冲突，确保游客人身安全，完善绿道配套安全设施、标识系统和应急救助系统，以确保慢行与游憩活动的安全性[213]。

⑥ 便捷联系原则

扩建绿道网，着重将绿道网向住宅区、交通枢纽等人流量较多的地区延伸，使绿道网与城市慢行系统有机结合，以期完善慢行出行交通结构，在城市中形成完整的绿道出行网络，为市民们的出行增加便利，并且提升出行体验感。同时，结合绿道网的建设，通过配套公共服务设施的合理布局为人们使用绿道提供便捷的配套服务[213]。

（4）绿道选线

① 绿道选线方法[236]

绿道选线时应重点结合节点系统，充分考虑现有基础设施和周边环境，从"点、线、面"三层次综合选择绿道路径。

城市绿道规划的重点是要将地方的自然禀赋、城市公共区域等人文节点体现出来,在各区域节点的串联中,优先考虑高层次开发对象的串联布局。

A. 适合串联的节点

a. 自然节点:指各种生物物种聚集并具有特色景观的区域,包括自然保护区、风景名胜区、水资源保护区、旅游胜地、森林公园、郊野公园、农田等。

b. 人文节点:指有文化和历史细节的地区,包括历史村庄、古迹、特色街区等。

c. 城市公共空间:指规模较大的住宅区、公园广场、文娱活动密集区、交通枢纽站等人流量较多的区域。

d. 城乡居民点:指城镇居民居住的社区、结合部、乡镇等地方。

B. 优选串联节点

为对各节点串联的优先级进行确定,需要对其各自的重要性进行分析,挑选出较高级别的节点(见表4-27)。

表4-27 节点的分级

节点类型	分级		
	一级(非常重要)	二级(重要)	三级(普通)
自然节点	国家级、省级自然保护区	市级自然保护区	—
	—	观光农业园区	连片农田、基塘系统
	—	大、中型水库与湖泊	小型水库与湖泊
	国家级、省级森林公园	市级森林公园	县级森林公园
	国家级、省级旅游度假区	市级旅游度假区	
		郊野公园、湿地公园	—
人文节点	国家级历史文化名镇(村)、省级历史文化街区、名镇(村)	具有成片岭南建筑的街区历史文化遗迹	村庄
	全国重点文物保护单位、省级文物保护单位	市级文物保护单位	县级文物保护单位、区级文物保护单位、文物保护点
城市公共空间	大型居住区、大型商业区、文娱体育区、公共交通枢纽	—	—
	城市级公园、广场	区级公园、广场	社区公园、广场
	大型绿地	中型绿地	小型绿地
城乡居民点		宜居社区、乡镇、村庄等	—

② 绿道路径规划[236]

对绿道路径的规划要在有限串联重要节点的前提下,将绿道的长度、宽度、通行的可行性等因素纳入绿道规划范围,并以开放空间边缘、已有的绿道和交通线路等节点作为选址的主要依托,对城市内的道路进行比较、筛选,最终确定适合建设绿道的路径。

开放空间的边缘:流域(河流、湖泊、海洋、山谷等)的边缘、山林边缘、农田边缘(农田的垄、桑园池塘的基础)等。

已有绿道:现已建成的省立绿道。绿道的规划应该将城市绿道和省立绿道有机联结,有效扩大和完善城市的绿道网络。

交通线路：废弃铁路、国道、省道、高速公路等已有线路，以及市政道路、景区游道、村庄道路等。

③ 绿道控制范围[213]

充分考虑社会经济条件、气候条件、地质水文条件、地形特征、植被条件、动物生活条件和景观特征，重点阐述基础设施条件、道路交通条件、土地利用条件（包括土地所有权）等相关因素，全面界定控制绿色通道。

城市绿道设计要尽可能营造出具有特色的景观，以满足市民休闲、观赏的需求，宽度设计不宜过窄，一般而言，应不小于 7.5 m，其中慢行道宽度不小于 2.5 m，单侧绿廊宽度不小于 5 m。不同类型绿道宽度建议如下：

A. 生态型绿道：主要依靠自然环境要素，包括河流、水库、湖泊、海岸线、自然山系、城市周边的绿色生态道路，总宽度控制在 100 m。实施严格的环境保护战略，强调维护和保育现有景观的原生态性。绿道施工仅限于与绿道相关的基础设施，禁止与绿道无关的开发和建设。

B. 郊野型绿道：以半自然、半人工要素为主，主要包括城镇周边的水体、海岸、田野、绿地，以及度假村、历史建筑、风景区、古村落、森林公园等自然和人文资源或景区，控制宽度应大于等于 50 m。对于郊野型绿道的控制，在不干扰绿道功能的原则下，可以适当地进行低强度的开发利用，如文娱活动场所、体育设施、露营营地等。

C. 都市型绿道：主要指人为建成的区域，包括城市内的特色街区、广场、绿地等，控制宽度一般不小于 10 m。对于都市型绿道的控制，应在绿地控制要求的指导下，对现有的设施进行优化改造，优化市民的休闲体验。

对于所有类型的绿道控制区，都应严禁以下行为：a.经营类城建项目，包括工厂、酒店、写字楼、住宅楼等建筑的建设项目；b.污染类项目，包括污染程度不符合环保标准的餐饮、农家乐等项目，以及油库、化工等对环境污染严重的商业项目；c.破坏绿色道路环境的活动，如伐木、捕兽、拦河、采石等以及危害环境安全的各种活动。根据相关规定，人们的休闲和娱乐活动与绿色道路相连。

3）风景路工程

风景路建设是目前居民慢生活趋势下的建设热点，又称风景道、林荫道、主题线路等，一般道路两旁拥有自然和历史文化价值较高的景观。"风景"是沿线环境资源质量的综合体现，即景观价值、考古价值、文化价值、历史价值、自然价值和休闲价值，尤其是环境资源。风景路在广义上是指兼具交通运输和欣赏游玩两种功能的线性道路；在狭义上是指道路沿线范围具有自然、人文、生态等价值的，适宜公众游玩、欣赏的景观道路，包括公园道、文化线路、遗产廊道等。本书中风景路指狭义上的风景路。

（1）价值与功能

上文已述，风景路具有生态、交通、游憩等多重功能。相应的，它对于保护生态环境、提高城市景观的吸引力、提供休闲游玩场所以及带动城市经济发展等诸多方面都具有不可替代的价值。

① 休闲游憩功能

随着人们日益注重闲暇时间，风景路的休闲游憩功能也日益凸显。有研究显示在风景路的使用中，已经有超过 20% 的研究对象是为了在风景路上进行休闲游憩，只有不超过 7%

的研究对象仅仅把风景路当作日常交通的道路。相比起城市的喧嚣和嘈杂,风景路能够提供更加绿色、舒适的环境,适宜人们进行散步、慢跑、骑乘自行车等游憩活动,可以让人们在城市的嘈杂之余更好地与大自然接触。

② 交通功能

风景路可供行人、机动车和非机动车通行,是人们从城市通往自然的通道,其慢行交通的地位尤为突出,可以有效改善城镇化发展带来的负面影响,如景观资源碎片化等问题。

③ 生态功能

在风景路的规划和建设中,首先,可以通过树木的栽培和移植净化空气、防洪固土;其次,通过规划路线,可以将不同区域景观资源进行串联,将分散的景观连为整体;最后,风景路可以为动物的迁徙提供通行过道,起到保护生态平衡的作用。

④ 经济发展功能

风景路可以增加道路的客流量,提高商业活动的频率,从而增加道路沿线土地的价值;同时,商业活动带来的人力资源需求也可以为沿途居民提供更加多样化的就业机遇,推动沿线经济活力。

(2) 交通系统框架

风景路系统的规划除了需要考虑上文所述的多种功能,还要考虑道路沿线的应急救灾功能,为紧急救援系统提供支撑。

根据服务对象的不同,风景路的交通系统的规划需要重点考虑三种设施:一是内部交通设施,该设施主要承担着道路内部的市民休闲功能,包括步行道、车道等;二是外部交通设施,包括公交系统、停车场等;三是内外衔接设施,主要是为行人的出入提供衔接,包括公共自行车租赁点、风景路与其他道路的交叉口等。

(3) 规划原则与设计要求

风景路系统框架见图4-33,在规划时需要遵循一定的原则:

① 风景路的建设应立足既有历史文化特色,不断突出、形成城市林荫道体系。

② 在保证交通正常功能的基础上,保障道路的绿化建设,改善自然生态环境的同时丰富城市的景观。以城市道路系统及绿地系统为依托,逐步构建系统性、人性化的生态网架。

③ 在城市道路绿化的规划、建设环节,对绿化、交通、市政及相邻地块的关系统筹处理,减少树木的迁移,保障绿化植被的生长空间。

④ 针对城市各区域的特点,分区域编制绿荫道建设规划,指导各区域道路绿化建设。

⑤ 绿荫道建设采取政府牵头、部门联动、市民参与的组织形式,整体提升城市绿化品质。

在建设过程中,风景路的设计应当从道路设施、绿化等多个方面进行综合考虑。

① 风景路应根据道路等级、功能和路幅要求,合理确定道路绿带分布及宽度,满足绿荫道建设标准要求。

② 改扩建道路应充分考虑对原有道路绿化的保护,新增道路绿化应与原有绿化保持品种及规格的统一。

③ 道路分车带行道树设计应满足相应的通行界限要求;道路交叉口及分车带断口处应满足相应视距要求。

④ 道路绿化设计、建设应综合考虑公交站点、中分带和侧分带开口位置,处置好与相交道路、沿线单位出入口等的顺接关系。

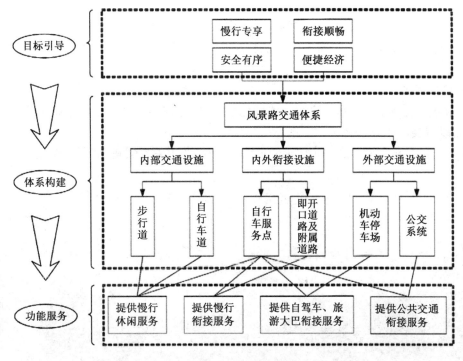

图 4-33 风景路系统框架

（4）风景路的选线

风景区道路线形设计既要符合工程设计的基本标准，在保障道路安全的同时减少对环境的破坏，还要融入周边自然与人文环境，使道路更加美观。

① 平坦地形线路设计

对于平坦地区的设计，要注重道路的路线与区域相协调，规划好景观路和景观的空间关系，使景观路能够更好地衬托景观、融入周围的自然环境，避免路线突兀。对于对环境破坏较为敏感的自然区域，应避免修路带来的破坏，通过改变线形的方式绕过该区域。

② 山地型线路设计

山地区域的地理通常比较复杂，在路线设计时要充分考虑较大的高度差，尽可能减少长大陡坡路段。在进行合理的线形设计的同时，也要保证道路和自然景观的协调。为了降低工程对自然景观的影响，道路通常沿等高线铺设。

③ 滨水型线路设计

滨水型风景道在线路设计时应最大限度地保存并利用滨水沿岸的植被，并设置可供观赏和游玩的视点。如果道路对植被、景观的侵入不可避免，应尽可能地保障岸边景观的美化，在边缘设置缓冲措施。

④ 林地型线路设计

对林地型路线的设计要综合考量该区域植被的生长分布情况、地形地貌、适合的行车速度。为使林地中的景观不被分割，在进入林地之前的道路可以根据地区特点种植适当的植被作为缓冲区域；为了避免人们在封闭的森林走廊中较长时间的直线行驶因单调而产生疲劳，在林区布线时，要尽量设计成曲线，加入一些开阔的空间，以避免空间景观的单调重复。

（5）慢行道规划

慢行道是风景路内部交通系统的主要组成部分，包括步行道与非机动车道。风景路慢行道的设计应该以区位特点、服务人群的特点为基础，依据生态保护、慢行优先等原则进行规划设计。

① 断面形式

根据道路规划建设情况及道路现状绿化情况，可将绿荫道规划建设类型分为达标创建类、储备改造类以及新建类。

对现状基本符合绿荫道评定要求的道路，进行绿荫道达标创建，如图4-34所示。

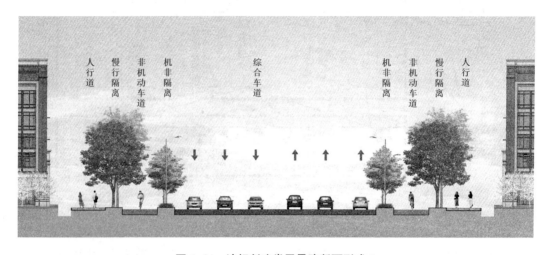

图4-34　达标创建类风景路断面形式1

对全路幅绿荫覆盖率不到60%，但已形成较好绿化氛围的道路，经评定可纳入绿荫道达标创建范围，如图4-35所示。

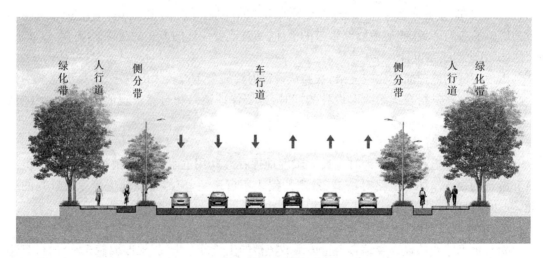

图4-35　达标创建类风景路断面形式2

对现状不符合绿荫道评定要求，但具有改造意义和改造条件的道路，进行达标储备及改造，如图4-36所示（中分带换植大树）。

图 4-36 储备改造类风景路断面形式

对规划新建道路，按照绿荫道规划建设导则及评定标准的要求进行建设，各类形式如图 4-37～图 4-40 所示。

图 4-37 四块板道路风景路建设形式

图 4-38 三块板道路风景路建设形式

图 4-39 两块板道路风景路建设形式

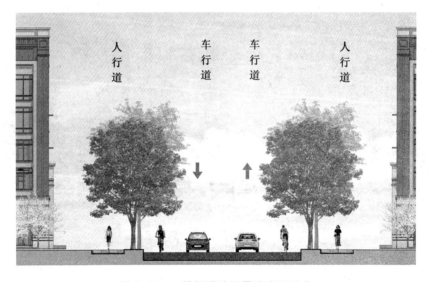

图 4-40 一块板道路风景路建设形式

高速公路不纳入绿荫道规划建设范围；市区级商业中心周边道路要考虑与商业氛围相协调，视情况纳入绿荫道规划建设范围。

② 路面铺装

慢行道的铺装材料取决于上述道路的类型和功能，设计时需要考虑行人、车辆的使用需求，同时要保证材料的外观与自然环境相匹配，禁止使用会对生态产生破坏的材料。根据以上原则，适用的材料主要包括混凝土、砖石、彩色透水沥青路面、透水铺砖、木栈等。在选择材料时可以灵活搭配各种材料，使道路的展现形式更加多样化，实现功能性与景观性的统一。

③ 内外衔接交通设施

包括自行车服务点和风景路开口的规划设计等。

自行车服务点最主要的功能是满足游人的使用需求，因此，为方便游客使用，应根据实际需求有弹性地在公交站点、风景路的开口处、风景路上重要的景观区域附近设置自行车服务点,服务形式以租赁和存取为主。

风景路开口是重要的衔接交通设施,在规划开口时,应该尽可能减少外界的干扰,保障慢行系统的封闭性和独立性,同时也要方便游客和紧急车辆的出入,同时满足独立风景、游人休闲和紧急救援三大需求。其中,城镇型风景路的客流量较大,开口的设置也应较为紧凑,郊区型风景路开口间距次之,生态型风景路开口间距设置最大。风景路开口的设计要为紧急救援留出空间,其选择应该在景观出口、公共交通站点等能够与外部道路相衔接的区域,在设计上兼顾残障人士的权益,加入无障碍设备,将景观、风景路和外部有机结合。

④ 内部交通组织

风景路系统内部慢行组织主要围绕内部慢行道设计。城镇型风景路的特点是交通流量大、使用率高,包括步行道和非机动车道,通常在工程上使用不同颜色或者材质的材料分别对两者进行铺装,使它们在空间上分离,避免相互干扰。郊区型和生态型风景路的客流量较少,应更加贴近自然,道路可以同时容纳行人和非机动车,不做车道上的具体区分。

4.4.3.6 慢行交通安全保障技术

当前我国的城市化进程正在迅速发展,城市区域不断扩大,给交通基础设施建设带来巨大压力。通常而言,城市化进程的速度过快时,行人和非机动车往往处于弱势地位。基于此背景,我国道路的设计开始逐渐重视对行人,尤其是出行不便的人群提供便利。优化步行设施和非机动车交通的建设可以带来诸如美化环境等好处,是城市未来发展的必由之路。

1) 慢行交通交叉口安全保障技术

通过对已有的交叉口冲突研究的分析,可知交通冲突点与交通事故之间存在着密切的联系,其中行人、非机动车和机动车的冲突最密集的地带则是城市交叉口。引起这些冲突的原因主要有以下几点:

(1) 醉酒驾驶;
(2) 超速;
(3) 发生事故的时间段;
(4) 事故所在的区域;
(5) 违反交通规定;
(6) 路面潮湿;
(7) 人行道上狭窄的视野;
(8) 路灯不足;
(9) 车辆在交叉口附近提速超车;
(10) 乘客在路边上下车。

为有效改善行人与机动车冲突,现有以下应对策略:①缩短行人和非机动车的过街距离;②设置独立的过街空间;③调控右转车辆的行驶;④限制机动车的速度;⑤配备齐全的交通信号设施;⑥优化公交站台的设置;⑦清除障碍物,拓宽视野范围。

根据以上策略,在慢行交通交叉口设计时应当重视以下几点:

(1) 车速和道路等级

在路网规划中,根据设计车速,每种道路都有其各自的道路横断面样式。我国基于机动车保有量高速发展,增加车道已经成为道路规划的大趋势,在车道数增加的同时,车辆行驶速度也会相应提升。同时,多车道的道路口通常会设置多种交通指示牌,司机在驾驶时需要分散注意力去了解道路的行驶规则,导致注意力无法集中在过街的行人和非机动车辆上,加大了道路口事故发生的可能性。另外,车道数的增加还会加大行人过街的时间,事故发生的概率也会相应提高。基于上述原因,许多交通管理较为成熟的国家规定在斑马线附近禁止车辆超车。综上所述,建议在设计道路平面时,车速的规划应当从简,即统一限制车速,并且简化交通指示标志。

(2) 行人过街地点的设置

考虑到交通的流畅性,人行过街点的设置不应太密集。通常情况下,行人在过街之前,可接受的步行距离是 200 m,大约需要 3 min。综合考虑,人行过街点之间的间隔应该大于 400 m。同时,根据道路车流量、人流量等因素设置相匹配的过街设施。其中,过街信号灯适合设置在:

① 老人、残障人士较为密集的区域。
② 人流量、车流量较高的区域。
③ 车速较高的区域。
④ 由交通管理系统控制的区域。

(3) 横向振动带错误使用的情形

设置振动带的目的是提高司机的警觉性,但很多城市的做法是在近交叉口处设置振动带,这种方法是错误的,会让司机分不清是即将驶入交叉口还是驶出交叉口,削弱了振动带的作用。因此,横向振动带的设置地点应该在警示区域如转弯处、分叉处、转换处、人行横道等的前方,并且与警示区域之间留出标准的距离。

横向振动带应该与其他交通管控设施结合起来,不适合单独设置,对驾驶者起到加强警示的效果。振动带不应设置在小的水平曲线或垂直曲线上。前面有振动带的区域应增加"前振动带"警告标志。

(4) 红灯时右转

在红灯时可以右转的车辆应该做到以下几点:①要停在停止线之前;②礼让行人;③当没有车辆驶入时执行右转。但在现实中,许多驾驶者无法做到以上几点。加上红灯时右转的车辆往往较多,导致在该情况下机动车与行人、非机动车时常发生冲突。因此,在条件允许的情况下应该设置专门的右转信号灯,减少右转机动车对行人、非机动车的影响。

2) 慢行交通路段安全保障技术[237]

(1) 慢行交通路段安全问题

造成慢行交通路段安全问题的原因主要有以下几点:

① 交通执法缺乏约束力

交通执法中,对慢行交通违法者,交警采取教育说服的方式纠正其行为,对严重违法者,按规定职能处以五十元以下的罚款。从实际效果看,教育和罚款的方式时常引起警民双方的矛盾,无法真正起到作用。总体而言,执法部门的权威性欠缺,无法对慢行交通违法起到规制作用,最终在慢行交通秩序上形成不良循环。

② 驾驶人安全意识淡薄

事实上,绝大多数的死亡交通事故责任在于机动车驾驶者。从人的本能上看,精神正常的驾驶者不可能主观故意肇事,但是目前驾驶者总体的安全意识不够强,驾驶过程中存在着大量的不规范行为。首先,驾驶者对车辆控制过于自信,很少警惕对车辆行驶中潜在的危险,在这种心态下驾驶车辆极易出现超速现象。在超速的情况下,行人横穿行车道,车辆难以避让,容易发生交通事故。其次,目前多数机动车驾驶者在途经人行横道时没有主动礼让行人的意识和习惯,在这种大环境下,行人按规定在人行横道过街的动力便大大降低,导致横穿马路的现象增加。最后,部分驾驶者在驾驶过程中精神不够集中,缺乏对两侧行人的观察,最终导致交通事故的发生。

③ 慢行交通设施不完善

A. 慢行过街设施少

我国城市交通、道路建设和其他的交通管理工作中,往往把机动车的权益摆在首位,对行人和非机动车权益的重视程度不足。例如,隔离车流的栏杆随处可见,但行人过街却因此绕道而行。在这种情况下,行人、自行车为了缩短步行及骑行距离和时间,违法横行车道,会带来安全隐患。

B. 缺乏慢行过街指示标志

缺少行人、自行车的指示标志,行人、非机动车驾驶者,尤其外来群体对过街方式缺乏了解,从而导致行人、自行车违规穿行车道的现象时有发生。

另外,路段内的公交车站将增加行人使用过街设施的距离,下车后由于乘客找不到过街交通设施而选择直接过马路。

C. 行人、自行车物理隔离和保护设施匮乏

交通管理的重要步骤之一是分道行驶。共有三种隔离方式:①划线分离,主要采用交通标志和标线分隔;②物理分离,主要通过交通岛和隔离栅栏分隔;③立体交叉。当前使用较为广泛的是前两种方法。但是目前我国城市的非中心地带往往缺少相应的物理分离设备,对社会公众的约束和保护力度不足。

(2) 慢行交通路段安全问题对策

针对以上的原因及现状,提出保障慢行交通路段安全问题的对策:

① 培育促进交通安全的文化氛围

交通安全问题的现象反映出人与车之间的对立矛盾。汽车作为一种具有人格化的产品,在既定城市空间里占用着有限的公共资源,人们常常会因为繁忙拥堵的交通而产生焦虑。随着生产、生活水平的不断提高,机动车保有量居高不下,人和车之间的对立矛盾日益明显。一个有趣的现象可以形象地说明这一点:许多人在驾驶汽车时经常抱怨路上的行人或非机动车没素质,不遵守交通规则,但当这些人作为行人时,转而抱怨路上的机动车横冲直撞,危险驾驶。由于人车之间存在着矛盾,想要规范双方的行为,只是对他们进行物质上的处罚是远远不够的,更需要政府带动社会营造一个人车相互礼让、和谐共存的文化氛围。

培育促进交通安全的文化氛围,其首要解决的是政府部门对交通安全建设的"一手抓"局面。政府交管部门在对交通安全的教育和宣传上确实没少下功夫,但效果不甚理想。对交通安全文化氛围的培育必须多方参与、共同出力,在政府的主导下,面向社会,利用新媒体渠道,为交通安全的宣传铺设科学化、艺术化的道路。同时要向社会公众提供反馈参与渠道,使宣传更加接地气。

② 改善慢行交通安全设施

A. 注意设置慢行过街指示标志

交通管理部门应该增加交通指引标志,能够让行人、自行车骑行者清楚地知道如何使用已有的过街设施。其中,在护栏的缺口位置附近必须设置引导标志,给予过街行人最明确的提示。

B. 设置中心护栏和行人过街保护设施

从安全角度看,行人横穿双黄线车道存在较大的安全隐患,但是国家标准《道路交通标志标线》中规定的双黄线更多的是规制机动车的变道行为,对行人缺乏约束力,在《道路交通安全法》等交通法规中,也没有行人不能跨越横线的明确规定,这样就在法律层面间接肯定了行人跨越横线的行为。在各地的实践中,通常用设置隔离栏或者隔离岛的方式约束行人横穿车道的行为。因此,在财政和道路条件允许的情况下,应当设置实体隔离设施,在约束机动车变道行为的同时,起到禁止行人横穿马路的作用。

如果道路设有隔离带,人行横道线将穿过隔离带,可以将隔离带用作安全岛。隔离带一方面可以为行人提供中途等待区,另一方面可以作为车辆和行人之间的隔离带,提高行人过马路的安全性。基于此,在改建道路时不容易将隔离带连根拔起。对有中央隔离带的路段,可根据情况为行人设置过街安全岛。对有中心隔离护栏的路段,根据情况可在道路中央设置行人自行车二次过街设施。这类设施的主要作用是为行人提供一个用于观察来往车辆的安全区域,从而有效避免横穿道路的危险行为,同时也有利于道路上行驶车辆的司机正确判断行人过马路的动态,能大大避免行车事故,提高车辆行驶和行人横穿马路的安全性。

C. 加大慢行和机动车交通秩序管理力度

目前在对行人出行交通进行管理的过程中存在很多困难,交通管理部门对于慢行出行违法行为无法管理,几乎放任不管。这种现象对于营造良好的交通出行文化氛围,规范出行行为,提高慢行出行的安全性存在很大的不利影响。根据相关情况的管理经验,仅靠宣传教育很难做好管理工作,必须同步采取强制的管理方法和有效的管理程序,最有效的措施是加强行政部门的执法力度,将整治行人交通安全违法行为视为工作重点,坚决执行相关法律法规,对情节较轻的处以罚款,阻碍或者拒绝执行职务的,可以给予行政拘留或者其他强制措施。

4.4.4 管理保障体系

4.4.4.1 慢行交通管理保障体系框架

慢行交通系统提供的服务主要可分为"硬"服务和"软"服务两个方面,"硬"服务主要包括人行道、自行车道、自行车停车场等硬件设施提供的服务,"软"服务主要包括非机动车的管理、公众宣传等。"硬"服务相关的内容在工程保障中已有所涉及,本章重点关注"软"服务中的重点要求。

对慢行交通的管理包括以下几方面内容:

(1) 交通工具的管理:对于慢行交通而言,交通工具主要指自行车出行方式中使用的非机动车,除了对非机动车的牌照管理外,还应关注非机动商业车的管理和非机动车进口的管理。

(2) 出行者的管理:出行者的管理主要包括为各种出行目的使用步行或自行车交通方

式出行的人群。在出行者管理中,除了对其安全方面的保障外,也包括对其出行行为的规范和教育宣传。

(3) 道路设施规划与设计管理:主要包括设计新的慢行交通设施和老设施的改造时,应遵守的设计标准和原则等。

(4) 道路使用管理:对于已有的慢行交通设施,应通过相应的管理措施提高既有设施的利用效率。

(5) 组织机构设置:慢行交通的各个环节、各项服务,都需要有管理主体的配合实施,构建合理的慢行交通管理机构框架,对于整个慢行交通系统的完善具有重要的意义。

4.4.4.2 财政保障

1) 慢行交通规划及建设投资的影响因素

(1) 规划或建设区域的人口和规模

规划或建设区域的人口和规模是影响慢行交通财政投入规模的最主要的因素之一。城市规模不仅决定了慢行设施建设规模的大小,也决定了慢行交通在城市交通系统中所应发挥的地位和作用。这一因素也决定了规划或建设的重点内容和相应的目标、战略。在制定慢行交通财政计划时应首先考虑这一因素。

(2) 规划或建设的内容[213]

慢行交通规划、建设包含的内容较多,包括步行方面或自行车方面或两者都需要。层级上可分为战略层面、网络层面、设施层面、环境层面等,除城市道路等基本设施外,还包括绿道、公共自行车等在运营和管理上涉及较多管理主体的项目,也包括政策、制度等非设施规划与建设,各层级的内容对规划或建设要求的精细度也不同。因此在制定相关财政计划时,应妥善处理各内容之间的关系。

(3) 规划或建设的目标

确定规划或建设的目标,既是为了制定政策性文件(标准、规范、导则等),也是为了改善现有的设施和环境等。根据各个城市慢行交通发展水平的不同而确定,在制定慢行交通财政计划时,应明确财政拨款的用途和目的[213]。

2) 慢行交通的效益估算[213]

本书采用平均工程费用和平均通行能力来评估交通工程的模块效率和成本效益。表4-28列出了不同的交通工程的效益。

表 4-28 不同交通工程的效益

通行能力和造价	通行能力(人/h)	造价(亿元)
1 km 人行道(2 m 宽)	2 400	0.01
1 km 自行车道(3 m 宽)	3 000	0.10
1 km 城市道路(双车道,低交通量)	2 600	0.80
1 km 城市道路(双车道,高交通量)	4 500	1.00
1 km 高速公路(四车道)	8 500	1.20
1 km 快速公交	16 000	0.25
1 km 地铁	60 000	5.00

使用修建1 km地铁的钱,可以修建:

(1) 18 km快速公交系统;

(2) 10 km四车道高速公路;

(3) 35 km双车道城市公路;

(4) 235 km自行车道;

(5) 350 km人行道。

同时,如图4-41所示,与修建地铁、快速公交等其他交通工程相比,相同距离的自行车道和人行道的有效机动性最高。

基于以上分析,当考虑工程造价、通行能力和有效机动性时,建设人行道和自行车道是最具有效益的。

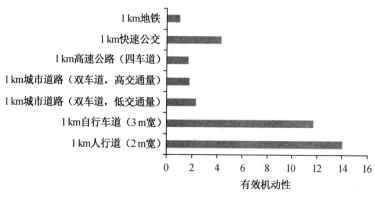

图4-41 有效机动性(基于1 km地铁数据)

3) 慢行交通财政支出组成

根据一个城市慢行交通发展的水平和程度,存在许多潜在的融资渠道为慢行交通提供资金保障。根据融资需要,费用可以分为三个部分:规划和开发费用、基础设施建设费用、管理费用。

表4-29列出了每种费用可能的资金来源。

表4-29 慢行交通项目潜在资金来源

费用分类	潜在资金来源
规划和开发	■ 现有部门预算 ■ 地区和中央政府预算 ■ 国际双边机构 ■ 全球环境基金(GEF) ■ 国际组织(例如:联合国开发计划署 UNDP,联合国环境规划署 UNEP 和世界银行 WORLD BANK) ■ 地区发展银行(例如:亚洲开发银行,美洲开发银行,非洲开发银行) ■ 私人基金
基础设施建设	■ 地方税收 ■ 地区和中央政府预算 ■ 国际发展银行
管理	■ 现有部门预算 ■ 商业广告 ■ 私人赞助 ■ 拥堵费、公路通行费和停车费 ■ 商业性房地产开发

(1) 规划和开发

项目规划所需资金与项目的范围和特点有关。如果项目相对简单,不需要聘请外部顾问,这一费用将列入现有工作人员的预算。虽然在某些情况下,项目的特点或希望利用国外的经验,有必要聘请专业的顾问,但与高速公路项目汽车服务相比,慢行项目的规划和工程并不昂贵,税收预算便可以满足项目的要求。

此外,区域和中央政府还可以为此类项目提供具体资金,特别是在项目可以在国家一级向其他城市做示范性介绍的情况下。出于同样的原因,国际捐助机构也可以协助项目规划,特别是在项目有可能得到推广的情况下。例如,具有双边服务的公共福利组织,例如瑞典国际发展机构(SIDA)、美国国际发展机构(USAID)等双边服务的公益性机构也可能会在项目开发阶段提供资金。其他机构,例如德国技术机构(GTZ),可能会通过派遣国际专家来提供技术支持。

另有一种国际资金来源是全球环境基金(GEF),GEF 自创立以来,一直致力于协助推动能够减少温室气体排放的项目。慢行交通发展项目正是具有这样的特点。事实上,GEF 在圣地亚哥、利马、墨西哥城和马尼拉的项目中都包含了促进非机动车交通运输的成分。GEF 的赞助程度取决于项目应用类型和特点。GEF 赞助机制包括:

① 小型资助项目(资金低于 5 万美元)

② 中小企业项目

③ 项目准备和发展基金(PDF)

PDF A 类(项目准备阶段最高 2.5 万美元)

PDF B 类(项目准备阶段最高 35 万美元)

PDF C 类(项目准备阶段最高 100 万美元)

④ 中等规模的项目(用于项目的资金可高达 100 万美元)

⑤ 涉及所有项目的费用(大笔资助可能超过 1 000 万美元)

(2) 基础设施建设

关于项目内部基础设施所需的改善,慢行项目基础设施所需的资本(尽管总成本要低得多)与其他类型的项目清单相同。资金来源一般首先考虑到地方和国家政府的投资,但地方开发银行和世界银行等国际资金来源也是可能的。

(3) 管理

慢行系统的管理和维护与潜在资金来源的最大差异直接相关。在大多数情况下,地方和/或中央政府的现有预算足以支持最低限度的支出需要。

然而,和私有部门合作也是一种选择。例如:波哥大每天的无车日活动中,大约有一半的项目实施后续费用,来源于保险公司。这是因为无小汽车活动有效保护了健康和降低了事故发生率。因此保险业认为这样的投资非常有益。如果要传达的商业信息与活动不产生冲突,那么适度的商业赞助也是十分有效的资金使用来源,从那些旨在限制车辆使用的收费项目中取得的资金也是一个十分恰当的资金来源。拥堵费、通行费和停车费等需求管理措施也从另外一个方面向人们灌输正确的思想,将支持慢行交通的发展,如能正确使用所得资金,就可以保证一个可持续的现金流,以支撑慢行交通系统运作管理和维护过程。

4) 公共财政优先投资[238]

发达国家的慢行交通设施完善,发展迅速,他们的成功是因为有大量财政投入作为资金来源的基本保障。国家相关部门应该通过财政方面拨款和收取交通税收等方式,创建慢行交通发展的专项资金。

(1) 将慢行交通纳入公共财政预算体系

在新常态时期,政府职能逐步由经济发展型向公共服务型转变,为社会提供满意的"公共服务"已成为政府的基本职能之一。慢行交通是一项极为重要的公共服务体系,其显著的外部效应已成为社会各界的普遍共识。慢行交通公平、环保、节能、安全等公益性特征决定了政府应在慢行交通投入中承担主要责任。另外,慢行交通投资项目普遍周期长,几乎无利润,也决定了必然要以政府为主导,发挥宏观调控职能,以公共财政为基础,保障慢行交通健康发展。

(2) 保障公共财政对慢行交通的投资规模

依据联合国提议,发展中国家城市基础设施建设投资占GDP的比重应达到3%~5%。我国每年用于步行交通改善的资金仅占整体交通投资的0.2%~5%,大部分城市的交通投资均以道路建设为主,而非有针对性、系统性地鼓励慢行交通改善。

台北市政府2010年财政支出52.5亿美元,其中有807万美元用于人行道的提升,971万美元用于滨水步道的修建,10万美元用于完善步行道标志和相关设施,大约200万美元用于其他提升步行相关的工作,如与公共交通衔接设施的建设和维护。

反观慢行城市,其城市政府均将慢行交通作为城市基础设施投资的重点。

(3) 确定稳定的公共财政优先投资来源

由于政府公共财政预算容易受经济环境变化的影响而缺乏稳定性,因此需要建立稳定的资金来源渠道以保证慢行交通建设投入的可持续性。借鉴发达国家的经验,可从以下三个渠道确保公共财政对慢行交通发展的持续投入。

第一,设立发展慢行交通的专项资金。资金来源可以是汽车登记税、车辆燃油税、基础设施配套费、土地批租收入、城市建设维护税、城市公用事业附加费等。

第二,适当征收"交通拥堵费"。从制约小汽车自由发展、过度使用和保障社会公平性的角度出发,对小汽车使用者适当征收交通拥堵费,具体用于补贴慢行交通基础设施的建设和维护。

第三,可以考虑设立"慢行交通发展税"。在特定区域内,向资产所有者征收用于慢行交通发展的专项资金。例如:巴黎交通税法规定,辖区内人口规模3万以上的城市、10人以上的雇主必须按支付工资总额的2.2%缴纳公共交通税,这成为其轨道交通建设资金的主要来源,为促进城市公共交通发展做出了重要贡献。

5) 慢行交通投资保障机制[213]

在实际发展中,许多城市的慢行交通发展还停留在口号宣传阶段,资金投入更是无从保障。借鉴国际发展的成功经验,同时结合我国国情,慢行交通的投资保障机制可以从以下几个方面着手。

(1) 法制保障

在法律层面上,明确慢行事业公共财产投资的责任和义务,确定慢行事业公共财产支出的转移比例,确立优先权,确保慢行交通发展的资金投入不会因人员、时间、地点而变化,形成一个长期的慢行发展投资机制,以适应慢行交通发展的长久要求。

(2) 预算保障

将慢行交通发展的投资和补贴纳入政府年度财政支出预算中,对慢行交通支出的可行性、科学性、经济性、公平性等进行综合评估,规范投资项目与投入金额,提升公共财政资金的利用效率。

(3) 人大审议监督

每年公共财政对慢行交通事业的投资预算应当上报全国人民代表大会审查批准通过;同时,人大对政府慢行事业的发展规划和实施情况应充分行使监督权,监督政府对慢行交通发展进行落实并提出改进建议。

(4) 独立审计监督

对涉及慢行交通事业的财政支出建立独立审计制度,监督政府和企业对慢行发展投资的执行情况,以及相关财政支出的真实性和合法性。同时,还应加强对相关企业的社会责任审计,本着公众利益至上的原则,对慢行交通发展资金投入(特别是政府补贴资金)的使用情况进行有效监督,规范企业行为,保障慢行交通发展投资的公众利益。

(5) 社会公众监督

慢行交通发展的投资预算和实际支出状况应向社会公布,接受公众监督。作为与人民群众生活密切联系的事业,慢行交通发展应纳入政府"民生工程"范畴,做到公平、公正、公开,广泛听取公众意见,反映公众诉求,以社会的力量保障慢行交通发展投入得到贯彻落实。

4.4.4.3 慢行设施管理

1) 慢行交通相关的道路养护和维修

房地产开发商负责土地红线内的慢行交通设施的维修养护。红线外的部分应由市政府负责,但是市政府也可以在土地转让合约上注明哪些红线外的慢行交通设施必须由邻近的开发商负责相关的维修养护工作和因此产生的相关费用。这一点对地下通道和空中走廊的维修保养至关重要。

对城市道路进行养护维修的单位,须认真遵守城市道路养护、维修技术的相关规范,按时对慢行交通设施开展养护,进行维护和修理,确保工程实施的质量。市政工程的行政主管部门的职责是监督并检查单位的道路养护、维修工程质量,确保城市道路慢行交通设施的完好。在对道路进行养护维修时应严格遵守规定的时间期限,确保在预期内完成修复,同时施工过程中要在养护、维修现场设置明显的标志和安全围栏,以确保行人和车辆的安全。特种车辆在维修工程中必须使用统一的标志,并保证在执行任务时使用不同的车辆,包括行人交通与自行车交通在内的安全和通畅。

2) 慢行交通设施的保障管理

由交通管理部门对全市的交通标志标线及机动车、自行车、行人信号灯组定期检查,保证标志标线清晰和信号灯可见度。

在城市道路上修建的各种管道的检查井、箱盖或道路设施必须符合标准和规定,不得影响交通。发现影响交通流安全时,有关产权单位应当及时补足或者修复。

对城市公用设施进行管理,对城市道路、桥梁以及依附于城市道路的干线、管线及附属设施等市政公用设施进行统一管理,并根据问题实施改造建设工作,建设和管理城市道路路名牌、候车亭等设施。

3) 慢行交通环境管理

对城市园林绿化、市容市貌、环境卫生实行行业管理,保障慢行空间的畅通、舒适。

4) 慢行交通路政管理

市政工程主管部门执行路政管理的人员对以下损害、侵占慢行道路设施的情况予以禁止：未经许可占用慢行空间或者挖掘道路；未经许可在有关设施内安装广告或者其他挂浮物；其他损害慢行设施的行为等，违反者责令期限改正或依法进行处罚。

4.4.4.4 慢行出行工具管理

1）非机动车出行需求

对于自行车出行活动来说，其主要目的是骑行到达某一目的地，包括出差、接送小孩、出席晚会等出行活动。适合于日常出行的自行车设施类型与休闲性出行有很大的不同：尽管在诸如荷兰、丹麦和德国等自行车王国这一问题已得到了相当的重视，但在如美国、澳大利亚等自行车只占不到1%出行分担率的国家对这一点仍缺乏关注。自行车工业倾向于忽视自行车日常出行某些方面的需求，而将其视作某种休闲或体育设施。下面我们列举几点自行车日常性出行诉求：

(1) 便装出行诉求

为了使自行车出行贯穿整个日常生活，自行车出行者更愿意穿着合乎目的地所在场合的服饰，如驾驶员、行人、公交乘客。相比之下，对于休闲与运动性出行，自行车出行者的着装会更加有针对性。

(2) 载货载客需求

日常出行有着载货载客的需求。相比之下，对于休闲与运动性出行，自行车出行者更愿意只携带一些活动必需品，至多再带上一些水杯、零食之类的便利品。

(3) 多出行讫点需求

当在外骑行时，沿途遇到停车信号标志、红灯或需要与人打招呼时，常常得做短暂停留。相比之下，对于休闲与运动性出行，为了骑行效果，出行者可能选择地形和视野障碍最少、较少停车的路线。

(4) 视野优先权

自行车出行者在城镇内部和周边的行程过程中需要留心交通状况以及能够被车辆、行人等看到。无论何时何地只要一个人可能在天黑或者天气恶劣的情况下出行时，这种需求就会存在。相比之下，对于休闲和运动性出行，出行者会选择最小可能遭遇交通拥堵的路线，也可能会在天气恶劣的情况下放弃骑行。

(5) 不易被盗窃

因为日常出行经常会在不同的地方短暂停留，所以自行车以及其任何可移动的零件比如车轮、车座、车灯以及货物很容易遭到盗窃。这种易受攻击性就催生了防盗需求或者对廉价车辆的偏爱。相比之下，休闲和运动性出行者可以做出行计划以避免将车辆停放在容易遭到盗窃的环境中。

(6) 可靠性优先权

因为日常出行行程相对较短，较为频繁，为了方便，一辆自行车会被重复使用，并能将出行者成功地送到目的地。自行车出行对天气以及着装的要求较为有弹性。相比之下，对于休闲和运动性出行，出行者需要在出行前仔细检查车辆，或者时常调整轮胎压力以使车辆性能达到最佳。

总之,自行车出行者的需求与其他方式出行者是相同的。在出行时间、费用、运输便利性、舒适性以及针对特别个体的其他考虑因素方面,自行车出行者的出行体验比其他出行方式更有竞争性。在基础设施的完善与政策的支持下,自行车将比其他出行方式更具有竞争力。例如,挡泥板和护链板使得出行者穿着便装也能轻松骑行。如果自行车的车座高度和车型设计使得骑行者双脚能轻松落地,那么停车和出发就会显得更容易。

2) 车辆管理

关于机动车,国家政府规定使用的车辆类型,机动车辆和零部件有 ISO 国际标准约束,新研制的车辆在上市前一般要经过"型式核准",以证明车辆质量、安全和排放性能达标。所有的上路机动车都要在公安或机动车管理部门注册登记,以防车辆失窃或卷入犯罪活动。发达国家和越来越多的发展中国家还要求对车辆进行定期检测,确保尾气排放和安全性能达标。对商业用途的车辆,像出租车和货车一样,这些车辆需要营业执照和交税才能上路。

自行车、人力脚踏车和其他的慢行出行工具行驶速度慢且不会造成环境污染,很少国家会要求非机动车也做安全和排放检测。由于非机动车生产厂家数量多,零部件越发复杂,虽然部分国家坚持非机动车制造也必须遵守 ISO 国际标准,但申请通过 ISO 国际标准要费时、费力,高成本会造成商品高价格。所以,非机动车制造工业的发展趋势是转向对制造商制定质量控制标准,而不针对具体产品。

大多数的发达国家和部分发展中国家很注重非机动车的相关配置问题,若非机动车没有车头、车尾反射器是不允许出售的,私自出售是违法的。相应的,在夜间没有反光镜和前、后车灯的自行车也是不可以行驶上路的。管制一般较为宽松,有的在法律中明确将非机动车辆的反光镜纳入特定的质量标准,甚至有些安全专家建议可以在外观颜色上进行调整以更好地解决可视化问题,如人力车、普通脚踏车等可以喷漆成显眼的黄色,但可能会受到一些年轻人的抵制,因为这破坏了他们崇尚个性的原则。

有一些国家在非机动车管理方面会实行注册制度,例如中国有部分城市政府会强制要求非机动车购买牌照,除此之外大多数的城市是以鼓励为主,尊重居民的意愿,不强制要求非机动车上牌照,这样有利于防盗窃,但除了中国外,这种防盗作用看来还不明显,波哥大也实行自愿上牌照的原则[238]。

3) 非机动商业车管理

对于一些用于商业营运用途的非机动车需要进行管理。相关管理应考虑的因素包括消费者权益、驾驶者权益和对逆向行驶的相关约束。

在大多数美国城市,如纽约,使用人力脚踏车作为出租车服务是相对罕见的,而且完全没有组织。这些车辆不需要营业执照,收费不统一,基本上由双方协商解决问题。根据市政府的规定,这些车辆只需要按顺序向乘客提供事故保险。在欧洲,这些车辆有时需要商业和运营许可证,有时不需要[238]。

发展中国家对人力脚踏车的监管因国家和城市而异。波哥大的情况与发达国家相似,乘客的三轮车也不受管制。波哥大只有 200 辆这样的自行车,他们只能在主要的自行车道上行驶,这些车道通常设计得足够宽。这些三轮车是私人拥有的,车后面会有广告(通常是关于手机和酒精产品的)。他们没有正式的收费表,但一般乘客上班时都会给司机一些小费。

4.4.4.5 慢行出行者管理

1) 非机动车使用者管理

(1) 非机动车驾驶执照

驾驶机动车需要驾驶执照,是由于驾驶是一项需培训的技术技能,未经培训的驾驶员可能会造成严重的交通事故,危害自己和他人的生命。从这个技术意义上来说,非商用的自行车和其他的非机动车如果也需驾驶执照就显得十分多余。

(2) 非机动车驾驶头盔

美国的部分州或者城市的法律明确要求骑自行车出行一定要佩戴头盔,头盔要符合相关安全和质量标准,但是大部分的发展中国家骑自行车根本不戴头盔,即使是摩托车要求戴头盔的比例也极小。一般情况是,摩托车和自行车驾驶者都需要戴头盔,不过骑自行车戴头盔不做强制性要求。

(3) 非机动车通行限制

在某些地方,为了提高专用道路上机动车辆的行驶速度,避免严重的混合交通冲突,有时会限制慢速交通。建立人行道、更宽的侧路和完全隔离的自行车道可以有效地改善慢行交通安全,同时使机动车辆能够快速行驶。美国的一些国家公路以及发达国家和发展中国家的城市间公路允许自行车通行。

许多发达国家的城市中,在非机动车允许进入的道路,如果没有专用的自行车道,那么非机动车辆除了转弯都必须靠边行驶。在大多数发达国家,如果建有自行车道,那么根据法律规定自行车就必须在自行车道上行驶,除非自行车道被阻塞。

在大多数国家,如果有人行道,行人必须使用人行道;如果没有,他们可以沿着与交通方向相同的路边走。当行人过街不远时,过马路必须利用人行道;如果附近没有行人通道,行人通常可以过机动车通道,但此时机动车优先通行。就像行人一样,当机动车通过人行道时,享有优先通行的权利。

在限制非机动车进入的道路和繁忙的主干道上,几乎没有行人过街设施和交通灯,这就为非机动车的短途出行带来了特殊的困难,即所谓的"阻断"问题。在发达国家,国家、州或省的法律都开始纳入条款,即规定进行交通规划和设计时应为非机动车辆和行人建立连续通道。美国的联邦法律就规定,那些导致已建成的或规划中的主要非机动路线"隔断"的行为将被禁止,除非有合理或可提供的替代路线。

近年来,关于自行车和其他慢行交通方式的限制措施被引入中国的一些主要承担着本地交通的城市主干道。过去,自行车曾被用作主要的出行工具,但现在,已被公共汽车和出租车取代了。上海、广州、北京和其他城市在市区的主要道路上限制自行车的出行。自行车只能与行人共用通道,并保持路面低速。中国的许多城市都采取了设计和管理变革相结合的方法来减少自行车的使用,但效果并不理想。广州的自行车使用率从1990年代的34%下降到2000年的16%,选择摩托车和出租车出行的人数较少,一小部分则选择了乘坐公交车。

2) 交通宣传教育

交通宣传教育与交通法规、交通工程措施是慢行交通安全、通畅、高效的保障手段。做好交通宣传教育工作,既可以从慢行主体这一根本因素入手,有效地遏制住交通事故发生的源头,又可以进一步促进交通文明,实现行人、自行车、机动车和谐运行的目的。

(1) 机动车驾驶员培训机制

机动车驾驶员的教育宣传工作一直是公安交通安全管理工作的重点。近年来,驾驶员教育中普遍存在驾驶员交通安全意识淡薄问题、驾驶员队伍结构变化巨大、驾驶员流动性高和缺乏驾驶员日常培训机制等问题。应在驾驶员培训体系中,尤其是结合实际操作与场地培训,渗透驾驶礼让知识,规范驾驶行为,把好上岗前最后一道防线。对已经取得驾驶执照的机动车驾驶员来说,应形成再培训机制,使机动车驾驶员的培训机制更加完整、规范。

(2) 中小学生学校教育

学生及幼儿是未来城市交通活动的主要参与者,同时也是交通活动中的弱势群体和易受到伤害的主体,其活动的范围又较为固定,可以在学校开展交通宣传教育。这一群体的交通宣传教育必须以学生为对象,充分发挥学生作为主体的作用,使学生自觉遵守交通法规,从学法、知法、守法到讲法,成为对社会有用的公民。在课堂教学和教科书中不断渗透公共知识教育。课堂教学是教育的主渠道,教材是学生学习的材料。它包含了许多内容,如交通安全教育,供我们探索和使用。

在实践的基础上进行教育。学校应积极开展以实践为导向的自主教育活动,从而引导学生发挥主体作用,在社会实践中培养学生的主体性知识、自我体验和自我认知。这是自觉遵守交通法规的根本动力。可以根据实际情况组织学生开展社会实践活动,开展交通安全教育,让学生积极参与社会课堂,引导学生积极运用他们在社会服务中学到的知识。对这一群体的交通宣传教育要作为学校教育的一项常规教育来抓,必须持之以恒,坚持才有成效,才能在对一代又一代学生的教育中收到成效。交通宣传和教育也需要整个社会的关心和支持,特别是家长的支持与合作以及教育部的关注。将中小学生的交通安全列入重要议事日程,保证学生的交通安全,从而提高学生的安全性和保障社会的稳定。

(3) 社区教育

结合我国社区的特点,借鉴各国社区交通宣传教育的发展模式,向居民宣贯交通出行安全理念,认真听取居民意见,围绕交通管理,部署行人安全工程、自行车安全工程项目、酒后驾车项目。警察还必须积极合作,努力将交通执法活动转变为民众关心的内容。利用社区人员的稳定性,使社区成为交通宣传教育的重大阵地。

(4) 执法者与管理者的在岗教育

执法者与管理者决定着交通秩序的制定与管理措施的实施,所有的工程技术措施、法律手段都是通过他们最终实现的。因此,对于交通行业的执法者与管理者来说,学习和不断进行教育尤为重要。除了上岗前的培训之外,应定期地有针对性地开展专项教育活动,邀请兄弟城市相关部门讲解经验教训;聘请专家报告国内外最新动态,系统了解知识;加强对外联系,学习国外先进经验。唯有在理念和行动上始终跟上社会发展的节拍,深刻理解交通发展与变化,进一步理解交通参与者的诉求,才能更好地完成本职工作。

(5) 社会宣传

社会宣传是交通宣传教育中的重要部分,具有潜移默化的功效,在日常生活中不断学习交通法规常识,不断加强交通安全与礼让的意识,可以根据宣传内容的不同采用多种多样的宣传形式。例如传统的会议室宣传教育,通过报刊、电视台、广播电台和电视台进行的交通宣传教育,通过影视等文艺形式进行交通宣传教育。要让交通宣传教育深入人心,就要针对不同主体关心的内容,采取各种手段,不断进行强化,最终达到步行交通与机动车和谐运行的目的。

3）公众监督管理

慢行交通系统的主要主体和使用者是公民。大多数人的日常生活都与慢行交通密切相关，他们会比管理者更容易发现慢行交通设施所存在的各种缺陷和危险。

建立开放的公众参与制度是将城市规划管理工作由封闭走向开放的重要举措。唯有开门纳言才能不断改进，实现城市的和谐、健康发展和社会公平。在具体工作过程中，应考虑以下内容：

（1）将慢行道路设施问题列为政府接受监督与举报的一项内容；

（2）可利用网络、监督电话、监督信箱等方式长期接受群众对慢行道路设施问题的反映；

（3）建立群众参与机制，从群众的意愿出发，对慢行设施不断改进。

4.5 示范工程

4.5.1 镇江市城市与慢行交通发展现状

4.5.1.1 城市特征分析

镇江市位于江苏省南部，属于长江三角洲北翼中心，是长江与京杭大运河唯一交汇枢纽，自古以来一直是江河南北的商埠重地，长江流域第三大亿吨港口镇江港通江达海。镇江地处中国华东地区、江苏南部（见图4-42），是南京都市圈成员城市、扬子江城市群重要组成部分，西衔南京、南靠常州、北邻扬州，是华东地区重要的交通中枢。境内京沪铁路、沪宁高铁、312国道等与全国各主要城市相连。

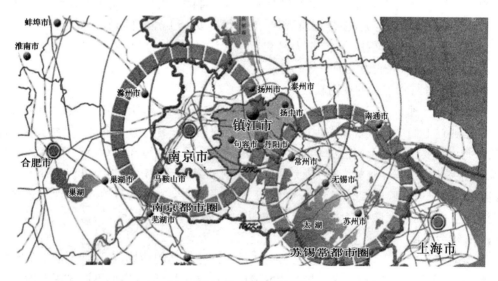

图4-42 镇江区位图

"十三五"期间，镇江市社会经济稳步发展，经济实力、社会发展状况都迈上了全新的台阶，为镇江市未来的发展建设奠定了良好基础。从经济发展角度来看，2020年镇江市实现地区生产总值4 220.09亿元,比2015年增长17%(历年GDP对比情况,见图4-43)。其中,第一产业增加值149.50亿元,第二产业增加值1 988.63亿元,第三产业增加值2 081.96亿元。

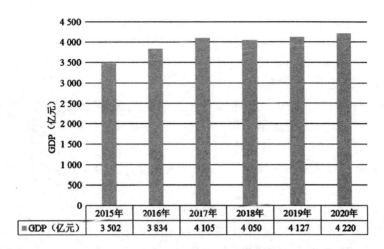

图4-43 镇江GDP

镇江市为北亚热带海洋性季风气候,日照多,雨量大,给步行出门者造成了很大的困扰和阻碍,同时对于遮阴、避雨等基础步行系统所需要的设施提出了更高的要求。同时,镇江市典型的山、水、城的城市特征,宜人的自然环境为建构步行系统提供了天然的环境支持。在镇江中心城内,现有人口98万人,其中重点规划区域内人口如表4-30所示,现有人口87万人,未来规划人口118万~143万人。

表4-30 镇江重点规划区域人口

大区	老城分区	丁卯分区	南徐分区	谷阳分区	大港主城区	合计
2010年现状人口(万人)	48	12	10	8	9	87
2020年现状人口(万人)	40~45	25~30	20~25	20~25	13~18	118~143

4.5.1.2 慢行交通发展现状

1) 慢行交通出行现状

一直以来,镇江市交通系统中慢行交通占据了最大的比重,近年来,随着公共交通系统的发展、小汽车保有量的增加以及慢行交通规划的不到位,导致步行系统和非机动车系统的比重逐年下降。如表4-31所示是2019年镇江市居民出行方式,选择非机动车出行的最多,占34.2%,其次是选择私家车出行方式,占20.8%,慢行(步行和非机动车出行)比重合计占52.1%。

表4-31 2019年镇江市中心城区居民出行方式

出行方式	步行	网约车	公交车	私家车	非机动车	单位车
比例(%)	17.9	10.7	13.6	20.8	34.2	2.8

2）慢行交通系统规划现状

(1) 专项规划

《镇江市城市总体规划(2002—2020)(2015年修订)》于2015年6月编制完成,并于9月25日,经市规委会第五十二次规划审查会议研究审查通过。

专项规划《镇江市慢行交通系统规划》于2013年编制完成,对镇江市慢行发展战略、步行和自行车网络设施及公共自行车布点进行了规划。

(2) 公共自行车规划

镇江公共自行车系统按照《镇江市慢行交通系统规划》中的相关内容展开,目前已于2013年完成第一期、2014年完成第二期,公共自行车站点和数量初具规模。

(3) 绿道规划

目前已完成南山绿道的一期建设工程,规划东南部为二期绿道系统并计划在"十三五"期间建设完成。

该计划建议,重点是规划和建设一个步行道路系统,以引导低碳生活方式。根据镇江市中心城区"三横九纵"交通框架体系和主城区"双环交叉"路网格局,镇江市将利用山区水资源自然景观、山水相连的绿色游憩道路、风景区的步行系统、连接不同重要名胜的绿色景观道路,以居住区道路为中心,建立绿色舒适型道路,为社区居民服务,建设城市绿色道路网络,为市民提供低碳化与便捷、舒适的出行、健身、休闲环境。

按照总体规划,重点完善道路绿化体系,加强多层次公园、居住区公园、社区公园建设,平衡道路绿化半径。计划围绕古运河建设完善滨水景观网络。

(4) 立体过街设施

市区已完成中山路—电力路、中山路—解放路等立体过街改造工程,进一步拟开展地下空间开发规划,整合地下空间资源。

3）慢行交通系统建设现状

(1) 道路设施现状

镇江市中心城道路总数为350条,道路长度为706 km,路网密度为2.11 km/km²。在镇江市交通规划中,进行自行车交通网络规划的同时推进机动车交通网络规划。因此,非机动车道的长度与道路长度相同。

(2) 非机动车辆管理

镇江市非机动车停车场主要采用基地配建,未设置公共停放场地。但是由于历史原因,很多早期建筑在非机动车停放方面考虑不足,现状非机动车停放混乱,停放场地严重不足。

镇江市非机动车发展迅速,目前拥有电瓶车数量约80万辆,登记在册的就有26.7万辆。镇江市自2020年开始投入4 000辆公共自行车、共220个站点[213],图4-44为解放路公

图4-44 解放路公共自行车租赁点

共自行车租赁点。

(3) 过街设施现状

镇江市中心城的过街方式主要以地面为主,辅以地下人行通道。如图4-45,地下人行通道主要分布在中山路与城际站附近,分别为斜桥街地下通道、大市口地下通道、城际站地下通道[212]。

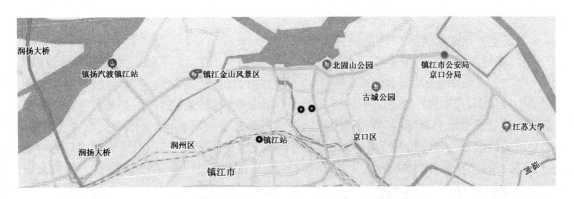

图4-45 镇江市中心城区现状立体过街设施分布

4) 慢行交通系统运营现状

(1) 慢行交通量分布[212]

目前中心城慢行交通道路众多,因此仅选取代表性的中山路、解放路进行分析。解放路的非机动车众多,路段饱和度基本在0.3左右。非机动车车道内部划分了机动车停车区域,非机动车与进出停放的机动干扰严重,且非机动车道各段宽度不一,所以,其实际通行能力远小于理论通行能力。

解放路自北向南,非机动车以东吴路、中山东路、正东路最多,路段流量均在4 200 pcu/h以上,相比较,解放路上的机动车流量反而较小,最高仅达到3 453 pcu/h,其现状流量与路内停车有一定的关系(见图4-46)。

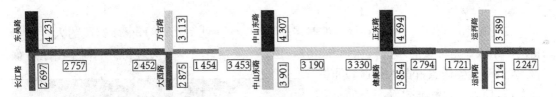

图4-46 解放路现状非机动车流量分布

相比解放路而言,中山路非机动车更多,路段饱和度基本在0.2~0.5,而且分布极为不均匀。

中山路自西向东,非机动车以中山路—电力路交叉口的东段(5 111 pcu/h),中山东路—解放路交叉口的南段(5 042 pcu/h)、北段(5 391 pcu/h)、西段最多(4 714 pcu/h),以大市口交叉口为例,中山路调查数据远大于解放路调查数据,其原因主要是调查时间处于周末,采用非机动车出行的出行者较多(见图4-47)。

图 4-47　中山路现状非机动车流量分布

(2) 主要存在问题

① 步行交通

过街安全方面,一是很多城市干道上的人行横道,过街距离较长,一个红绿灯时间可能无法完全过街,所以路中缺乏人行安全岛等相应的安全设施(见图4-48)。还有一些人行横道所在的位置设置不合理,容易使行人按照自己的想法穿越马路,容易形成交通安全隐患。二是过街信号行人相位配时不合理,人行过街设施之间的距离过大,过马路等红绿灯的时间过长,使得行人不便,部分不愿意等很长时间的行人会选择违章横穿马路,存在一定的交通安全隐患,如南徐大道等路段。

图 4-48　朱方路—润江路交叉口现状

日常使用中,部分人行道在设计的时候是不连续的(见图4-49),很多路段的人行道与机动车出入口是交叉的,人行道因此被切断,还有一些是被树木等突起物所隔断。由于违章占道,机动车会任意占据人行道和非机动车道,使人行道和非机动车道的宽度减小,造成慢行交通人群会随意行走在机动车道上,导致交通秩序混乱。部分人行道的宽度设计不合理,最多只够两人并排行走,同时人行道没有无障碍设施,盲道的设计也不合理,残疾人行走不便,这些都在一定程度上影响了步行系统的整体连续性。

图 4-49　不连续的人行道

② 非机动车交通

通行空间方面,问题主要体现在以下几点:一是非机动车承担居民出行人数比例和其道路空间比例不适应。镇江市非机动车道面积约占城市道路面积的20%,约占机动车面积的一半,但是出行人数约占到总出行结构的35%,这与乘坐私家车(私家车+公交+出租车)基本持平。二是非机动车道路宽度不能满足非机动车通行的安全和平滑要求,见图4-50。很多城市支路的非机动车通行功能未能得到有效利用,被大量的临时或者长时间的机动车停车占据,或者被小区出入口的车辆阻挡。部分道路的非机动车流量也趋近饱和,交叉口和路段延误较大。

图 4-50 拥挤的大市口非机动车道

在停车设施方面,沿街停车场宽度不足,中心区停车随意现象严重,公交枢纽内自行车停放场所缺少公交换乘点,见图4-51。

图 4-51 电力路沿街非机动车停放宽度不足

机非冲突问题上,路段冲突体现在抢道冲突、地块开口冲突等方面,交叉口冲突体现在信号冲突、空间资源分配冲突等。

4.5.2 镇江市慢行交通发展态势

4.5.2.1 慢行交通发展环境分析

1) 优势

(1) 城市慢行交通占据主导地位

目前镇江市慢行交通出行比重为56.9%,占交通出行中的主体地位。镇江市交通出行的现状是需求较大的为慢行交通,且发展平稳,选择慢行交通出行的人出行的目的主要是文体娱乐、外出就餐等。基于此基础,大力发展慢行交通会深受群众的支持。

(2) 城市组团式的空间结构

依据《镇江城市综合交通规划(2014—2030)》,结合南进沪宁战略,在中心城区构筑"两城两翼"的空间布局结构。"两城"指北部的主城区及南部的沪宁新城,"两翼"指东西两翼多个完善的城市功能组团。这种组团式的空间结构对镇江市的慢行系统规划提供了有利的支撑。

(3) 自然景观资源富饶、文化底蕴深厚

镇江市地处黄金十字水道长江和京杭大运河交汇点,是一座现代化的花园山水城市。作为国家历史文化名城和沿江旅游名城,全市有4个国家文化保护单位和122个省级、市级文化保护单位。市区有20多座绿色山丘,除了著名的"三山"风景区,还有南山国家森林公园、"律宗第一山"、"宝华山"和道教"第一福地"等。长江环绕着城市,古运河穿过城市。镇江以其独特的魅力,展现着"天下第一江山"和"城市山林"的风范。构建慢行交通系统不仅仅是交通环境一方面的构建,同时在景观环境空间方面也是一个串联。富饶的景观资源为日后构建慢行交通系统提供了巨大的舞台。

2) 劣势

(1) 慢行网络便捷性需增强

建设慢行交通的基础是城市道路,城市道路系统支撑着城市慢行交通,道路系统的成熟与否是影响慢行交通系统建设的关键因素。

(2) 慢行路权缺乏有力保障

慢行交通系统涵盖了系统规划、建设、管理三个步骤,保障好选择慢行出行的居民的路权是慢行交通系统规划和建设的根本目的。

人行道有效通行宽度不足,空间受到静态交通、街道杂物等设施的侵占;交叉口和设公交港湾处人行道部分未同步展宽;人行道连续性差,且受地块出入口等影响,人行道突然中断或缩窄的情况较多。

部分非机动车主干道不能满足非机动车通行安全和顺畅的要求;次干路以划线隔离为主,机动车对非机动车的干扰较大,通行空间侵占严重;在路内、交叉口及公交港湾等处存在违章停车、违规行驶的情况。

(3) 慢行设施待完善

过街设施布局尚需优化,部分道路过街间距过近或绕行较远,配套设施不足,配套的指示、护栏、过街安全岛等设施仍需完善,车流量较大的路段未设信号灯易造成安全隐患,信号配时需要优化,存在行人过街时间短、等待时间长的不足。因此,需要完善相关慢行设施,如过街安全岛等过街设施、其他接驳换乘设施等。

(4) 慢行特色亟待强化

镇江市现有生态资源利用方面已有一定的成效,如南山绿道、古运河沿线景观的开发,但城市特色资源和慢行空间协调不足,尤其是山、水等自然景观周边空间需进一步开发利用,提升城市内部景观系统与山水自然景观之间的连接,完善一批能彰显城市特性的慢行道路。

3) 机遇

(1) 顺应国家/省绿色生态发展的号召

2012年,住房城乡建设部、国家发展改革委、财政部三部委发布了《关于加强城市步行和自行车交通系统建设的指导意见》,国家"畅通工程"也将步行和自行车作为一项重要的评价指标。当年年底省住建厅颁布实施《江苏省步行和自行车交通规划导则》,这些都为镇江慢行交通的发展提供了良好的环境。面对城市交通转型发展的要求,大力发展慢行交通,营造低碳健康的居民生活环境,能较好地提高人民生活水平和城市形象,同时也响应了创建国家生态园林城市的相关内容。

(2) 着力建设生态文明之城、生活品质之城的需要

镇江是全国首批生态文明建设试点城市之一,是全国第五个生态城市,是全省唯一一个全面建设生态文明的改革试点城市。生态已成为镇江最大的特色和优势所在,也是镇江发展的核心竞争力和品牌影响。作为一个历史文化名城,悠远的底蕴、灿烂的文明、优美的自然景观和丰富的人文精神是镇江市的宝贵资源,也是完成城市定位的有效载体。而对于一个生态文明、生活品质之城而言,必须有一个尺度怡人、生动且特征明显的慢行交通系统。

4) 挑战

(1) 尚未形成系统性规划思路

目前已建设完成的大多数慢行交通相关工程都属于直接性的工程建设,并没有在整体的城市或慢行交通层面进行系统的规划并有计划地予以实施,例如南山绿道建设、中山路—电力路地下空间开发等。大型慢行工程的建设具有偶发性和随意性,在工程可行性分析时也只着眼于建设地点的相关条件分析,而忽略了全局系统。这种建设开发模式对于城市和交通的可持续发展极为不利。

(2) 落地政策支持不足

虽然已编制完成慢行交通的专项规划,但规划中很多内容由于缺乏相应的实施政策很难落地,例如老城区的支路网微循环规划仍未提上日程,则专项规划中的非机动车道改善工程就缺乏必要的抓手。

(3) 与其他专项规划缺乏协调机制

由于没有确立慢行交通在城市交通发展中的重要地位,在其他专项规划及建设时较少考虑慢行交通的相关元素设计,如BRT规划、轨道线网规划等在慢行衔接设施规划方面考虑欠缺。

4.5.2.2 慢行交通发展趋势

2012年发布的《关于加强城市步行和自行车交通系统建设的指导意见》提出,要专注于

解决公众问题,包括中短途出行与公共交通工具换乘等问题。2015年要加快改善城市慢行交通出行的环境,增加步行和自行车出行的分担率,使其分担率大于65%[239],至2020年,使分担率保持不变(包括步行20%+非机动车25%+步行换乘15%+非机动车换乘5%)。

按照未来规划人口140万人,人均出行次数2.8次计算,未来镇江市中心城每天出行次数可达到392万人次,慢行交通出行将达到254.8万人次,非机动车出行将达到117.6万人次。

4.5.2.3 慢行交通发展目标

慢行交通发展的总体目标就是满足住建部、国家发改委、财政部联合发布的《关于加强城市步行和自行车交通系统建设的指导意见》中对于步行和自行车的要求,到2020年,使慢行交通占据主导地位,城市步行和自行车出行的分担率保持65%的比例不降低。

1) 非机动车交通发展目标

始终践行"可持续发展、以人为本"的发展理念,构建与城市发展协调、与机动车发展步调一致、与低碳环保理念相匹配的安全、舒适、便捷、环境优美、相对独立的非机动车道路系统,完善各项基础设施系统,实现机动车运行与非交通运行的空间分离;充分发挥自行车交通在短途出行中的优势,限制长距离出行,使自行车交通成为城市公共交通的有益补充;另外自行车交通作为休闲运动方式,应该积极创造条件,结合镇江优美的城市景观引导城市居民的自行车休闲运动文化建设。

2) 步行交通发展目标

建立便捷、连续、人性化的步行交通系统,打造安全、舒适的高品质步行设施和空间环境,完善步行系统与交通设施的衔接,合理组织步行交通,发挥镇江市山水城市的优势特点,为行人提供便捷、安全的步行交通环境。

4.5.3 镇江市慢行交通法规政策保障体系

4.5.3.1 慢行交通发展相关法规政策

《道路交通安全法》中第五十七条到第六十六条对非机动车和行人的通行准则进行了规定,在道路通行条件相关条款中保障了慢行空间的设立,在机动车通行规定的相关条款中确立了慢行优先的通行规则。

近年来,政府颁布了一系列将慢行交通放在城市发展首要位置的政策规定。2011年,交通运输部提出了"落实建设资源节约型、环境友好型社会发展战略,加快构建绿色交通运输体系"的战略任务。2012年9月住房城乡建设部、发展改革委、财政部联合发文颁布了《关于加强城市步行和自行车交通系统建设的指导意见》(建城〔2012〕133号),它提出了明确的发展目标,要求市政府"组织编制城市步行和自行车交通系统规划",并"合理规划步行、自行车车道和停车设施",提出"短期建设计划",明确行人和自行车交通系统以及规划的重要性和地位。2012年10月,国务院总理温家宝主持国务院常务会议探讨优先发展公共交通有关议题时强调要"改善步行、自行车出行条件"。2012年11月,十八大提出了"大力推进生态文明建设"的指导纲领。2012年12月,江苏省住建厅《江苏省城市步行与自行车系统规划导则》出台,建议鼓励城市出行优先选择步行、自行车等低碳出行方式,促进交通节能减排,发展绿色交通。

4.5.3.2 政策法规落地途径及近期计划

围绕"城市慢行系统建设与维护"逐步构建与完善相关的法律法规,建议编制《镇江市慢行系统发展政策》《镇江市慢行系统规划设计指引》,以规范和指引镇江市慢行系统的规划与建设。

4.5.4 镇江市慢行交通规划保障体系

4.5.4.1 政策分区与单元引导

1) 慢行分区

慢行区是指城市空间因被河流、宽幅干路等切割而引起的慢行交通穿越障碍,致使慢行交通离境(过境)出行被抑制的区域。想要更好地完善慢行交通系统,应该对其主导的功能特性进行分析,根据特性制定相关策略。在对慢行区划分时应全面考虑城市规划、自然地形、用地布局以及慢行交通工具的性质等因素,为避免较长距离的交通,应尽量把慢行交通分配在城市内部。在进行分配时参照非机动车的出行特征(见表 4-33),应参照执行以下原则:

(1)边界——选取非机动车较难通过的路段,如铁路、山体、河流、轨道交通线路等。

(2)规模——非机动车辆的出行行驶距离根据经验所得通常不超过 7 km。故而城市慢速交通区域的规模应控制在此范围内,区域内城市建设用地最理想的面积为 38 km^2(圈内任意两点距离小于等于 7 km)。

(3)用地——住宅社区是非机动车出行的主要来源,就业区是非机动车出行的主要目的地,所以应围绕这两个区域划分慢行区。

(4)车流——预测慢行交通的各区域流量,适当修改、调整慢行区域的范围。

表 4-33 慢行区出行分类

	出行分类	出行特征	实现方式	规划策略
交通性	慢行区内	出行距离短,城市快速交通网和天然障碍少,慢行具有绝对优势	区内慢行道	鼓励慢行
	相邻慢行区间	出行距离中等,城市快速交通网和天然障碍少,慢行具有竞争优势	区内慢行道+区际慢行道	部分鼓励,部分引导向公共交通转换
	相隔慢行区间	出行距离长,城市快速交通网和天然障碍多,慢行处于劣势	区内慢行道+区际慢行道+公共交通	
休闲性		不同交通工具速度差异性大,对沿线风景、空气质量及配套设施要求高	慢行专用道	沿河道、风景区布置,连接公园、景点及大型绿地

如图 4-52,镇江市中心城慢行分区划分为八个大区:老城分区、南徐分区、丁卯分区、谷阳分区、南山绿核、大港分区、高资分区、谏壁分区。

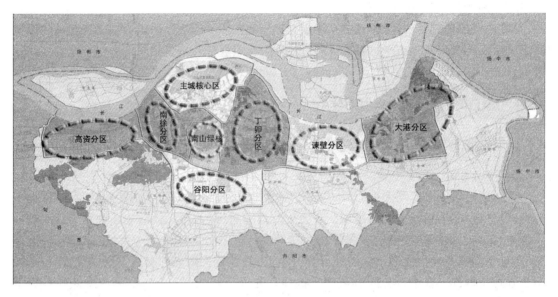

图 4-52　中心城分区图

2) 非机动车单元

进行慢行交通路网系统规划时,要对慢行系统进行交通调查,并且还要考虑机动车对慢行系统调查的影响。由于交通规划需要对交通源的特性和交通源之间的交通流有一个全面的了解,而且考虑到交通源的数量巨大,不可能对每一个交通源进行独立的研究。因此,在交通规划过程中,交通资源被整合到许多小区中,这些小区被称为慢行交通单元。

根据非机动车交通 OD 量分布、主要功能区的划分、城市的主要分隔条件(河流、轨道交通线路、快速路等)以及山体的影响,规划将中心城分成 61 个非机动车交通单元,如图 4-53 所示[213]。

图 4-53　非机动车小区划分图

3）步行单元

在步行系统中，根据土地利用的普遍性、人流量的主要特点及相关规划要求，结合城市的特点和景观资源的开发现状，以及镇江市的自然条件，将非机动车单元划分为6种基本类型，共190个步行单元。步行单元分类、数量及各个单元的规划策略和要求如表4-34所示。步行单元如图4-54所示[213]。

图4-54　中心城步行单元划分图

表4-34　步行单元划分

序号	名称	数量	交通特征	规划策略和要求
1	生活单元	90	居民日常生活以步行出行为主，步行流量较平稳，有较高的居民交往、孩童游憩活动空间需求	以非机动车和步行为主，尽量实现人车分流，设置座椅、儿童游戏、绿色长廊等休闲设施
2	活力单元	30	以通勤、商务、购物、休闲等出行为主，是全市行人流量最集中、持续时间最长的区域	步行优先和环境友好，合理疏导机动车交通，减少人车冲突，重点规划连续、全覆盖、高品质的步行设施，以及步行与停车、公交衔接换乘设施
3	交通枢纽单元	2	行人集聚，瞬间流量较大，对步行通道空间和换乘空间、换乘便捷性要求较高	优先考虑步行与其他交通方式的无缝换乘和人流快速集散。重点规划便捷的换乘通道、快速的行人疏散通道、完备的步行引导设施，保障行人通行空间的舒适性、便捷性
4	休闲单元	25	以休闲、游憩性步行交通为主，对步行环境与景观、步行系统趣味性与安全性要求较高	强化交通管制，完善公交系统、机动车停车设施，创造稳静、安全的步行环境。重点规划完善的休闲性步行道网络，改善步行景观环境，提高步行系统的生态性、景观性和趣味性

续表 4-34

序号	名称	数量	交通特征	规划策略和要求
5	工业仓储单元	37	总体步行流量和密度较小,货物运输对行人安全和步行环境的干扰影响较大	处理好步行与货运交通的冲突,建立安全的步行道网络系统,减少环境污染、货运交通对步行环境的影响。重点处理步行过街安全问题,加强步行与公共交通的便捷衔接
6	混合单元	6	几种单元的混合区域,具有多种交通特征	流量分布不均,以用地性质布置相应符合的步行设施

4.5.4.2 相关规划编制的协调

1) 下位规划的编制

城市慢行系统的建设并不是一蹴而就的,整体慢行交通系统的规划可为慢行交通系统的建设提供基础与框架,但相关规划设计理念与原则应在城市各层次规划中逐步予以落实,在规划的广度和深度上予以拓展,主要手段如下:

(1) 编制城市中心区、综合客运枢纽地区、中远期大容量公交沿线等重点区域的慢行系统建设方案;

(2) 编制分区的慢行系统规划,细化、深化整体规划成果并积极落地;

(3) 编制相关公共自行车、城市绿道规划;

(4) 将重点步行单元的慢行系统设计纳入控制性详细规划或修建性详细设计中;

(5) 在道路与市政工程的改造中同步建设慢行系统,逐步完善慢行专项规划中应涵盖对下位规划的弹性指引性条款,将覆盖城市范围、具有全局统筹性的规划要点和指导性条款,输入下一层面局部的、更详细的道路、环境、开发地块的规划设计中,保障规划理念的贯彻。

2) 其他交通专项的编制

城市慢行交通与公共交通可以构建连续的出行链。城市公共交通走廊具有良好的慢行交通服务功能,通过规划建设高密度慢行交通网络,营造优质慢行交通环境,扩大公交车站周边慢行交通的有效抵达范围,吸引更多的公交出行。

慢行交通和机动交通的特点是相互矛盾的,机动车服务功能越强,居民选择慢行交通的可能性就越小。要以城市快速路和交通干线为边界,优先保护各慢行交通优先街区,同时提供充足的机动车资源和良好的绿化隔离,避免交通事故的发生干扰该地区慢行交通环境。以生活性干路串联各慢行区,以良好的公交服务、充分的慢行交通资源供给以及良好的景观环境,将各地区连为一体,构建完整的慢行出行环境。

在慢行交通规划中各优先用地功能和边界、通行网络、道路空间资源、停车设施等的调整和深化,应与各相关规划进行相互协调与反馈,并最终落实到各地块控制性详细规划以及城市"六线"控制规划中,以进一步完善控制性详细规划、市政交通专项规划、地下公共空间规划等各项规划,作为规划管理的刚性指标得以保障[213]。

4.5.4.3 土地使用权的转让和建设项目的审批

应将慢行系统规划及其他相关规划研究成果纳入控制性详细规划和城市设计之中,并作为地块开发建设的控制要点,保障慢行设施用地,相关设计方案应落实到工程设计中。

土地使用权转让时必须明文规定预留建设慢行交通系统的空间,包括通道衔接的一切相关规格,如位置、方向、宽度、面积、照明标准、选用建筑材料等,同时必须明确发展商是建设费用的承受方以及如何与政府分摊细节。在土地使用权转让时就得将有关条款以合约形式清楚交代有关责权和财务的分摊。依照土地使用权转让合约的规定提供慢行交通设施是审批的一项必需的标准。慢行交通设施包括地面、地下和空中走廊的设计、建设和保养维护等[213]。

土地使用权转让时,主管部门应提供与周边慢行环境和谐的说明,如何将建设项目的慢行需求与城市的慢行规划融为一体,建设项目周边的慢行环境如何与区域慢行风貌统一和谐等。

获得土地使用权的开发商必须根据条款无误地开展项目建设和建设范围内的慢行交通设施,并保证向社会开放。

4.5.5 镇江市慢行交通建设保障体系

4.5.5.1 慢行交通路权保障

1) 慢行道路横断面设计指引

为了尽量减少慢行交通事故的发生,较为可用的措施是在规划建设过程中重视慢行者的路权。在已完成建设的道路基础上,将部分道路的机动车道改为公交车专用道,将原有的步行空间进一步开发利用形成非机动车道,或者利用相近平行的道路设置专门的慢行交通车道(见图4-58),让横断区域形成慢行交通一体化。而对于未建设完成的道路,可以在设计阶段直接将其规划成慢行交通道路。现有的道路设计规范有《城市道路交通规划设计规范》与《城市道路设计规范》,其中都对城市道路进行了划分,将其分为四类:快速路、主干路(见图4-55)、次干路(见图4-56)和支路(见图4-57)。但其未依据道路等级的不同规定各个种类车道宽度,而是笼统地设定了道路宽度,没有实际考虑到市民对于不同等级车道的服务水平的需求不相同,基于此我们应该全方位考虑各等级道路与人行道之间的关系,确定不同等级道路上人行道、非机动车道的路权定位和宽度要求,如表4-35所示。

图4-55 主干路断面示意图

图 4-56 次干路断面示意图

图 4-57 支路断面示意图

图 4-58 慢行专用道断面示意图

表 4-35 慢行交通横断面宽度 单位：m

设置要求	道路分类			
	主干道	次干道	支路	慢行专用通道
行人道带宽	3.0~5.0	2.5~4.0	1.5~2.5	1.5~3.0
内侧设施带宽	1.0~2.0	1.5~2.0	—	—
非机动车道带宽	3.5~5.0	3.0~5.0	2.5~3.0	>5.0
机非分隔带宽	>2	—	—	—

2) 慢行空间保障

慢行空间除通行空间外，还包括遮阳、照明、标志、休憩等多种服务设施系统。各类设施要统筹协调，适当结合，集中统一安排，人员密集流动，减少对公共场所的占用。安装位置和密度必须适应其所在的道路功能。必须根据使用次数、使用频率、使用方法和服务半径确定合理的距离。交通枢纽、商业区、风景名胜区、大型文化体育设施等高密度步行区，可以增加公共服务设施的密度。服务设施的设置不得占用行人通行带和自行车通行空间。

(1) 建筑退让空间利用

建筑退让空间是指地块开始时，沿道路红线向后退让的范围不得设置建筑物的空间，利于退让空间打造舒适的城市道路空间比例，形成连续的沿街开放空间和街道景观带。

(2) 慢行空间隔离

自行车道以绿化遮挡为主，主要交叉口设置等候区和遮阳棚，并满足净空要求，风格一致。一般历史街区要求传统古典风格，彰显文化风貌；居住区、商业区为现代风格，简洁实用。

人行道应提供树木遮蔽和硬材料遮蔽，设施应符合人行道设计指南的基本要求。遮挡设施应当设在建筑物的正面或者由建筑物直接挑出，应当与建筑物的风格相协调；步行主通道要求设施连续，形成丰富的街道景观；传统街巷的遮挡设施以建筑挑出为主，保证足够的步行空间。

4.5.5.2 慢行交通系统景观与设施设计

1) 绿化

(1) 道路绿化的基本要求

道路绿化率是慢行环境的一个重要指标，建议绿地比例不低于20%，主干路绿地比例不低于30%，次干路绿地比例不低于25%。注重绿化与道路功能等级的匹配，增强地区道路的层次感和方向感。一般步行区、广场绿化要求根据各景观要素，提升舒适度；道路绿化要求有效分隔快慢交通又不影响视线，兼顾慢行遮阳功能。

人行道绿化也是慢行与机动车的分隔带，绿化带的宽度一般为 2~3 m，为了使绿化带起到隔离行人与机动车的作用，主干道的人行道绿化除了种植树木之外，还应配置灌木，以加强绿化隔离作用，避免行人乱穿马路。为保证行道树的正常生长，行道树间距不小于4 m，树干中心至路缘石外侧距离不小于 0.75 m。此外，人行道绿化在交叉口处应注意行车视距的影响，一般交叉口范围内不种植高于 1.2 m 的高大植物。

绿化分隔带的主要作用为分离对向车流，并为行人过街提供驻足等候区，必要时可利用中分带设置调头车道。一般中分带宽度小于 5 m 时，不应种植乔木，而以低矮灌木、地被植物为主。在路口顶端中分带绿化不应影响行车视线，并需做圆弧处理，利于车辆转弯。机非分隔带绿化一般要求宽度不小于 2.0 m，最小不小于 1.5 m。

一般而言，交通安全岛绿化主要是规范行人空间，保障交通安全。由于安全岛位于交叉口范围内，因此，绿化必须依靠低矮的灌木或地被植物，以避免影响视线。绿化城市的街道和广场可以给人一种规模和方向感。树本身也有多种功能，如引导方向、遮阳和净化空气。根据不同区域的气候、土壤等条件，选择适宜的植物花卉品种，配合观赏周期，让居民在不同的季节欣赏不同的风景，在城市广场奏响多彩的交响乐。

(2) 林荫道规划

林荫道是指道路两侧的行道树生长条件好、树冠大，景色宜人，反映城市风貌和绿化特色的道路。

林荫道建设标准：人行道、自行车道的绿荫覆盖率大于90%；道路和林荫长度小于500 m；树穴形式、大小一致。对植物的种植要求包括：树穴的长、宽、深大于1.5 m×1.5 m×1.2 m；树木分支点的高度大于 3.5 m；绿化分隔带、绿化宽度大于 2 m。

2) 路面铺装

道路铺装一般要求与道路适用功能相协调，营造舒适、宜人的步行环境；绿道铺装一般以彩色沥青路面进行铺装，以示个性，起到醒目提示作用。道路路面铺装是道路景观的重要组成部分,不仅应满足承载交通的需要,也应成为城市道路景观的亮点,体现地区特色与个性。道路铺装材料的功能与适用范围如表4-36所示。

表4-36 道路铺装材料功能与适用范围

分类	材料名称	机动车道、停车场	自行车道	人行道	盲道
天然材料	石材		•	•	•
	沙地			•	
	卵石			•	
	木地板			•	
人造材料	沥青混凝土	•	•		
	水泥混凝土	•	•	•	•
	广场砖(黏土类)	•	•	•	•
	路面砖(玻化砖)			•	
	马赛克			•	
	玻璃			•	
	金属材料			•	

3)街道家具

配置街道家具时优先考虑无障碍的环境,公共空间要公平地给予所有潜在使用者使用权。在街道家具的类型和数量方面,需要考虑诸如行人密度、服务要求、环境特征(如空间规模、环境形象、尺度)和行人活动特征(如行人年龄、活动性质和行为)等。街道家具设计必须牢固,确保使用安全和持久。街道家具材料应遵循的原则为在工厂制作完成后在现场安装,这样能有效地减少施工的时间,对车辆通行尽可能地减少影响。一个地区的街道家具应结合当地的环境特色,塑造具有地区特色的自我风格。街道家具与人行道相关设施的接口,应相互衔接,如邻接铺面应做模具收边处理。街道家具在设置的时候应该尽量减少对邻近植栽的影响,避免阻碍植栽的生长,同时也要注意避让人、车等。在维护方面,应有一个明确的维护管理单位,定期维护,以确保街道家具的正常使用。考虑到综合性街道家具的设计方法,例如将标识系统、座椅、灯具和候车厅集成在同一个设施中。

(1)休憩设施

休憩设施以街道坐具为主,设施的布局与设计需舒适、有特色,与环境相协调,应尽量布置在人行道的绿化区和开敞空间。传统街道的休憩设施以木质、石材等材质为主,生活区、商业区的休憩设施可使用木材、石材、混凝土、陶瓷、金属材料、塑料等多种材质。

(2)环卫设施

环卫设施设计要方便垃圾投放和垃圾清理,简洁实用,体现街区特色。布局上应尽量控制在道路红线内,不妨碍行人,生活区、商业区可采用金属材质等,与街道色彩相呼应。

(3)照明

考虑到行人的照明范围和视觉舒适性要求,建议照明度应为0.5~2.0,每个区域应根据城市功能加以区分,并应确定能够显示其特征的照明系统。传统巷道古朴典雅的路灯样式,展现传统风貌;生活居住区以路灯为主,风格简洁、大方;商业区样式多彩鲜明,突出环境人文特色。

4)标识系统

应重点打造自行车重要主通道、一般主通道及休闲性慢行道的道路标识和导向系统。增加自行车主通道、一般主通道及休闲道的标识系统。公共语言系统主要应结合地区景点、地标性建筑等关键点在道路沿线设置个性化的标识,体现文化内涵与个性。

信息的架构为:以图形、图标为主的方位和走向信息,以文字为主的构筑物信息、主要路口信息。另外,在这些个性化的语言系统方面还应该考虑多国语言系统及必要的盲文信息。

4.5.5.3 公共自行车系统设计

1)公共自行车需求预测

重点规划范围:覆盖镇江中心城区范围的老城区、南徐分区、丁卯分区和谷阳分区、大港主城区,总面积约 255 km²。

(1)老城分区

根据镇江市老城区规划,综合考虑老城区现状情况、环境容量、交通承载力等因素,规划通过各类用地的整合,确定老城区合理的人口规模约为 40.0 万人左右;镇江市民日均出行次数 2.80 次/人,则可计算出老城区日出行交通量为 112 万人次,非机动车日交通量为 39.2 万人次。在系统成熟的情况下,规划公共自行车转移非机动车交通的比例为 20%,自行车日周转率为 11.2 次/日,计算得出共需公共自行车约 7 000 辆,人均公共自行车拥有率约为17.5 辆/千人;公共自行车租赁点平均规模约 28 辆,大约共需设置租赁点 250 个。

(2)丁卯分区

根据丁卯片区规划,人口规模远期达到 25 万人,日出行交通量为 70 万人次,自行车日交通量 24.5 万人次;远期规划公共自行车转移非机动车交通的比例为 20%,自行车日周转率为 11.2 次/日,计算得出共需公共自行车约 4 375 辆,人均公共自行车拥有率约为 17.5 辆/千人;公共自行车租赁点平均规模约为 28 辆,大约共需租赁点 156 个。

(3)南徐分区

根据南徐片区规划,人口规模远期达到 20 万人,日出行交通量为 56 万人次,计算得出共需公共自行车约 3 500 辆;公共自行车租赁点平均规模约为 28 辆,大约共需租赁点 125 个。

(4)谷阳分区

根据谷阳片区规划,人口规模远期达到 20 万人,日出行交通量为 56 万人次,计算得出共需公共自行车约 3 500 辆;公共自行车租赁点平均规模约为 28 辆,大约共需租赁点 125 个。

(5)大港分区

根据《镇江新区综合交通设施系统规划》,人口规模远期达到 9 万人,日出行交通量为 25.2 万人次,计算得出共需公共自行车约 2 625 辆;公共自行车租赁点平均规模约为 28 辆,大约共需租赁点94个。

通过该方法计算可得,镇江中心城共设置公共租赁点750个。

2)公共自行车租赁点布局与规划

在准备和选择公共自行车租赁的公共场所时,应结合自行车的出行方式和出行特点进行布置(如图4-59),主要考虑以下地点:

(1)公交点:设置在包括轨道交通站、BRT站和常规公交站在内的公共自行车服务点;

(2)居住点:设于各居住区内部的公共自行车服务点,这类点的布设可以方便小区居民的日常出行;

(3)公建点:在人流集中的共建点设置,此类点既能为行人提供上下班通勤服务,也能提供休闲功能;

(4)休闲旅游点:主要设置在不同的景区,可以在不同的景区之间形成有效的公共自行车连接,提高城市旅游质量;

(5)厂区点:公共自行车服务点主要结合厂区出入口进行布设,为工人上下班提供更好的服务。

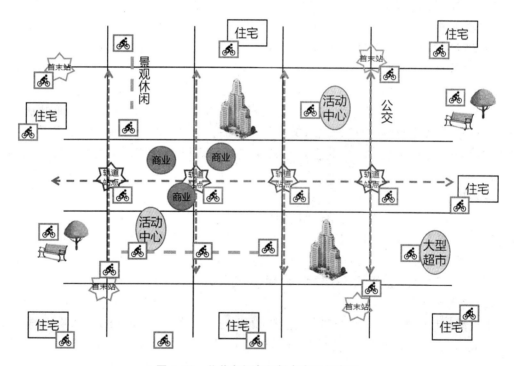

图4-59 公共自行车租赁点布设示意图

3)公共自行车管理方法及策略

(1)运营和管理措施

经营好公共自行车租赁业务的前提是拥有完善的运营与管理方式,为了更好地发展镇江公共自行车租赁业务,有针对性地从管理保障、经营保障和宣传保障三方面提出相对应的公共自行车运营和管理方式。

管理保障包含系统优化保障、调度保障和服务保障。系统优化保障主要是指根据实际状况,合理调整各个存放点的车辆数量,结合使用需求决定需不需要投放新车。调度保障主要是针对运营企业,企业对服务点的数据进行监控,根据数据实时调整服务点的自行车,适当增减,避免市民在自动化租车时存在租不到车或没有车位可以还车的情况。服务保障是指运营企业要注重自行车的检查、维护、更新等配套服务,及时进行处理以确保市民舒适安全地使用车辆,同时还需要在服务点售卖一些骑行所需的物品,方便市民出行,一方面可以提升行业的服务水平,另一方面也给市民提供了更为舒适、方便的条件。

公共自行车是鼓励市民绿色出行,租金设置较为便宜,公共自行车交通系统在某些程度上存在社会公益性质,仅依靠租金是很难长时间维系的,在此我们可以参考国外的做法,在设计系统时要合理设置广告位,利用好政府的政策扶持,更好地投放公共自行车广告,通过提升使用率来增加创收,使公共自行车系统慢慢地不再依赖于政府财政,使系统更加独立,能够更好地进行自我完善提升,打造一流的公共自行车交通系统。另外还可以结合人工服务,在服务岗亭安排工作人员值守,也可将书报亭与服务岗亭相结合,出售报纸、必需品等,慢慢发展壮大,为公共自行车系统提供新的资金收入。

公共自行车交通系统目前还处在初期阶段,市民对其还不是很了解,还需要加大宣传力度,企业可以通过地铁广告、电视机、网络、方便底图等方式开展宣传工作,在城市道路设置明显的公共自行车指示标志,在服务点投放《公共自行车交通系统租用服务须知》,确保市民可以多渠道获取公共自行车交通系统的相关信息,从而使市民能够选择公共自行车出行。

(2) 公共自行车票价方案

公共自行车交通系统在一定程度上存在社会公益性质,租赁业务因此要设置合理的票价方案,以为市民服务、提升绿色交通出行比例为目的。公共自行车票价方案包括三个方面的问题:支付方式、租金、押金。

① 支付方式

支付方式包括三种:现金支付、公交"一卡通"支付和"自行车 IC 卡"。现金支付主要是面向非常用人群,如从外地来的游客、出差人员等,为方便他们出行需要以及体验绿色出行,公共自行车是比较吸引他们的一种出行选择,又因为他们不常住在镇江,不需要长期使用,所以现金支付对他们而言是最合适的支付方式。公交"一卡通"主要是面向常用人群及本地居民,本地居民尤其是工薪阶层,受到自身经济能力的制约,采用公共交通出行的人数占比较多,使用公交"一卡通"就能便捷地进行公交、自行车换乘,同时也促进了公交和公共自行车交通的发展,减少出行的付费流程,提升出行的方便性和愉悦性。"自行车 IC 卡"跟公交"一卡通"较为相似,同样适用于常用人群及本地居民,需要使其具备在公交车上刷卡乘车的功能,就可以考虑将其合并到公交"一卡通"一类里。

根据镇江市目前市民出行状况和公共交通票价体系,推荐近期使用"自行车 IC 卡"方式,远期考虑与公交支付系统合并。

② 租金

公共自行车盈利的一种方式就是收取租金,但公共自行车租赁又具有一定的公益性,所以在设计租金费率的时候就需要考虑公益性,围绕着为市民提供舒适出行服务的宗旨。参考一线城市如杭州、上海、武汉等的公共自行车租赁费率,再结合镇江市自身的实际情况,最终确定镇江的自行车租赁费率为:

A. 租赁时长1h以内：免费；
B. 租赁时长1h以上3h以内：1元；
C. 租赁时长3h以上：2元/h。

③ 押金

押金的作用主要有以下三点：一是可以保障公共自行车租赁业务的正常开展，避免人为故意使公共自行车损坏的情况出现；二是能有效防止自行车被盗；三是可以减轻租车人的风险，押金中的一部分费用可以用于给公共自行车买保险，自行车丢失、损坏后保险可以理赔，减少租车人的赔偿费用，有利于自行车租赁业务的健康发展。

押金的支付方式也有三种：①现金支付。在租赁点支付200元现金作为押金，还车时自行车完好即可全额退还押金。②公交"一卡通"支付。公交卡余额超过200元，其中200元作为保证金冻结，无须缴纳押金，还车后即可解冻。③"自行车IC卡"。支付200元押金，退卡时退还押金。推荐结合"自行车IC卡"支付方式选择预存押金。

4.5.5.4 特色慢行空间设计

1) 特色慢行空间布局规划[213]

镇江特色空间规划共包含两部分内容：非机动车系统的休闲道规划和步行系统的步行通廊规划，这两部分有很多重叠部分，而且功能上与其他的交通性道路有着较大区别，一部分为交通性，一部分为非交通性，因此将两部分从非机动车系统和步行系统单独提出，结合镇江山水资源，形成具有镇江特色的慢行空间布局规划。

特色慢行空间规划在建设时需注意，应利用规划区域的路外绿化带设置单独的慢行车道（步行街除外），如果在建设中条件不允许或难度较大，可以考虑提升依托沿线主干道路的慢行通道品质来实现系统的连续、完整。特色慢行空间主要由"三区、四带"构成（见图4-60）。

(1) 三区

① 三山风景区：由三山（金山、焦山、北固山）、大禹山、滨江外环三大部分构成，整合滨江风光带、长江路三山景观带、二道河景观、运粮河风光等沿线景观带及西津渡、第一楼街等步行街资源，从西边大桥公园至东边大禹山风景区，形成镇江北侧"江-城-山"慢行空间。

② 南山风景区：主要由南山环线、中间南山风景区、体育会展中心步行通廊、官塘生态休闲绿核构成。

③ 圌山风景区：大港主城区特色慢行空间。

(2) 四带

① 古运河风光带：北接三山景观带，南连团结河，向东横穿衡山，穿过长江，形成"十"字形的游乐区，观赏东城主水景，形成市中心的天然通道。

② 长山河—谷阳湖风光带：从运粮河沿长山水利枢纽至马鞍山，经大渡口与丹徒区人民广场相连，南至谷阳湖，形成了西部城市中心区的游憩路网。

③ 滨河公园风光带：以滨湖公园、瑞湖公园、工业遗址公园、圌山风景区为核心，依托滨水绿地和城市轴线为纽带构建大港主城区的慢行走廊。

④ 团结河风光带：团结河沿线。

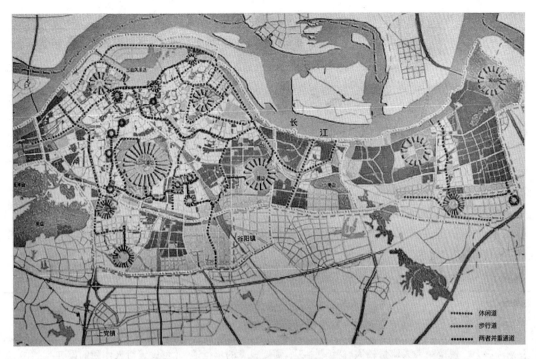

图 4-60 特色慢行空间布局

2) 滨水型特色街设计要点

滨水步行道是城市滨水域的一个重要线性空间元素,设计时应将湖景的风光组织到滨水观赏的步行线路中,它的特点体现在自由、闲暇和参与上。滨水步行道设计时要注意维持整体的生态格局和保护地方文脉,具体要点见表 4-37。

表 4-37 滨水型特色慢行空间设计要点

一般规定	街道系统	人车并行,人行优先,减少机动车进入,结合绿地设置滨水步行系统,提高滨水步行系统的连续性和完整性
	流量	人流量较大,持续性较强,需要较宽的步行道,并可设置行人休憩的设施
	出行比例	应根据滨水区的保护等级要求,制定不同的步行出行比例
	路权分配	行人＝自行车＞机动车
慢行设施布置	步行道	步行有效宽度不小于 3 m,步行道设置盲道和缘石坡道,滨水步行系统的有效宽度不小于 1.5 m
	街角	预留出城市公共开放空间,设置街头绿地或小广场,方便行人休憩
	过街设施	人行过街以平面为主,增加隔离与引导设施,设置交通信号设施
慢行环境设计	地面铺装	步行道铺装需生态化、低碳化
	绿化种植	沿步行道一侧连续布置行道树,并结合灌木丛,配以草坪,丰富街道空间层次
	广告设置	比例协调,外形、风格和尺度与周边建筑协调统一
	街道家具	中密度配置,结合建筑特色环境的需要,布置休息座椅、废物箱、邮箱、电话亭、信息亭、书报亭

续表 4-37

慢行空间组织	街道界面	街道边界为水域围合，形成较为开阔的街道空间，滨水设置护栏等保护措施，明确街道界线
	尺度和比例	街道尺度舒适宜人、视野开阔
	节点	以绿地广场、休息亭为街道中心
	特色	形成滨水空间和城市建设紧密结合的步行开敞空间，展示城市风貌，创造安静、安全的步行环境

3）自然景观型道路

随着人们对户外康体运动的需求愈加强烈，自然区域已经成为人们放松的理想场所。规划、设计和管理为公民提供公共娱乐区和公共步行道的走廊系统，是满足公民户外娱乐需求的一项重要措施。

表 4-38 自然景观型特色慢行空间设计要点

一般规定	街道系统	人车并行，各郊野公园和风景名胜区的内部步行系统相对独立，主要出入口应与城市公交和重要步行通道有便捷联系
	流量	人流量较大，持续性较强，需要较宽的步行道，并可设置行人休憩的设施
	出行比例	应根据景区的保护等级要求，制定不同的步行出行比例
	路权分配	行人＞自行车＞机动车
慢行设施布置	步行道	步行有效宽度不小于 3 m，步行道设置盲道和缘石坡道，滨水步行系统的有效宽度不小于 1.5 m
	街角	预留出城市公共开放空间，设置街头绿地或小广场，方便行人休憩
	过街设施	人行过街以平面为主
慢行环境设计	地面铺装	步行道铺装需生态化、低碳化
	绿化种植	沿步行道一侧连续布置行道树，并结合灌木丛，配以草坪，丰富街道空间层次
	广告设置	比例协调，外形、风格和尺度与周边建筑协调统一
	街道家具	中密度配置，结合建筑特色环境的需要，布置休息座椅、废物箱、邮箱、电话亭、信息亭、书报亭
慢行空间组织	街道界面	街道边界为自然绿地围合，形成较为开阔的街道空间
	尺度和比例	街道尺度较宽、视野开阔
	节点	以绿地广场、环形绿道等为街道中心
	特色	改善步行系统与景点之间的艺术性互动关系，达到移步换景效果，创造安静、安全的步行环境

4.5.5.5 慢行交通系统近期建设计划

1)非机动车系统近期建设规划
(1)非机动车路网近期建设规划

基于"分流、通达"的规划原则,重点改造核心区的非机动车道路网,详细如表 4-39 所示。

表 4-39 镇江市非机动车道路网近期改造规划

序号	道路名称	改造措施
1	中山路(牌湾—斜桥街)	改善慢行空间,整治交通秩序
2	解放路(长江路—运河路)	改善慢行空间,整治交通秩序
3	大西路(解放路—电力路)	拓宽慢行空间,采取机非分离
4	健康路(珍珠桥—正东路)	拓宽慢行空间,采取机非分离
5	九华山路(南徐大道—312 国道)	改善慢行路面,采取机非分离
6	庄泉路(北府路—南徐大道)	打通慢行空间,提升慢行质量
7	太古山路—山巷—中华路	拓宽慢行空间,改善慢行环境
8	南门大街(正东路—运河路)	拓宽慢行空间,改善慢行环境
9	双井路(长江路—中山路)	拓宽慢行空间,改善慢行环境
10	迎江路—伯先路—京畿路	改善慢行路面,提升慢行质量
11	南山绿道	建设慢行空间

(2)加强非机动车交通组织
① 增设自行车专用信号,提升非机动车通行的优先权

部分交叉口的自行车流量和机动车流量都较大,非机动车相对机动车启动快,这样,我们就可以为非机动车辆设置专用信号,优先为非机动车辆设置绿灯,并使非机动车辆向前推进,待大部分非机动车通行后,再给机动车亮绿灯,以此希望在机动车的清扫时间内非机动车可以先清扫完。前后两次绿灯设置的开启时间可以根据每个交叉口的交通流量以及具体几何条件而定。

② 增设非机动车右转车道

非机动车流与机动车流存在一定的差异性,主要是非机动车在通过交叉口时,车流呈现的是"动态集团流"的形式。部分非机动车进口车道本身较为狭窄,对于此类车道不适合像机动车道一样划分车道,但经过对流量流向的调查分析,发现对交叉口的非机动车进口车道进行拓宽之后,不同流向的非机动车流相对之前较为集中,便于组织,一方面提高了非机动车流的秩序性,另一方面又提高了通行速度及安全性。部分交叉口车流量较大的集中在右转车道,对于这种情况,可以在地形条件允许的前提下设置渠化右转连接车道。

2)步行交通系统近期建设计划

镇江市中心城区近期整改方案以解决现状行人过街问题和实现供需平衡为目标。具体整改措施包括:

(1) 设置立体过街设施

建设中山路地下步行通廊和板桥路等6个立体过街设施,具体见表4-40。

表4-40 镇江市近期立体过街设施建设表

序号	名称	立体过街设施设置
1	中山路地下步行通廊	以电力路为起点,梦溪路为终点
2	板桥路立体过街设施	板桥路与官塘桥路交叉口
3	三里岗立体过街设施	三里岗路与官塘桥路交叉口
4	和儿庙路立体过街设施	和儿庙路与官塘桥路交叉口
5	金山公路立体过街设施	金山公园门口
6	梦溪广场立体过街设施	梦溪路与学府路交叉口
7	江苏大学立体过街设施	江苏大学门口

(2) 设置行人过街安全岛和保护区

① 延长路段的中央分隔带,做成行人过街安全岛,并在安全岛前面做保护区。

② 在没有中央分隔带的情况下,通过压缩车道来做行人过街安全岛也是一个可行的办法。此外,在路段上压缩车道做行人过街安全岛之后还有另一个好处是:车道变窄可以起到降低车速的作用。

3) 特色慢行空间近期建设规划

建议近期启动古运河、南山绿道、谷阳湖及三山(金山、焦山、北固山)风景区等特色慢行空间的建设规划,具体见表4-41。

表4-41 镇江市近期慢行道建设表

序号	名称		内容
1	三山风景区	金山慢行道	沿金山湖环湖分布,主要经过征润州路、环湖路、长江路
		滨江慢行道	沿长江内江和外江边缘布设,主要经过京江路、润州路、长江路、滨水路、江滨路
		西津渡步行街	沿西津渡景区外围布设,主要经过长江路、云台山路、伯先路、京畿路、迎江路
2	南山风景区	南山慢行道	南山西绿道
3	古运河风光带	古运河慢行道	沿古运河和航道流线布设
4	长山河-谷阳湖风光带	长山河-谷阳湖慢行道	沿长山河流线布设,经马鞍山、人民广场至谷阳湖,主要经过大桥路、谷阳大道
5	团结河风光带	团结河慢行道	沿团结河流线布设
6	滨河公园风光带	滨河公园慢行道	先期建设团结河沿线

4) 公共自行车近期建设计划

2021年计划投入1 600辆公共自行车,后续分批投放有桩共享单车(轻力型)4 000辆,见图 4-61。

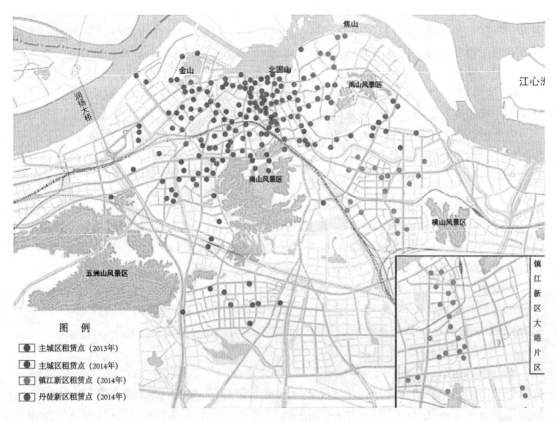

图 4-61 公共自行车近期建设站点图

扫码见彩图

4.5.6 镇江市慢行交通管理保障体系

4.5.6.1 慢行交通管理部门职能规划

1）国省相关部门及职能

从管辖层次上来说，慢行交通的主管部门可分为国家行政主管部门，省、自治区、直辖市行政主管部门，城、镇行政主管部门。从管辖内容上来说，可以大致分为规划和建设管理。具体地说，国家行政主管部门是中华人民共和国住房和城乡建设部。慢行交通规划归城乡规划司主管，建设管理工作归城市建设司和村镇建设司负责。城乡规划处负责具体规划工作，城乡建设处和乡镇建设处负责建设行政管理工作，直辖市规划行政主管部门是市规划局。建设管理工作由市政工程管理局（市政设施局）负责，市、县行政主管部门为市、县规划局（或建委、建设局）。此外，根据不同城市行政事权的不同定义，规划管理部门或建设管理部门可能有不同的称呼。例如，在上海，慢行规划主管部门是上海市规划和国土资源管理局。

2）市内相关部门及职能

在交通系统中忽视行人和骑自行车者的主要原因是，不清楚具体哪个政府部门负责这类情况。例如，公安、市政部门、交通部门、城市规划院在慢行交通方面都有一定的领导作用。出于上述原因,许多海外州或地区的法律开始要求设立慢行交通协调科(或自行车协调科)和慢行交通派遣队,协调部门和专项管理部门都被赋予了一定的管理权利。理论上来讲,公安部门、公共设施部门、道路交通局、城市规划院和市政府等在内的可以影响慢行交通的所有部门都属于慢行交通管理部门,除此之外,还需要有代表性的民间社团和组织参与管理。由相关领导分管的慢行交通管理部门应负责宣传和促进慢行交通方式的发展以及安全、方便的出行,这不仅包括对所有新建基础设施工程在慢行交通方面的相关监督,还应包括慢行交通设施的设计、施工、公众教育及宣传活动等内容的监督工作。

建立城市规划、建设管理、交通管理等部门联动机制,加强城市慢行系统规划与其他规划的联动;加强慢行系统管理部门的协调建设,明确有关部门的职责,有效提高城市管理和服务水平,确保规划和实施工作的公平性和有效性。

3)建立协调领导小组

建议组建镇江市推导慢行交通发展协调领导小组,以政府为首,各部门协调,明确协调领导小组的组成、分工和考核机制。为落实滚动评价机制,以滚动评价领导小组为主体,对慢行交通系统建设改善程度进行跟踪,及时调整规划。

建议镇江市交通管理局、体育局、工商局联合设立专门的步行和自行车管理机构,负责自行车总量的宏观调控,了解自行车的性能和骑自行车的人数、技能和交通规则,实行专业化管理,掌握自行车相关信息和发展趋势。其业务应分为三大类:

(1)对慢行设施的协调管理

慢行设施包括了多种设施,这些设施的规划、建设和维护分散在城市政府的各个部门:依附于城市道路的人行道和自行车道隶属于市政管理部门,绿道、健身步道等是由市体育局等统筹并分配至各区分局进行具体的维护管理,公共自行车相关设施由专门的运营公司负责管理,相关绿化由园林部门负责。提高城市整体慢行舒适度,大力发展城市慢行交通,就需要一个统筹协调机构对相关事宜进行协调。

(2)对自行车车辆的管理

包括自行车档案管理和车辆技术性能管理,根据《交通法》对自行车登记、牌照、税卡、运输、报废和存放进行全面控制、监督和管理。通过对车辆进行定期维护和更新,确保自行车车辆的良好技术状态。

(3)对慢行出行者的管理

出行者管理主要包括安全教育、公众宣传等内容。法规教育中,包括对慢行行人进行交通法规教育和交通道德教育,使他们养成遵守交通法规的良好习惯;公众宣传包括平常慢行出行的宣传倡导、活动策划和组织等。自行车方面,还包括了对骑车人资格的审查,包括对骑行要求达标、对交通法规考试过关、公共道德和安全常识的教育、骑车人的罚款和拘留与扣车等处罚。为了减少危险事故的发生采取对骑行要求达标的鉴定,组织评估和安全教育等措施确保他们对骑行安全有高度的认识。骑车人必须具备一定的生理、心理、道德和技术知识,才能保障骑车人参与交通的合法权益。

4.5.6.2 慢行设施管理

基于镇江市慢行设施管理现状,建议以下慢行设施管理措施和建议:

(1)市政府出台一套《镇江市立体交通系统空间管理办法》,由城管部门执行,责成相关开发商履行责任,维护公众权益。

(2) 推广开展道路安全评估工作。道路交通安全评估可有效地减少和预防道路交通事故,评估工作应贯穿道路的设计、建设和营运过程,目前国外采用比较多的评估方法是间接评估法,即交通冲突技术(简称 TCT)。

(3) 制定非机动车的相关管理规定,如车道建设、设施、换乘停车等。

4.5.6.3 慢行出行工具管理

基于镇江市慢行出行工具管理现状,提出以下非机动车管理措施和建议:

(1) 对非机动车加强管理,制定镇江市非机动车管理条例细则。自行车在道路上行驶必须有完整的手续,即必须有自行车号码、牌照,同时从自行车交通管理机构领取相应的道路通行证。手续不完备的自行车车辆视为不合格,私自上路的话,相关交通管理机构有权利根据法规对其进行处置,对于存在严重安全隐患的破旧自行车予以没收、扣留、不准上路、限骑车人修理等处理。

(2) 规范自行车租赁市场,制定自行车租赁管理规定。

(3) 规范电动自行车市场管理是市场健康发展的需要。

(4) 编制非机动车规划设计导则,以利规范建设行为。

4.5.6.4 慢行出行者管理

基于镇江市慢行出行者管理现状,建议以下慢行出行者管理措施和建议:

(1) 开展非机动车安全教育,提倡非机动车文明行驶,印制《安全骑车手册》。骑车人应当在规定的自行车道上行驶,在指定的位置停放自行车,遵守交通管理规定,自觉遵守法律,维护秩序,保障安全。

(2) 积极推广非机动车出行宣传,印制城市慢行服务地图。

(3) 规范非机动车停车行为,制定《镇江市非机动车收费和处罚办法》。自行车公共停车场,尤其是主干道两侧人行道的自行车停车带,严禁任何单位侵占或挪作他用。小区内部自行车停车场、自行车配件停车场应该保持良好的停车秩序,不能影响居民正常行走,尤其不能堵塞消防通道。

(4) 加强交警巡逻力度,提高效率。道路警力配置要实事求是,加强流动巡逻,防止行人、自行车违章。对违反规定的骑车人,应当按照自行车的有关规定予以罚款、拘车和扣证。加强道路交通管理措施应长期坚持、严格执法、严格管理,具体问题具体分析,因地制宜。

第五章 城市交通低碳发展模式

5.1 城市交通低碳发展影响因素分析

各种私家车的增长得益于社会经济的发展和生活水平的提高。然而,随着私家车数量的增加,交通运输业逐渐成为高能耗、高环境污染的行业,低碳化为未来城市发展指明了方向。如何开展低碳经济下的交通管理研究,成了一个十分重要的热点问题。在发展低碳经济的环境下,为了实现我国交通运输业的可持续发展,方便人们的日常出行,实现低碳经济发展的目标,必须采取以下措施:加强交通运输发展和管理的建设性研究,不断提高交通发展管理的实际水平。在低碳经济条件下,交通运输的发展与管理是一项长期的、历史性的工作。它既能缓解当前能源压力,又能达到节能减排的效果,起到环保的作用。

城市低碳交通管理模式的选择受到城市发展阶段、机动车发展水平以及能源、环境和汽车政策导向等一系列因素影响(图5-1)。

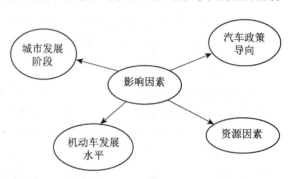

图 5-1 城市低碳交通管理模式影响因素

5.1.1 城市发展阶段

城市交通的建设和发展离不开国民经济的发展。其一,打造现代化城市交通体系,特别是大运量快速运输体系,单靠每个城市的建设资金是不可能建成的,巨大的建设资金使得国家财政的支持显得尤为重要。其二,每年投入的建设资金决定了城市交通和客运结构的模式。发达国家每年将大量的资金投入在道路建设上,在资金充足的基础上,可以选择和创造顺应城市发展的交通方式。但在发展中国家,由于经济不发达,支持城市交通系统的建设和完善的资金不足。不但会影响基础设施建设,在城市交通的其他领域也会有影响。世界银行预测,到2050年,全世界将有90亿人生活,其中的三分之一被中国和加拿大的人口占据,到那时,中国的城市将会有60%以上的人口居住,这会大大增加中国城市交通的负担。国民经济的发展大大提高了中国居民的生活水平,交通出行量与日俱增,平均每天出行次数、距离以及对汽车的依赖程度明显增加。毫无疑问,经济发展与交通需求增长相辅相成。如果交通需求持续到一定阶段,也会催生出新的交通方式并且会持续地发展,从而丰富城市交通系统中的交通类型。

城市发展通常包括以下几个阶段:城市化发展初期阶段、城市化快速发展阶段以及城市化稳步发展阶段。在城市发展初期阶段,人口向都市圈地区集聚,改善交通条件是促进城市经济发展的关键环节[240],社会经济注重粗放式发展。所以,在城市化发展的初期阶段,精准发挥交通基础设施的支撑引领效用至关重要,注重增长极和增长轴线的培育,促进社会经济稳定、快速地发展。

在城市化进程中,随着社会经济的快速发展,人民生活水平得以提高。同时新住房正在向周围地区扩张,土地使用也在增加,对机动交通的需求激增,城市发展与资源环境的矛盾日益突出。同时,新能源、工艺以及技术迅猛发展,且正逐步试用于交通领域中。因为在这个阶段,交通的作用不仅仅是满足人们的出行和市场的需求,同时还要考虑与环境和资源相融合,在经济总量实现新进展的同时,可以减少能源消耗和环境污染。

当城市处于相对稳定的时期,城市地域结构和居民出行特征达到一个稳定的状态,交通系统处于发达阶段,新能源、新技术成熟度较高,并逐步走向规模化和产业化。在城市发展中,应该更加关注生活和人居环境。所以,在这个阶段,改善环境、降低能源消费总量和碳排放强度是交通发展的首要任务,应履行《京都议定书》规定的减排义务。

5.1.2 机动化发展水平

机动化发展水平对模式选择和城市交通碳排放有极大影响。一般来说,在城市发展的不同阶段,机动化的发展有不同的水平和趋势。在城市发展初期,机动化发展水平较低,主要是因为城市规模小,工作和居住的距离短,居民的生活水平和质量低。在城市高速发展的阶段,机动化水平得到了迅速提高,主要是由于城市规模的扩大,城市功能布局的改变,居民生活水平和质量的提高,汽车开始不断涌入普通家庭。例如,为了达到国民经济增长的目的,我国国务院批准颁布了《汽车工业产业政策》,推动了汽车工业的快速发展,使汽车工业成为我国经济发展的支柱性产业。近年来,中国推出了一系列优惠政策来鼓励私家车购买,私家车市场正在蓬勃发展。2011年,中国汽车总销量创下了新的全球纪录。根据中国汽车工业协会统计显示,2011年中国汽车总产量为1 841.89万辆,较上年同期上涨0.8%,汽车销量为1 850.51万辆,较上年同期增长2.5%,其中,乘用车和轿车产量分别同比增长4.23%和5.87%,销量分别增长5.19%和6.62%。道路拥堵、空气和噪声污染是汽车工业发展与低碳交通建设之间的主要矛盾。但是,汽车行业作为一个高增长行业,在中国属于民族产业,对我国经济的持续快速发展具有重要影响,因此,发展汽车工业是必然的,私家车进入家庭的浪潮也不可避免。如果汽车工业和低碳交通分开发展,矛盾会加深,交通问题只会更加严重。要在保留汽车行业可持续发展的前提下还能实现交通的低碳化,就必须把两者结合起来,详细研究汽车工业对城市交通带来的短期和长期影响,找到一条发展汽车产业与低碳交通的双赢之路。在城市稳定发展时期,由于居民出行方式和空间结构基本上是固定的,机动化程度也达到了一个比较稳定的状态。

因此,不同的机动化发展水平必然导致不同的低碳交通管理模式。在机动化达到快速增长阶段,仅仅通过更新能源和技术难以遏制机动化碳排放量的继续上升,但强制减排可能会阻碍社会和经济发展。在机动化达到了一个比较稳定的状态时,通过进一步结构优化来减少碳排放的潜力非常有限,因此,为了减少二氧化碳的排放,我们必须依靠能源和技术的进步。

5.1.3 资源因素

虽然我国幅员辽阔,但人口众多。截至第六次有关全国人口信息的调查,中国总人口已达13.7亿,占世界总人口的19%。中国的人均耕地面积仅为0.093 hm^2,道路交通用地资源十分匮乏。据统计,在中国的12个大城市中,人均道路面积只有5.7 m^2,而伦敦和纽约的人均道路面积分别为 28 m² 和 26.3 m²,甚至东京的人均道路面积也达到了 10.9 m²。而今,中国正在快速地发展城市化进程,人口不断向大城市集中,自 2005 年以来,中国城市人口密度大幅上升,城市人均土地面积日益紧张,城市管辖的土地越来越多,城市面积正在迅速扩大,表现为粗放式扩张。随着城市规模的扩大,交通需求的日益增长,建设更多的交通基础设施迫在眉睫。发达国家可以建设大量的交通基础设施,但就中国的国情而言,人均可利用面积非常小,这样建设是不可能的。在我国城市道路利用中,更加合理的规划和决策发挥着重要的作用。

根据中国的能源白皮书,中国的人均油气储量只有世界平均水平的十五分之一。自 1995 年以来,中国石油消费量每年都在增长,随着供需差距的扩大,石油进口也在扩大。特别是随着城市的大规模扩张,经济的快速发展以及机动车数量的快速增加,中国的能源消耗也是前所未有的。我国石油产量居世界第五,然而,在过去的 10 年里,对石油的需求日益增加,消费增多,以至于超过日本,成为世界第二,仅次于美国。2009 年,中国进口石油 1.99 亿吨,对进口石油的依存度超过警戒值 50%,并在 2010 年达到了 54.45% 的新高。

整个交通运输行业的主要消费能源是石油。根据中国统计年鉴数据,1990 年,交通运输占社会总石油消耗的 14.65%,2008 年,这一比例上升至 35.6%。燃油驱动的车辆仍然主导着城市交通系统,其中,利用汽油和柴油等不可再生能源提供动能的公共交通和私家车是主要的能源消耗部分,但是由于技术水平的局限性,当今社会想要用可再生能源去完全替代汽油和燃油的交通工具还不太可能。在未来很长一段时间里,随着中国经济的稳步发展,机动车总量和城市交通能源消耗将快速增长。未来,随着世界石油储备的枯竭,城市交通将面临严重的能源危机[241]。通过能源和技术升级直接减少碳排放更为有效,但是,在开发和应用新能源和新技术方面的资本和技术投资是必要的和长期的。减少碳排放的最大成本是每吨不高于 70 美元,而随着技术的不断创新,减少碳排放的成本是大约每吨 150 美元。此外,各地碳排放峰值的出现也会影响低碳交通管理模式的选择。对于发达国家或地区而言,经过工业化和城市化的过程后,碳排放出现了一个峰值,交通管理旨在减少总碳排放量,实现低于高峰年的目标。而对于发展中国家或地区而言,碳排放峰值还没有出现是由于正在向城市化进程逐步趋近,暂没有形成稳定的城市交通结构和居民出行特征。所以交通管理的目的旨在实现单位周转量碳排放低于以往。

5.1.4 生态环境

城市交通给环境带来的影响是显著的,特别是在噪声污染、景观破坏和大气污染这三个方面。汽车是现代生活中极其重要的一个部分,它使人们的出行变得极为方便,但汽车的尾气排放却严重污染了大气环境。在中国的大中城市中,汽车尾气是空气污染的主要来源,约占 50%,比工业排放造成的污染还多。对在用汽车检测后,统计显示所测的车辆中竟有 50%~60% 的车辆尾气排放超过标准。全世界范围内,中国在污染最严重的 20 个城市中占有 16 个城市。人们能忍受的噪声是有限度的,在白天如果交通噪声高于 75 dB 就会引起人们极大的不适,而在晚上,噪声低于 45 dB 才不会影响人们的休息。如果噪声达到临界值时,人们就会感到不舒服。从现状分析,在中国城市中,交通噪声污染仅次于生活噪声。从《中国统计年鉴》(2010)可以分析出,69.8 dB 的交通噪声在北京和上海的道路上很常见,温州比上述两个城市还高出 1.8 dB。日益增多的城市交通基础设施所造成的环境破坏也让人忧虑。交通基础设施的大规模建设带来了不必要的水土流失、生态失衡、自然景观破坏等一系列问题。例如,修建高架桥的同时对城市景观也带来了极大的破坏。

5.2 城市交通低碳发展模式类别

根据以上城市低碳交通管理模式的主体和影响因素分析,我们可以根据不同的影响因素得出相应的低碳交通管理模式。

5.2.1 基于低碳交通发展主体的管理模式

为了发展低碳城市交通,应采取政府、企业、居民和社会组织合作的新型管理模式,它与自由市场经济和政府统一管理模式不同,它是由政府与企业、居民、社会组织相互参与、互动、影响的一种管理模式。这种管理模式如下:以政府、企业、居民为主体,政府为主导,市场为基础,民间社会力量为辅助,从宏观、中观、微观三个层面,形成"三位一体"的三主体、三方式、三层面的发展模式(图5-2)[116],共同致力于城市交通低碳发展。这是一个社会性的多维模式,必须要紧密地联系在一起,相互促进,发挥各自作用。

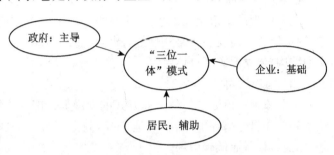

图5-2 政府、企业、居民"三位一体"模式

1) 政府及交通主管部门、企业和居民三个主体的职责[116]

(1) 政府及交通主管部门的职责

政府及交通主管部门的主要职责如下:①负责制定计划和战略目标。市长带头推动成立领导小组,制定并公布低碳交通管理规划、理念和目标,将低碳城市交通管理作为城市发展战略加以推进。②运用财税政策进行引导。采取提供财政奖励支持措施,鼓励交通运输企业开发和使用节能技术、设施和设备,提供低碳排放服务。③制定相应的法律法规、标准和技术规则,促进技术升级、评估、监督管理体系建设。④加强国内外深入广泛的合作与交流。通过不同的方式和渠道,与国内外城市进行技术合作,拓宽融资渠道,为低碳交通队伍培养更多人才。

(2) 企业的职责

在城市低碳交通的发展和管理中发挥着重要作用的是交通运输企业。城市交通低碳的发展和管理与低碳市场和企业的具体实施密不可分。交通运输企业应当执行与低碳相关的法律、指令和标准,积极开发、应用和推广低碳技术,积极进行低碳贸易,努力提供低碳服务。

(3) 居民的职责

城市低碳交通的可持续发展离不开人们的低碳生活以及日常支出观念。低碳发展的实际履行者是城市居民。公众应该有低碳的观念并且付诸行动,认真落实关于低碳的各种法律法规并严格执行各项相关制度,在低碳出行等服务上进行消费。

2) 政府、市场和民间社会三个方面的影响方式[116]

(1) 政府的影响方式

政府和交通运输部门在城市交通低碳建设中发挥着主要的带头作用。充分发挥政府在规划、出台政策、规范市场、创造良好环境等方面的领导作用。

(2) 市场的影响方式

市场机制在配置低碳交通发展资源中发挥着基础性的作用。通过市场机制,实现低碳服务,创新低碳技术,开展低碳交易,刺激具有低碳交通消费潜力的企业和居民。

(3) 民间社会的影响方式

民间社会组织承担指导、建议、宣扬和督促四项任务。在制定行业低碳标准的基础上,交通行业协会对行业内公司的行为进行限制,促进相关政策的落实,它也是政府和企业之间的桥梁,分析当前情形并提出意见,与国际社会进行联系与合作。

3) 宏观、中观、微观三个层面的主要内容[116]

(1) 宏观层面

主要体现在城市交通的整体发展和管理上。市政府参照经济发展规模和低碳发展目标,制定低碳交通发展战略和规划,制定优惠的财政和税收政策,促进低碳运输的发展,优化交通结构,建立低碳评价体系。

(2) 中观层面

主要体现在市区县各种交通方式的发展上。市、区、县交通运输部门在城市低碳交通运输发展总体目标指导下,结合当地实际,制定了多种交通运输方式低碳发展目标和具体措施,加快培育行业低碳市场。

(3) 微观层面

主要体现在企业和居民的实际行动中。企业和居民要牢记低碳理念,认真落实相关政策法规,促进节约型消费;在市场机制的作用方式下,提升企业竞争力的同时也提高了居民生活质量,拓展低碳城市交通发展路径。

5.2.2 基于城市发展阶段的管理模式

在城市快速发展阶段,随着城市规模的迅速扩大,社会经济和居民的生活方式也在发生变化,新能源和新技术产业尚处在研究开发或起步阶段,现阶段属于传统城市低碳交通管理模式;城市化进程放慢了脚步,城市发展和居民生活水平在变化,建立了基于公共交通发展的交通模式,新能源和新技术产业发展前景很好,有的已经实现了产业化,现阶段属于相对低碳管理模式;在城市发展的成熟阶段,发展步伐逐步稳定,社会经济、空间布局以及居民生活方式都达到稳定状态,新能源应用及新低碳技术的研发都实现了产业化,现阶段属于绝对低碳管理模式,见图5-3。

传统模型是为了满足社会发展需要而增加单位周转率和总碳排放量的模式,而不是低碳模式;相对低碳的模式是那些减少单位周转量的碳排放,同时刺激经济增长和满足运输需求的模式;绝对低碳模式意味着满足交通需求,保持社会经济发展,同时减少碳排放。

在这三种模式中,传统模式虽然不能减少碳排放,但相对低碳交通模式和绝对低碳交通模式并无明显的差异,最终目标都是发展低碳交通。但区别在于,绝对低碳集中在"结果",根据最终碳排放的绝对减少,将经济增长与二氧化碳排放脱钩作为标准,重点是实现低碳经济,是相对简单的结构与目标。而相对低碳重点在于"过程"上,需要指出的是,实行绝对脱钩是一个社会和交通发展转变的过程,低碳的核心是怎样向低碳交通发展。由于后两种模式的不同,低碳交通发展过程中的侧重点也有所不同。相对低碳模式中城市空间结构、出行

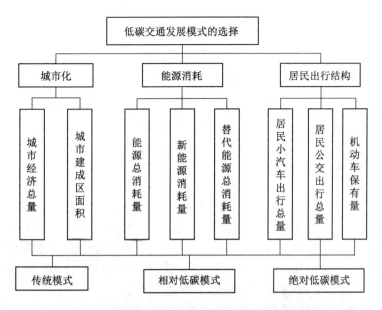

图 5-3 低碳交通发展模式选择层次分析结构图

方式结构等的优化和调整更受关注,在逐步提高碳生产率的基础上,降低单位周转碳排放量。而绝对低碳模式更注重直接的碳减排,大力推动新能源、新技术的应用。然而,从低碳交通的全过程来看,后两种模式只是低碳交通发展的不同阶段。研究发现,每个城市正逐步从相对低碳阶段向绝对低碳阶段转变。

5.2.3 基于机动车发展水平的管理模式

中国的城市交通应该远离以汽车为主导的管理模式,相反,我们应该加强公共交通发展力度,并为慢行交通提供必要的辅助,这点在我国城市低碳交通发展中慢慢达成了共识。远离以汽车为主导的管理模式并不意味着放弃汽车交通,任何形式的交通都是有意义的。此外,中国的汽车产业在国民经济产业中占据主要支撑地位,是国民经济的支柱产业。发展汽车交通,应基于不同城市的不同情况,制定相应的合理的发展规划。对于已经车水马龙、造成交通拥堵的大城市来说,要限制汽车的增长,引导汽车使用;对于需要改善经济状况的汽车还达不到饱和状态的中小城市,不必严格限制车辆发展,但要积极支持低碳出行,统筹发展公共交通和汽车运输,改善公共交通服务水平。

因此,可以考虑建设一种现代低碳交通管理模式:"多层次互补、多方面协调发展"。在构建公共交通系统时就需要"多层次互补","多方面协调发展"是指多种交通方式在这种模式下协调发展。该模式在适用于不同规模的城市时,应该依据城市的实际情况去调整管理模式的侧重方向。

对于特大城市群而言,经济形势很好,轨道交通建设条件较好,可以打造一个多层次、互相补充的公共交通系统:以轨道交通为骨干、快速公交为主导、常规公交为基础、出租车为辅助,同时积极鼓励发展步行、自行车等慢行交通方式,控制私家车总量,引导私家车合理使用,最后,多种运输方式实现现代低碳运输管理模式的协调发展。

对于大城市而言,经济实力中等,可以打造一个以 BRT 为骨干、常规公交为主力、出租车为适当补充的多层次、互补公共交通系统,并加大对步行和自行车的发展力度,减少对私家车发展的限制。通过不同的交通方式,实现现代低碳交通管理的协调发展。

对于中小城市而言,经济水平相对不高,实力不足,常规公交建设是满足市民出行需求的主力军,同时步行、自行车作为辅助交通,私家车是必要补充,现代低碳运输管理模式伴随着各种交通方式的协调发展。应该注意的是,要想促进"多层次互补、多方面协调发展"现代低碳交通发展模式的实现,有必要协调所有相关政策的执行,如设计公交品牌、结合交通规划与TOD模式、研究开发汽车低碳技术、应用智能技术等。

5.2.4 基于资源因素的管理模式

如今,在这样一个城市里,快速交通和慢行交通发展是不平衡的,快速交通得到了前所未有的发展,而慢行交通几乎被世界所忽视,因此,发展慢行交通的重要性越来越明显。"最后一公里"与一个城市的快速交通系统发展程度无关,这和慢行交通有关并由其解决。慢行交通具有节能环保、占用资源较少、出行成本低等诸多优势,显然,它在整个城市的交通系统中扮演着重要的角色,且对低碳交通的发展尤为重要[242]。

慢行交通规划的主要轴心是依据城市综合交通的发展状况、道路权的配置、人车冲突、设施故障和步行特征等,明确慢行交通规划系统的目标定位和发展对策。一般来说,慢行交通规划内容的界定可以分为三块:问题提出部分、慢行交通系统规划部分、交通平静化集成设计部分,分别将这三块定义为城市综合交通分析部分、慢行岛际、慢行核内设计部分,而这三块内容相互关联、互为补充。

1) "快速公交+公共免费自行车"出行方式衔接模式

BRT,又称快速公交系统,主要包括以下几个具体组成部分:独立路权、专用车辆、独特新型车站、智能运营管理模式,运营水平得到了极大的提高,并且它的建设和投资成本低于轨道交通,接近于传统的公交车,是一种新型的城市公共客运系统。"快速公交+公共免费自行车"出行方式衔接模式(见图5-4),建立了与每个快速公交(见图5-5)站点相连的免费公共自行车租赁站点(见图5-6),是一种可无缝转换不同的交通方式、降低私家车使用率、减少交通拥堵、促进节能减排的一种低碳的、高效的交通出行模式[243-244]。

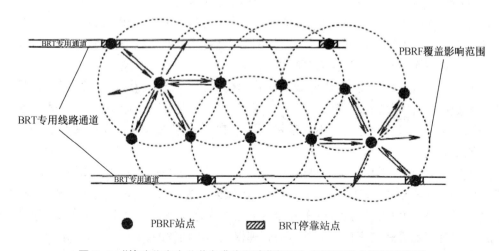

图5-4 "快速公交+公共免费自行车"出行方式衔接模式局部示意图

图 5-5　快速公交站点

图 5-6　公共免费自行车租赁站点

2)"轨道交通＋公共免费自行车"出行方式衔接模式

在中国城市化进程不断加快的背景下,各大城市的规划中,轨道交通被认为是未来城市交通的大动脉,在中国大中城市"十二五"规划纲要中,轻轨、地铁等建设规划频频出现,其受重视性显而易见。如果这种类型的轨道交通将引领未来的城市交通,那么轨道交通和免费公共自行车的结合是一个好办法,其衔接模式见图5-7。将轨道交通线路上的站点划分为轨道交通中转站和轨道交通常规上下站,在轨道交通中转站,设立一个大型的公共自行车租赁站点来与它配合。与此形成对比的是,在常规上下车站周围设置了小型的自行车租赁和停放场所,以尽可能高效、有序地实施轨道交通与公共免费自行车衔接方案,促进城市低碳交通的发展。城市轨道交通工具示意图见图5-8。

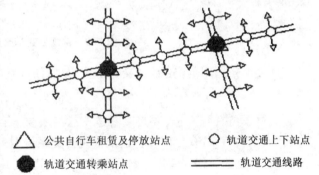

图 5-7　"轨道交通＋公共免费自行车"衔接模式图

图 5-8　城市轨道交通工具示意图

此类模式适用范围：街区布局相对不合理；城市人口比重大，道路拥堵，城市道路利用率趋于饱和；城市居民对绿色交通有着较高的需求。

3)"常规公交＋自行车搭载"交通工具整合模式

本模式所指的"常规公交＋自行车搭载"交通工具整合模式，它是一种经适当加长的传统客车，扩展部分的后部设有乘客私人单车运载区(见图5-9)，这样就可以随时保持公共汽车和自行车之间的不间断连接，确保换乘效率较高的新模式[245-247]。该模式的特点是：实现了交通运营模式的移动性和实时性连接，最大化了自行车和公共交通的优势；减少了相关站点和设施的建设；有效地提高了两种交通工具的换乘效率；大大降低了政府交通基础设施的成本。

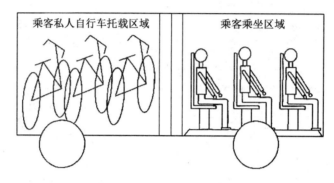

图5-9 常规公交车改造模型

此类模式适用范围：快速交通系统相对落后；城市交通基础设施薄弱或起步晚；政府没有足够的资金用于交通基础设施建设[248]。

4)"专用自行车道、专用步行道＋常规公交系统"慢行交通系统规划模式

"专用自行车道、专用步行道＋常规公交系统"慢行交通系统规划模式(见图5-10)，换句话说，就是通过修建专用的自行车道和步行道，与传统公共交通系统互为补充，充分衔接，有效减少当地交通运行状况的恶化问题。落实以慢行交通体系为主的绿色交通规划，可以改善和提高居民的生活条件和质量[248]。

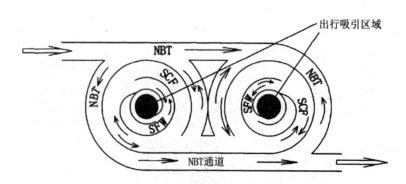

图5-10 "专用自行车道、专用步行道＋常规公交系统"慢行体系局部示意图

此类模式适用范围：区域交通不完善，拥有较大的规划空间，一般来说，更适合新城的综合交通规划，政府拥有雄厚的财力和充足的城市交通基础设施建设资金，现有的交通运输

方式虽已开始形成规模,但相对仍是零散的,没有进行规划整合,换乘衔接效果非常差。

5.3 构建城市交通发展模式的建议

建造城市低碳交通系统,既有助于有效地整合低碳转变后不同交通模式的发展趋势,又有助于实现一体化和连贯的发展,以实现自身的可持续发展。构建城市低碳交通系统所需要的政策措施必不可少,通过综合措施和相关政策的结合,实现完整的低碳交通发展模式。

把握引领经济发展新常态,推动供给侧结构性改革,促进重大国家战略实施,支持全面建设小康社会都是当今社会发展的客观要求,而达到这些要求的前提是要构建现代综合交通运输体系。江苏省委十三届四次全会会议上提出,要把建设现代综合交通运输体系作为下半年七项主攻任务之一,并要求狠抓落实、务求突破。下一步,要以更大的决心、更有力的举措,加快推动我省由交通大省向交通强省的转变,着力打造交通强国建设先行区。

5.3.1 基础设施的建设和完善

相应的基础设施是构建低碳交通发展模式的前提。因此,创建和完善城市交通基础设施是发展低碳交通的第一步。每个城市都有不同的特点,在基础设施建设的过程中必须多加考虑。在进行地铁规划设计时必须要进行可行性研究,保证地铁网络规划建设的合理性及高效性。我们要重视快速公交系统在过渡阶段的重要作用,因为在地铁还未建设完善的阶段,城市居民出行需求特别旺盛,组织专家对快速公交网络建设进行全面调研和规划,真正保证BRT独立"路权"和优先权。继续推进常规公交专用道的建设,来提高常规公交车的运行效率以及公交路网的覆盖面积。开展慢行交通专项规划,推动自行车专用道、人行道的建设,使两者与机动车道分离,减少冲突,确保慢行交通独立路权,营造舒适、安全、高效的出行环境。实现有序衔接各种交通方式,只有确保所有的交通方式应尽其用,才有可能发展低排放的运输方式。

聚焦发展不平衡不充分问题,以系统化思维加快推进交通基础设施融合发展。一是强化规划统筹。充分发挥综合交通发展规划的引领作用,紧贴"一带一路"建设、长江经济带发展、乡村振兴以及"1+3"重点功能区建设等战略,努力实现规划"一张图"、建设"一盘棋"。这就要求不同运输方式的基础设施空间布局和建设时序要被科学地确定。建议省政府要加强对各地建设规划和项目的统筹,加快有关重点建设规划的报批流程,加强投资计划安排、开工项目的提前对接,积极做好对上争取,为规划能早日获批、项目能早日建设夯实基础。二是强化要素保障。厘清上下级政府间交通事权和支出责任,深化投融资体制改革,科学规范地筹措交通建设所需资金。优化财政资金投入方向,重点保障高铁特别是苏北地区高铁网络、国省公路断头连接线、过江通道等项目建设,同时加大对互联互通项目、优势互补项目的投入。着力于加强综合交通运输人才队伍建设,加快部署熟悉不同运输方式的复合型人才。致力于推动土地节约集约利用,有效破解耕地占补平衡矛盾,进一步提升用地保障能力。三是突出发展重点。实施的思路就是围绕抓薄弱、补短板、强功能,一方面加快补上两块比较突出的短板,即航空、铁路两块:在铁路方面,要把后续发展转变为主导式发展,积极探索高速铁路和城际铁路的自主规划、建设和运营,加快提高铁路运输能力;在航空运输方面,要把自身的经营转变为协同合作,注重机场管理体制改革,加强多方资源整合,提高航空运输能力和综合竞争力。另一方面要加快完善公路网络,提高江苏公路率先发展的优势地位,加强公路货运治理;推进水运系统升级,发挥好得天独厚的水运资源优势。与此同时,为了达到加强衔接、促进融合的目的,将其作为工作理念、工作思路,加强港口、航空等集疏运体系的建设,提高多式联运的效率,加快综合客货运枢纽建设,构建无缝衔接的枢纽换乘体系,有效提高综合运输体系的整体效率和服务质量。

5.3.2 交通工具的低碳化

城市交通主要由交通工具组成,其是二氧化碳排放的来源。低碳交通发展模式的构造建设主要包括以下几个方面:

首先,我们应该从技术入手,实现交通工具低碳化,最主要的是要围绕汽车开展,如低碳汽车技术的应用、新能源汽车的研发等。应该根据要求提早淘汰排量大、车况差的汽车;提高发动机性能和燃烧效率,降低油耗和废气排放;积极探索新能源技术;建设相应的电动汽车充电站等配套设施,来支持新能源汽车的使用。

其次,在政策措施方面:一、明确和健全不同交通运输方式之间的低碳发展战略与标准,建立产业低碳评价体系;研究与制订能够加快不同运输方式的低碳发展政策,如道路、铁路、轨道、水路等,加快完善符合低碳运输要求的相关标准和规范;以低碳视角提高市场准入壁垒,建立退出机制,对不同运输方式的运输市场和车辆加强管理。二、注意增加对汽车行业节能减排的管理力度。优化交通能源结构,加大对清洁能源的开发力度;实行市场准入制度,加快淘汰老旧、高耗油量汽车,加强对高污染机动车辆的管控;加强混合动力汽车停车场、充电区等基础设施建设,促进节能环保汽车发展;同时,采用优惠政策,激励相关企业购买和使用节能环保型车辆,促进企业开展节能技术创新研究;鼓励企业和公众积极做好交通领域的碳交易[116]。

5.3.3 智能交通系统的建设

进一步推进智慧绿色交通建设,着力于提升交通运输发展质态。一是加强交通运输的信息化水平。把实施"互联网+综合交通"当作出发点,加强"一平台"和"四体系"建设,其中"一平台"为交通基础平台,"四体系"包括感知监测体系、标准规范体系、安全保障体系、行业应用体系,提高行业治理、公众出行、货运与物流信息化水平,提高交通行业应用大数据分析与指挥决策的能力。对于交通科技创新平台,尤其是国家级的平台,应当积极争取在江苏省内搭建,从而增加江苏省在交通科技创新领域的竞争力,从而在无人驾驶、智能交通等高科技交通产业树立旗帜。二是加快推进绿色交通发展。牢固树立绿色交通发展的理念,加快建设节能环保监管能力和统计监测体系,推进资源节约和集约循环利用,促进节能低碳技术研发,推动新能源和清洁能源应用,大力推进污染防治和环境保护工作以及资源节约型和环境友好型行业建设。推进长江生态修复、加强交通运输领域污染防治,加快建设进程,将我省建设成全国首个绿色循环低碳交通运输示范省份。三是提升运输产业发展水平。注重加强综合运输、物流、旅游、装备制造等行业的综合发展。把握货物多式联运和旅客联运的两个关键环节,提高综合运输服务的可达性、便利性和经济性。鼓励支持运输企业做大做强,提高经营水平,积极运用互联网等新技术,创新运输组织模式和业态,满足经济社会发展新需求。聚焦创新驱动,补齐发展短板,通过优化布局、加强推广应用等途径提升新能源汽车产业发展的质态。

走低碳交通发展之路,需要高效运行的城市交通系统。ITS通过优化交通基础设施的布局,从而建立起有序的交通秩序来保障道路的安全和畅通,让城市就交通系统整体而言更加有效地运行,从而显著减少碳排放,为低碳交通建设提供了有力支撑。部分城市交通基础设施建设缓慢,无法满足巨大的交通需求,为了缓解这一矛盾,可以加快建设智能交通系统,使得城市交通系统的运行效率得到提高。当城市还处在发展阶段,需要大规模地建设交通基础设施,应对该城市交通的现状和发展趋势进行深入探讨,建议将智能交通系统的硬件设施融入交通基础设施中,同步规划建设,既可以避免分开建设周期长的问题,又可以有效地将智能化设施与交通基础设施相结合。优先考虑构建公交车、出租车等公共交通的智能运营管理系统,构建交通共用信息平台,创建停车诱导系统,引导司机实现便捷停车。

采取必要的措施来缓解交通拥堵。优化交叉口和信号控制,大力建设移动信号系统和交通摄像装置,建立健全交通管理中心,快速收集道路信息,提供实时电子交通引导。加强交通行政管理,提升队伍的专业技能和服务水平。

5.3.4 低碳出行理念的树立

以法治能力建设为引领,着力推进交通运输治理能力的提升。一是坚持法治引领。健全重大行政决策机制,提升执法素质,确保过程公正文明,强化对事情前后的监管和行政监督。提升法治思维能力、矛盾纠纷预防与化解能力,加强基层执法与服务能力建设。加快水路交通运输、农村公路、铁路安全管理等交通运输领域的地方立法,注重对综合交通运输法规体系的完善,加强相关标准规范的衔接,推进交通运输标准化、程序化、法治化工作。二是继续深化改革。持续推进简政放权,充分释放市场活力,加强部门协调和系统指导,在严格依法依规的前提下简化审批流程、缩短审批周期。加强对公路和航道管理体制方面的改革力度,研究按照行政权力和支出责任,建立交通管理的层级体系。扎实推进港口一体化改革,提升江苏港口综合竞争力。推动机场管理机制改革,构建资源共享、协调发展机制。三是提高监管保障能力。加强交通安全应急体系建设,落实依法治安和科技兴安工作,加强主要行业领域的安全监督管理,推行安全生产风险管理,督促企业和管理部门切实履行各自职责,有效提高应急服务能力。

以交通建设令人满意为基本点,加快提升综合运输服务水平。一是全面提升城乡交通的均等化水平。坚持"行有所乘"的交通基本公共服务理念,努力将公共交通引入城际、城乡,将从城市交通领域发展起来的公共交通发展理念延伸到城际、城乡交通领域,踊跃探寻城市群地区之间城际运输方式构建的可能性。全面提升出行换乘的便捷性,在客运"零换乘"的指导下,更加快速地建设以铁路客运站为核心的综合客运枢纽,使人们在出行和换乘过程中更方便,节省时间,不受恶劣天气的影响。加强城市公交、市镇班线和镇村公交之间的衔接,持续改善农村交通运输条件,满足群众日益增长的出行需要。二是致力于全方位提高交通运输安全水平。交通发展的主要目标是改善道路交通安全,进一步提高道路运输安全防控能力、安全科技支撑能力,提升道路运输从业人员安全素质、道路交通紧急情况的处理能力,完善交通运输安全生产的长效机制,来促进全省交通运输安全生产形势持续平稳趋好。三是全面推进运输发展的一体化。依托快速铁路、高速公路和机场,建设大容量、快速化的区际和城际客运服务系统,以客运联程联运为突破,优化客运班线的结构,打造便捷多样的城际客运网络。以货物集装箱标准化为核心,来加快发展多式联运,推动构建高效专业化跨区域物流。

有利于发展低碳城市交通的硬件和软件环境对于建立低碳交通发展模式至关重要。换句话说,低碳交通的实现有赖于公众的积极参与和支持。目前低碳出行的理念越来越被市民所接受,已经开展了"低碳生活、绿色出行"、无车日等环保宣传活动,然而,这些活动短时间没有办法转化为一种意识来引导市民的出行行为选择,建议可以加强宣传和普及低碳出行理念。

交通行业协会应加强行业自律,促进节能交通技术装备的推广,开展低碳交通领域交流与合作。加强各方面低碳交通运输的推进。最大限度地利用报纸杂志、互联网、广播电视等多种渠道,开展低碳交通理念宣传活动,以支持低碳交通理念,鼓励企业和公民低碳出行,创造有利于低碳交通发展的环境。

参考文献

[1] 周宏湖.美好城市 低碳交通[J].轿车情报,2010(5):164-167.
[2] 孙昌龙,靳诺,张小雷,等.城市化不同演化阶段对碳排放的影响差异[J].地理科学,2013,33(3):266-272.
[3] 刘丙泉,宋杰鲲.我国能源效率波动分解及影响因素分析[J].节能技术,2011,29(3):272-276.
[4] 王炜,陈学武.城市交通系统可持续发展理论体系研究[M].北京:科学出版社,2004.
[5] 张生瑞.公路交通可持续发展系统分析与评价[D].西安:长安大学,2002.
[6] 翟青,魏际刚.关于中国可持续运输问题的探讨[J].数量经济技术经济研究,2000,17(7):37-39.
[7] 美国得克萨斯州交通研究所.美国城市道路畅通性评价报告(2010年)[M].北京:人民交通出版社,2012.
[8] Richardson E, Rice D, Jelley C. Urban transport for a vital and sustainable future[J]. Road and Transport Research, 1993, 2(2):58-69.
[9] Luderma M W. Urban transport system bench marking[C]//Urban Transport XII: Urban Transport and the Environment in the 21st Century. UK: WIT Press, 2006.
[10] Bougromenko V. An expert system for sustainable urban and regional transport development[C]//International Conference on Traffic and Transportation Studies (ICTTS) Reston: American Society of Civil Engineers, 2002.
[11] Mackett R, Edwards M. An expert system to advise on urban public transport technologies[J]. Computers, Environment and Urban Systems, 1996, 20(4/5):261-273.
[12] Goldman T, Gorham R. Sustainable urban transport: Four innovative directions[J]. Technology in Society, 2006, 28(1/2):261-273.
[13] 陆建,王炜.面向可持续发展的城市交通系统综合评价方法研究[J].土木工程学报,2004,37(3):99-104.
[14] 李淑娟.城市交通系统可持续发展的评价指标体系研究[D].南京:东南大学,2002.
[15] 张军.城市交通系统可持续发展综合评价研究[D].成都:西南交通大学,2007.
[16] 刘东.畅通工程评价体系与方法研究[J].公安大学学报(自然科学版),2002(1):61-64.
[17] 卢会芬.大城市低碳客运交通系统评价指标体系研究[D].北京:北京交通大学,2011.
[18] 肖红波.大城市综合交通系统发展模式与评价指标体系研究[D].成都:西南交通大学,2007.
[19] 赵国杰,郝文升.低碳生态城市:三维目标综合评价方法研究[J].城市发展研究,2011,18(6):31-36.
[20] 孙孝文.和谐交通体系构建研究[D].武汉:武汉理工大学,2007.
[21] 连玉明.城市价值与低碳城市评价指标体系[J].城市问题,2012(1):15-21.
[22] 齐文,宋庆亮,李琳娜.城市交通低碳发展指标体系研究[J].价值工程,2012,31(31):103-105.
[23] 贾健民.城市低碳生态交通系统综合评价体系研究[D].济南:山东大学,2013.
[24] Awasthi A, Chauhan S S, Omrani H. Application of fuzzy topsis in evaluating sustainable transportation systems[J]. Expert Systems with Application, 2011, 38(10):12270-12280.
[25] Wang Y J. Research on the security efficiency evaluation of urban transportation system based on fuzzy synthetic evaluation[C]//2009 2nd International Conference on Power Electronics and Intelligent Transportation System. [S.l.]: IEEE, 2009:71-74.
[26] Hu Qi Z, Lu H P. Urban ecological traffic evaluation based on matter element analysis[C]//

Proceedings 2010 International Conference on Intelligent Computing and Integrated Systems. [S.l.]: IEEE, 2010: 573-576.

[27] Xu L H, Qi J. Notice of retraction: Urban road traffic status evaluation analysis based on AHP[C]// 2011 Second International Conference on Mechanic Automation and Control Engineering. [S.l.]: IEEE, 2011: 913-916.

[28] Azadeh A, Ghaderi S F, Izadbakhsh H. Integration of DEA and AHP with computer simulation for railway system improvement and optimization[J]. Applied Mathematics and Computation, 2008, 195(2): 775-785.

[29] Vuchic V R. Urban public transportation systems and technology[M]. New York: Prentice Hall, 1981.

[30] 张晶敏. 城市公共客运交通规划与评价方法[J]. 科技与管理, 2002(4): 63-67.

[31] 张增棣. 基于"两型社会"的长株潭城市群道路交通评价方法研究[D]. 长沙: 长沙理工大学, 2009.

[32] 王玉芳. 低碳城市评价体系研究[D]. 保定: 河北大学, 2010.

[33] 王钊. 城市生态交通系统综合评价方法研究[D]. 合肥: 合肥工业大学, 2009.

[34] 谈琦. 低碳城市评价指标体系构建及实证研究:以南京、上海动态对比为例[J]. 生态经济, 2011(12): 81-84.

[35] 姜玉梅, 郭怀成, 黄凯, 等. 城市生态交通系统综合评价方法及应用[J]. 环境科学研究, 2007, 20(6): 158-163.

[36] 姜玉梅, 郭怀成, 郁亚娟, 等. 城市生态交通系统综合评价方法框架浅析[J]. 城市问题, 2007, 4: 27-30.

[37] 王秀良. 基于属性数学模型的城市交通系统综合评价方法[J]. 重庆理工大学学报(自然科学版), 2010, 24(1): 120-126.

[38] 杨伟杰, 裴玉龙, 徐秋实. 模糊数学在城市交通政策评价中的应用[J]. 公路, 2003(4): 103-106.

[39] 周建琴. 城市慢行交通友好性综合评价研究[D]. 北京: 北京交通大学, 2011.

[40] 陈伟, 夏建华. 综合主、客观权重信息的最优组合赋权方法[J]. 数学的实践与认识, 2007, 37(1): 17-22.

[41] 宋博, 赵民. 论城市规模与交通拥堵的关联性及其政策意义[J]. 城市规划, 2011, 35(6): 21-27.

[42] 王珍, 谢五洲. 私家车激增背景下城市交通拥堵问题与治理对策:以宜昌市为例[J]. 物流技术, 2015, 34(3): 32-34.

[43] 王妤发, 程龙, 冯岑, 等. 中小城市居民出行特征片区差异性分析:以浙江省长兴县为例[J]. 城市交通, 2015, 13(2): 55-62.

[44] Wang Y L, Zhu X, Li L, et al. Reasons and countermeasures of traffic congestion under urban land redevelopment[J]. Procedia-Social and Behavioral Sciences, 2013, 96: 2164-2172.

[45] 陈凯丽. 上海市城市交通拥堵原因及对策研究[D]. 天津: 天津商业大学, 2013.

[46] 肖锦轩. 基于政府职能的城市交通拥堵治理对策研究[D]. 西安: 长安大学, 2012.

[47] 孙雯静. 协同治理视域下的城市交通拥堵治理研究:以南宁市为例[D]. 南宁: 广西大学, 2014.

[48] 褚万里, 梁然. 完善法律法规, 缓解城市交通拥堵[J]. 道路交通管理, 2014(5): 28-29.

[49] 任其亮, 肖裕民. 城市路网交通拥堵 H-Fuzzy 评判方法研究[J]. 重庆交通大学学报(自然科学版), 2008, 27(5): 763-766.

[50] 蒋金亮, 宋瑞, 李晋, 等. 基于 DEA 的城市道路交通拥堵评价[J]. 交通信息与安全, 2011, 29(3): 10-14.

[51] 王曦, 祝付玲. 基于高斯混合分布的交通拥堵评价模型[J]. 公路交通科技, 2011, 28(2): 127-132.

[52] 刘梦涵, 于雷, 张雪莲, 等. 基于累积 Logistic 回归道路交通拥堵强度评价模型[J]. 北京交通大学学报,

2008,32(6):52-56.

[53] 郑长江,路源.基于支持向量机的城市道路交通拥堵判别算法研究[J].贵州大学学报(自然科学版),2014,31(1):113-117.

[54] 周映雪,杨小宝,环梅,等.基于生存分析的城市道路交通拥堵持续时间研究[J].应用数学和力学,2013,34(1):98-106.

[55] Rehborn H, Kerner B S, Schäfer R P. Traffic jam warning messages from measured vehicle data with the use of three-phase traffic theory[M]//Advanced Microsystems for Automotive Application 2012. Berlin: Springer Berlin Heidelberg, 2012: 241-250.

[56] 李树彬,高自友,吴建军,等.基于事件的交通拥堵模拟与消散策略研究[J].系统仿真学报,2012,24(8):1708-1713.

[57] 周金革,叶启新,郭开仲.基于错误矩阵方程的解决城市交通拥堵决策研究[J].数学的实践与认识,2014,44(1):163-170.

[58] Dwyer M, Stave K. Modeling the relationship between population and land development under changing land use policies[M]// Proceedings of the 23th International Conference of the System Dynamics Society. Cambridge, Massachusetts USA, 2005.

[59] 刘爽.基于系统动力学的大城市交通结构演变机理及实证研究[D].北京:北京交通大学,2009.

[60] 靳玫.北京市交通结构演变的系统动力学模型研究[D].北京:北京交通大学,2008.

[61] 姜洋.系统动力学视角下中国城市交通拥堵对策思考[J].城市规划,2011,35(11):73-80.

[62] 张毅媚,张谊.城市交通拥挤的系统动力学模型仿真研究[J].交通与计算机,2008,26(2):94-97.

[63] 邹杨波,徐波.城市交通拥堵治理政策有效性研究[A].中国人口资源与环境,2013,23:442-445.

[64] 王如义,刘崇耀.城市交通拥堵的系统动力结构分析[J].物流科技,2014(8):138-142.

[65] 杨阳.基于系统动力学模型的交通政策模拟与实证研究[D].南京:南京大学,2014.

[66] 何征.城市交通拥挤问题的系统动力学模型研究[J].现代经济信息,2014(21):383-386.

[67] Orski C K. TDM trends in the United States[J]. International Association of Traffic and Safety Sciences, 1998, 22(1):25-32.

[68] Wen W. A dynamic and automatic traffic light control expert system for solving the road congestion problem[J]. Expert Systems with Applications, 2008, 34(4):2370-2381.

[69] Miehae A, Taylor P, Wooley J E. Integration of the global positioning system and geographical information systems for traffic congestion studies[J]. Transportation Research Part C: Emerging Technologies, 2000(6):257-285.

[70] 陈毅红.一种自适应智能交通控制系统设计与实现[J].西南科技大学学报,2008(3):48-51.

[71] Waadt A. Traffic congestion estimation service mobile assisted positioning schemes in GSM networks[J]. Procedia Earth and Planetary Science, 2009(1):1385-1392.

[72] Fernie J, Pfab F, Marchant C. Retail grocery logistics in the UK[J]. International Journal of Logistics Management, 2000, 11(2):83-90.

[73] 崔智涛,霍娅敏.城市交通拥挤的外部成本分析[J].武汉理工大学学报(交通科学与工程版),2006,30(1):147-149.

[74] 李琳.我国城市道路交通拥堵的成本测算及对策研究[D].大连:大连海事大学,2013.

[75] 袁绍欣.城市交通拥堵传播机理及其控制策略研究[D].西安:长安大学,2012.

[76] Troutbeck R J, Kako S. Limited priority merge at unsignalised intersections[J]. Transportation Research Part A, 1999, 33(4):219-304.

[77] Al-Madan H M N. Dynamic vehicular delay comparison between a policy-controlled roundabout and a traffic signal[J]. Transportation Research Part A, 2003, 37(8):681-688.

[78] Gao Z Y, Wu J J, Song Y F. A reserve capacity model of optimal signal control with user-equilibrium route choice[J]. Transportation Research Part B, 2002, 36(4): 313-323.

[79] Lo H K, Chang E, Chan Y C. Dynamic network traffic control[J]. Transportation Research Part A, 2001, 35(8): 721-744.

[80] Zhao D, Dai Y, Zhang Z. Computational intelligence in urban traffic signal control: A survey[J]. IEEE Transactions on Systems, Man, and Cybernetics, Part C: Applications and Reviews, 2012, 42(4): 485-494.

[81] Roberg-Orenstein P, Abbess C R, Wright C. Traffic jam simulation[J]. Journal of Maps, 2007, 3(1): 107-121.

[82] Long J, Gao Z, Orenstein P, et al. Control strategies for dispersing incident-based traffic jams in two-way grid networks[J]. IEEE Transactions on Intelligent Transportation Systems, 2012, 13(2): 469-481.

[83] LI Yanfeng, GAO Ziyou, LI Jun. Vehicle routing problem in dynamic urban traffic network[C] // Service Systems and Service Management(ICSSSM), 2011.

[84] Vasirani M, Ossowski S. A computational market for distributed control of urban road traffic systems [J]. IEEE Transactions on Intelligent Transportation Systems, 2011, 12(2): 313-321.

[85] 张小宁.交通网络拥挤收费原理[M].合肥:合肥工业大学出版社,2009.

[86] 张智勇.交通拥堵收费研究[M].北京:人民交通出版社,2014.

[87] 曾鹦,李军.合作博弈视角下城市道路交通拥堵收费研究[J].运筹与管理,2013,22(1):9-14.

[88] 张亚宁.关于城市征收交通拥堵费的可行性研究[J].现代商业,2015,109-110.

[89] 赵蕾.交通拥挤收费研究:基于政策基础的可行性分析[J].东北大学学报(社会科学版),2015,17(3):282-287.

[90] 杨兆升,胡坚明.中国智能公共交通系统框架与实施方案研究[J].交通运输系统工程与信息,2001,1(1):39-43.

[91] 高美真,刘增军,邓小兵.加强与中亚国家交通合作推进欧亚运输便利化进程[C].亚欧道路运输大会,2005.

[92] 曹敏晖.城市交通存在的问题及对策分析[J].重庆交通大学学报(社会科学版),2009(1):12-15.

[93] 罗仁坚.关于综合运输体系及相关词汇的辨析[J].综合运输,2010(9):4-7.

[94] 彭建,王雪松.国际大都市区最新综合交通规划远景、目标、对策比较研究[J].城市规划学刊,2011(5):19-30.

[95] 苏城元.基于低碳发展模式的城市交通结构优化研究[D].上海:上海交通大学,2012.

[96] 交通运输部道路运输司.城市交通拥堵治理实践[M].北京:人民交通出版社,2013.

[97] Meyer J R. The economics of competition in the transportation industries[M]. Boston: Havard University Press, 1985.

[98] Hoyle B S, Knowles R D. Mordern transport geography[M]. London and New York: Belhaven Press, 1992.

[99] Beryline. Transport investment and the promotion of economic growth[J]. Journal of Transport Geography. 2001(9): 209-218.

[100] Texas Transportation Institute. TTI's 2010 Urban Mobility Report[R]. 2010: 2-7.

[101] 王健.城市中心商业区步行系统规划研究[D].西安:西安建筑科技大学,2004.

[102] 林琳,薛德升,廖江莉.广州中心区步行通道系统探讨[J].规划师,2002(1):63-65.

[103] 殷凤军.生态新城绿色交通系统规划方法与落地实践研究:以南京南部新城为例[J].城市道桥与防洪,2020(12):1-5.

[104] 吕晶.绿色慢行交通系统的城市设计方法研究[D].天津：天津大学,2010.

[105] 孙洪涛.低碳理念下的西安城市慢行交通组织研究[D].西安：西安建筑科技大学,2011.

[106] 肖红波,易思蓉.我国城市综合交通系统发展模式初探[J].现代城市研究,2006(11)：75-80.

[107] 王庆新,邢彩虹,周钟钧.城市交通发展模式探索与思考[J].吉林交通科技,2009(2)：63-65.

[108] 吴昌林,王永祥,王飞.大城市交通发展模式研究[J].交通企业管理,2010,25(12)：35-37.

[109] 刘小明.建立宜居绿色的城市交通模式[J].交通运输系统工程与信息,2005,5(6)：27-30.

[110] 顾尚华.我国大城市客运交通结构的发展模式浅析[J].交通与运输,2005(4)：41-42.

[111] 毛蒋兴,闫小培.基于城市土地利用模式与交通模式互动机制的大城市可持续交通模式选择：以广州为例[J].人文地理,2005(3)：107-111.

[112] 冯军,宋新生.城市交通发展模式探析[J].黑龙江交通科技,2006(9)：48.

[113] 陆化普.城市绿色交通的实现途径[J].城市交通,2009,7(6)：23-27.

[114] 沈小俊,高飞.面向公共交通的大城市发展模式探析[J].科技信息,2009(9)：323-324.

[115] Hang Z, Jun W. Research on the development mode of slow traffic system in cities based on low-carbon concept[J]. Journal on Innovation and Sustainability, 2011, 2(1):33.

[116] 孙德红.城市低碳交通发展模式及措施[J].交通节能与环保,2011(1)：43-44.

[117] 李振宇,陈徐梅,江玉林,等.城市客运节能的政策选择[J].城市交通,2011,9(1)：52-57.

[118] 冯立光,张伟,张好智.关于中国城市低碳交通系统建设的思考[J].公路与汽运,2011(1)：36-40.

[119] Meek S, Ison S, Enoch M. Role of bus-based park and ride in the UK: A temporal and evaluative review[J]. Transport Reviews, 2008, 28(6): 781-803.

[120] Sharaby N, Shiftan Y. The impact of fare integration on travel behavior and transit ridership[J]. Transport Policy, 2012, 21: 63-70.

[121] Servaas M. The significance of non-motorised transport for developing countries: Strategies for policy development[R]. Netherlands: I-ce, Interface for Cycling Expertise, Utrecht, 2000.

[122] Moudon A V, Lee C, Cheadle A D, et al. Cycling and the built environment, a US perspective[J]. Transportation Research Part D: Transport and Environment, 2005, 10(3): 245-261.

[123] Huang H J, Yang H, Bell M G H. The models and economics of carpools[J]. The Annals of Regional Science, 2000, 34(1): 55-68.

[124] Kwon J, Varaiya P. Effectiveness of California's high occupancy vehicle (HOV) system[J]. Transportation Research Part C: Emerging Technologies, 2008, 16(1): 98-115.

[125] Seik F T. A unique demand management instrument in urban transport: The vehicle quota system in Singapore[J]. Cities, 1998, 15(1): 27-39.

[126] Koh W T H. Control of vehicle ownership and market competition: Theory and Singapore's experience with the vehicle quota system[J]. Transportation Research Part A: Policy and Practice, 2003, 37(9): 749-770.

[127] Eskeland G S, Feyzioglu T. Rationing can backfire: The "day without a car" in Mexico City[J]. The World Bank Economic Review, 1997, 11(3): 383-408.

[128] Hao H, Wang H, Ouyang M. Comparison of policies on vehicle ownership and use between Beijing and Shanghai and their impacts on fuel consumption by passenger vehicles[J]. Energy Policy, 2011, 39(2): 1016-1021.

[129] Chu S. Auctioning rights to vehicle ownership: Singapore's experience with sealed-bid tenders[J]. Transportation Research Part A: Policy and Practice, 2002, 36(6): 555-561.

[130] Chen X, Zhao J. Bidding to drive: Car license auction policy in Shanghai and its public acceptance[J]. Transport Policy, 2013, 27: 39-52.

[131] Kunert U, Kuhfeld H. The diverse structures of passenger car taxation in Europe and the EU Commissions proposal for reform[J]. Transport Policy, 2007, 14(4): 306-316.

[132] Mabit S L, Fosgerau M. Demand for alternative-fuel vehicles when registration taxes are high[J]. Transportation Research Part D: Transport and Environment, 2011, 16(3): 225-231.

[133] Litman T. London congestion pricing: Implications for other cities[R]. Victoria: Victoria Transport Policy Institute, 2003.

[134] Small K. Road pricing and public transport[J]. Research in Transportation Economics, 2004, 9(1): 133-158.

[135] Shoup D C. The high cost of free parking[J]. Journal of Planning Education and Research, 1997, 17(1): 3-20.

[136] Litman T. Parking management: Strategies, evaluation and planning [R]. Victoria: Victoria Transport Policy Institute, 2006.

[137] Chu C P, Tsai M T. A study of an environmental-friendly parking policy[J]. Transportation Research Part D: Transport and Environment, 2011, 16(1): 87-91.

[138] Bartocci A, Pisani M. "Green" fuel tax on private transportation services and subsidies to electric energy. A model-based assessment for the main European countries[J]. Energy Economics, 2013, 40: S32-S57.

[139] David B. Possum: Final report[R]. European Community Fourth Framework Programme, 1998.

[140] Wiederkehr P, Gilbert R, Crist P, et al. Environmentally sustainable transport (EST): concept, goal, and strategy-The OECD's EST Project[J]. European Journal of Transport and Infrastructure Research, 2004, 4(1): 11-25.

[141] WCTR Society, Un'yu Seisaku Kenkyū Kikō. Urban transport and the environment: an international perspective[M]. Elsevier: Emerald Group Publishing Limited, 2004.

[142] Dalkmann H, Brannigan C. Transport and climate change. Module 5e. Sustainable transport: A sourcebook for policy-makers in developing cities [R]. Eschborn: Deutsche Gesellschaft fuer Technische Zusammenarbeit (GTZ), 2007.

[143] WCTRS (World Conference on Transport Research Society). Putting transport into climate policy agenda. Recommendations from WCTRS to COP16[R]. Nagoya: Global Environment Research Fund (S-6-5), Ministry of Environment, Japan, 2010.

[144] Weisbrod G, Reno A. Economic impact of public transportation investment[M]. Washington, DC: American Public Transportation Association, 2009.

[145] UNEP (United Nations Environment Programme). Towards a green economy: Pathways to sustainable development and poverty eradication [R]. Nairobi: United Nations Environment Programme, Programme des Nations Unies pour environment, 2011.

[146] EEA (European Environment Agency). Towards a resource efficient transport system, TERM 2009: Indicators tracking transport and environment in the European Union[R]. Copenhagen: European Environment Agency, 2010.

[147] Leather J, TCAIAC (Clean Air Initiative for Asian Cities Center Team). Rethinking transport and climate change[R]. Manila, Philippines: Asian Development Bank, 2009.

[148] McKinsey & Company, oads toward a low-carbon future: Reducing CO_2 emissions from passenger vehicles in the global road transportation system[R]. New York: McKinsey & Company, 2009.

[149] Bergmann H, Bertenrath R, Betz R, et al. Emissionshandel im Verkehr. Ansätze für einen möglichen Up-Stream-Handel im Verkehr[R]. Deutschland: Umwelt Bundes Amt, 2005.

[150] ETC/ACC (European Topic Centre on Air Pollution and Climate Change Mitigation). 2007 annual member states reporting on ambient air quality assessment — 'The Questionnaire' ETC/ACC Technical Paper 2009/2[R]. Copenhagen: European Environment Agency, 2009.

[151] Petersen M S, Sessa C, Enei R, et al. Report on transport scenarios with a 20 and 40 year horizon, final report[R]. Copenhagen: European Commission, DG TREN, 2009.

[152] Gomez-Ibanez D J, Boarnet M G, Brake D R, et al. Driving and the built environment: The effects of compact development on motorized travel, energy use, and CO_2 emissions[R]. Tennessee: Oak Ridge National Laboratory (ORNL), 2009.

[153] Willson R. Parking policy for transit-oriented development: Lessons for cities, transit agencies, and developers[J]. Journal of Public Transportation, 2005, 8(5): 79-94.

[154] Johnson T M, Alatorre C, Romo Z, et al. Low-carbon development for Mexico[M]. Washington, DC: World Bank, 2010.

[155] Farrell A E, Sperling D. A low-carbon fuel standard for California, Part 2: Policy analysis[R]. Davis: Institute of Transportation Studies, 2007.

[156] Clerides S, Zachariadis T. The effect of standards and fuel prices on automobile fuel economy: An international analysis[J]. Energy Economics, 2008, 30(5): 2657-2672.

[157] Parkhurst G. Regulating cars and buses in cities: The case of pedestrianisation in Oxford[J]. Economic Affairs, 2003, 23(2): 16-21.

[158] Davis L W. The effect of driving restrictions on air quality in Mexico City[J]. Journal of Political Economy, 2008, 116(1): 38-81.

[159] Timilsina G R, Dulal H B. A review of regulatory instruments to control environmental externalities from the transport sector[J]. World Bank Policy Research Working Paper Series, 2009, 3: 1-52.

[160] Sivaraman D, Pacca S, Mueller K, et al. Comparative energy, environmental, and economic analysis of traditional and e-commerce DVD rental networks[J]. Journal of Industrial Ecology, 2007, 11(3): 77-91.

[161] Welterverden J W, Rotem-Mindali T O. Mobility effects of B2B and B2B e-commerce: A literature review and assessment[C]. Third international specialist meeting, 2008.

[162] Mokhtarian P L. A conceptual analysis of the transportation impacts of B2C e-commerce[J]. Transportation, 2004, 31(3): 257-284.

[163] Choo S, Mokhtarian P L, Salomon I. Does telecommuting reduce vehicle-miles traveled? An aggregate time series analysis for the US[J]. Transportation, 2005, 32(1): 37-64.

[164] Bergmann H, Bertenrath R, Betz R, et al. Emissionshandel im Verkehr. Ansätze für einen möglichen Up-Stream-Handel im Verkehr[R]. Deutschland: Umwelt Bundes Amt, 2005.

[165] Harmsen R, Kroon P, Ybema J R, et al. International CO_2 policy benchmark for the road transport sector. Results of a pilot study[J]. Quanturn Electronics IEEE Journal, 2003, 10(9): 687.

[166] Hayashi Y, Kato H, Teodoro R V R. A model system for the assessment of the effects of car and fuel green taxes on CO_2 emission[J]. Transportation Research Part D: Transport and Environment, 2001, 6(2): 123-139.

[167] Chia N C, Tsui A K C, Whalley J. Ownership and use taxes as congestion correcting instruments[R]. Boston: National Bureau of Economic Research, 2001.

[168] Barter P A. A vehicle quota integrated with road usage pricing: A mechanism to complete the phase-out of high fixed vehicle taxes in Singapore[J]. Transport Policy, 2005, 12(6): 525-536.

[169] Pritchard T, DeBoer L. The effect of taxes and insurance costs on automobile registrations in the

United States[J]. Public Finance Review, 1995, 23(3): 283-304.

[170] Alberini A, Harrington W, McConnell V. Fleet turnover and old car scrap policies[R]. Washington, DC: Resources for the Future, 1998.

[171] De Palma A, Kilani M. Regulation in the automobile industry[J]. International Journal of Industrial Organization, 2008, 26(1): 150-167.

[172] GFC (Green Fiscal Commission). The case for green fiscal reform[R]. London: Green Fiscal Commission, 2009.

[173] Climate works foundation. Global transport carbon abatement cost curve[EB/OL]. [2020-10-12]. http://www.climateworks.org/network/sectors/sector/?id=94067c68-ee84-8275-c566-f97a2f59b590.

[174] UNEP (United Nations Environment Programme). Reforming energy subsidies: Opportunities to contribute to the climate change agenda[R]. Nairobi: United Nations Environment Programme, Division of Technology, Industry and Economics, 2008.

[175] 相震. 发展低碳交通体系的探索与实践：以杭州市为例[J]. 环境科技, 2012(4): 72-75.

[176] 郭万达. 深圳建设低碳城市的目标与对策[J]. 城市观察, 2010(2): 124-129.

[177] 任力, 倪玲, 李响. 厦门低碳交通发展研究[J]. 城市观察, 2010(4): 102-107.

[178] 刘细良, 秦婷婷. 低碳经济视角下的长株潭城市群交通系统优化研究[J]. 经济地理, 2010(7): 1124-1128.

[179] 刘文宇. 北京市发展低碳交通的前景分析[J]. 综合运输, 2010(9): 45-51.

[180] 杨平. 贵阳市城市低碳交通发展模式研究[J]. 魅力中国, 2011(2): 18-22.

[181] 谢军安, 卢小志, 刘阳. 石家庄市发展低碳交通的思考和对策[J]. 石家庄经济学院学报, 2011(1): 42-47.

[182] Department of Trade and Industry(DTI). UK energy white paper: Our energy future-creating a low carbon economy[M]. London: TSO, 2003.

[183] Department for Transport. Low carbon transport innovation strategy[M]. London: DfT Publications Centre, 2007: 1-20.

[184] Committee on Energy and Commerce. House passed historic Waxman — Markey clean energy bill [EB/OL]. [2009-06-29]. http://ener&vcommerce.house.gov.

[185] U.S. Department of Transportation. Vision For High Speed Rail In America[R]. April, 2009.

[186] Transportation's Role in Reducing U.S. Greenhouse Gas Emission Volume 1: Synthesis Report[R]. U.S. Department of Transportation, 2010.

[187] "2050 Japan Low-Carbon Society" Scenario team. Japan Scenarios and Actions towards Low-Carbon Societies[EB/OL]. [2011-10-16]. http://2050.Nies.Go.ip/report/file/lcs japan/2Q5QLCS-ScenarioS-Actions-English-080715.pdf.

[188] Bristow A L, Tight M, Pridniore A, et al. Developing pathways to low carbon land-based passenger transport in great Britain by 2050[J]. Energy Policy, 2008, 36(9): 3427-3435.

[189] Hickman R, Ashiru O, Banister D. Transport and climate change: Simulating the options for carbon reduction in London[J]. Transport Policy, 2010, 17(2): 110-125.

[190] 张陶新, 周跃云, 赵先超. 中国城市低碳交通建设的现状与途径分析[J]. 城市发展研究, 2011, 18(1): 68-80.

[191] 刘欢, 牛琪, 王建华. 中国首次宣布温室气体减排清晰量化目标[EB/OL]. [2021-06-17]. http://news.xinhuanetcom/politics/2009-11/26content-12545939.htm.

[192] 宿凤鸣. 低碳交通的概念和实现途径[J]. 综合运输, 2010(5): 13-17.

[193] 万军.基于低碳理念的城市交通发展模式研究[D].武汉：武汉理工大学，2011.
[194] 石京.低碳经济与低碳交通发展[J].建设科技，2011(17)：22-23.
[195] 王茜，张建慧.基于"脱钩"理论的城市低碳交通模式研究[J].经济论坛，2012，501(4)：150-151.
[196] 李晔，邹迪明.低碳交通的内涵、体系构成及特征[C]//中国城市规划学会、南京市政府.转型与重构：2011中国城市规划年会论文集.南京：中国城市规划学会，2011：2776-2783.
[197] 杨秋燕.低碳交通的实现方式[J].科技与生活，2010(12)：86-86.
[198] 陆化普.城市绿色交通的实现途径[J].城市交通，2009，7(6)：23-27.
[199] 陆化普，王建伟.城市交通管理评价体系[M].北京：人民交通出版社，2003.
[200] 陈衍泰，陈国宏，李美娟.综合评价方法分类及研究进展[J].管理科学学报，2004，7(2)：69-79.
[201] 陈静，林逢春，曾智超.企业环境绩效模糊综合评价[J].环境污染与防治，2006，28(1)：37-40.
[202] 陈静，陈宁，诸大建，等.基于灰熵理论的城市绿色转型评价模型研究[J].城市发展研究，2012，19(11)：96-102.
[203] 程东祥，陈静，诸大建，等.区域低碳交通评价模型研究[J].环境污染与防治，2014，36(12)：91-95.
[204] 黎靖.系统动力学视角下城市交通拥堵治理问题研究：以重庆市为例[D].重庆：重庆交通大学，2016.
[205] Bassett D R, Pucher J, Buehler R, et al. Walking, cycling and obesity rates in Europe, North America and Australia[J]. Journal of Physical Activity & Health, 2008, 5(6)：795-814.
[206] 约翰·普切尔,拉尔夫·比勒,孙苑鑫.难以抵挡的骑行诱惑：荷兰、丹麦和德国的自行车交通推广经验研究[J].国际城市规划,2012,27(5)：26-42.
[207] 汪琳,程君.步行者权利的比较与思考[J].江西教育学院学报,2012,33(3)：128-132.
[208] 刘涟涟,蔡军.德国自行车交通复兴：法规、规划与政策[J].国际城市规划,2012,27(5)：73-78.
[209] 王祥.英国自行车运动的复兴与启示[J].体育文化导刊,2014(3)：69-72.
[210] 刘少才."自行车城"丹麦的骑行环境[J].中国自行车,2015(4)：122-125.
[211] 邓一凌,过秀成,叶茂,等.西雅图步行交通规划经验及启示[J].现代城市研究,2012,27(9)：17-22.
[212] 智能交通网.浅析国外公共自行车租赁发展之路[J].中国自行车,2016(11)：104-107.
[213] 过秀成,崔莹.城市步行与自行车交通规划.[M].南京：东南大学出版社,2016.
[214] Manual H C. Highway capacity manual[J]. Special Report, 2020, 1(2)：5-7.
[215] 郑祖武.现代城市交通[M].北京：人民交通出版社,1998.
[216] Fruin J J. Pedestrian planning and design[M]. New York：Metropolitan Association of Urban Designers and Environmental Planners Inc., 1971.
[217] 李晔.慢行交通系统规划探讨：以上海市为例[J].城市规划学刊,2008(3)：78-81.
[218] 王陈,王艳华.中小城市步行和自行车交通管理现状及对策研究[J].公路与汽运,2014(6)：63-67.
[219] Margie Peden.世界预防道路交通伤害报告[M].北京：人民卫生出版社,2004.
[220] 田晟,梁志勇,陈金华,等.我国(讨论稿)和欧洲关于行人保护法规的异同点[J].中国安全科学学报,2009(4)：38-43.
[221] 朱胜雪.城市慢行交通安全现状分析及改善对策[J].山东交通科技,2014(5)：6-8.
[222] 陈艳艳,刘小明,陈金川.城市交通需求管理及应用[M].北京：人民交通出版社,2009.
[223] 胡晓健.交通出行选择行为分析与交通需求管理[M].南京：东南大学出版社,2014.
[224] 张戎,周菁楠,王婷.上海市停车需求管理政策导向及保障机制[J].综合运输,2014(12)：23-28.
[225] 王远,石琴.公交优先：现代城市交通发展的必然选择[J].交通标准化,2005(1)：113-116.
[226] 杨涛,张泉.公交优先导向下的城市总体规划：构建公交都市的空间框架[J].城市规划,2011,35(2)：22-25.

[227] 过秀成. 城市交通规划[M]. 2版. 南京：东南大学出版社，2017.
[228] 叶茂，过秀成，徐吉谦，等. 基于机非分流的大城市自行车路网规划研究[J]. 城市规划，2010，34(10)：56-60.
[229] 过秀成. 城市交通规划[M]. 南京：东南大学出版社，2010.
[230] 中国公路学会《交通工程手册》编委会. 交通工程手册[M]. 北京：人民交通出版社，1998.
[231] 叶茂，过秀成，刘海强，等. 基于人车共存的居住区道路系统规划设计探讨[J]. 规划师，2009，25(6)：47-51.
[232] 张新兰. 城市步行和自行车交通规划协同策略[J]. 城市交通，2011，9(5)：51-59.
[233] 王波，安栓庄，江永. 北京轨道交通衔接理念及设施设置原则[J]. 都市快轨交通，2009，22(5)：20-23.
[234] 龚迪嘉，朱忠东. 城市公共自行车交通系统实施机制[J]. 城市交通，2008，6(6)：27-32.
[235] 舒沐晖. 城市非建设用地规划理论与实践：以重庆都市区为例[M]. 北京：中国建筑工业出版社，2013.
[236] 广东省住房和城乡建设厅. 广东省城市绿道规划设计指引[J]. 建筑监督检测与造价，2011，4(S1)：10-19.
[237] 蔡果，刘江鸿，杨降勇，等. 城市道路交通中行人安全问题研究[J]. 华北科技学院学报，2005(4)：60-65.
[238] 张泉. 公交优先[M]. 北京：中国建筑工业出版社，2010.
[239] 徐良杰. 城市慢行交通系统规划的研究[J]. 建材与装饰，2017(52)：248-249.
[240] 徐海贤. 不同发展阶段区域交通与城市发展关系研究[J]. 江苏城市规划，2009(6)：42-45.
[241] 张卫华，王炜，胡刚. 基于低交通能源消耗的城市发展策略[J]. 公路交通科技，2003(1)：80-84.
[242] 杜玉林，牛学勤. 石家庄市区道路慢行系统问题分析及治理[J]. 石家庄铁路职业技术学院学报，2006(3)：66-70.
[243] 张洋，赵一新，付晶燕. 快速公交专用车道及站台布设模式选择[J]. 城市交通，2009，7(3)：27-34.
[244] 吕国林，张晓春. 深圳市自行车交通发展策略及网络规划[J]. 城市交通，2008，7(3)：47-49.
[245] 管红毅. 城市自行车交通系统研究[D]. 成都：西南交通大学，2004.
[246] 朱敏，邹南昌，周美玲. 对天津市区自行车交通的思考和建议[J]. 城市规划，2003(3)：61-64.
[247] 王福定. 我国自行车交通的未来与发展对策[J]. 规划师，2001，17(6)：90-92.
[248] 万军，丁文霞. 城市慢行交通发展研究[J]. 武汉理工大学学报(交通科学与工程版)，2011，35(5)：1001-1004.